SeaEagle

SeaEagle

你一定想看的美國史

美國史

想看的

乾乾脆脆的，把美國史一次給理清楚！

每個事件都與中國、世界歷史對照
一目瞭然，給記憶一個重要的位置

American history you must know

作者／劉觀其

USA

北美十三州殖民地

新罕布夏
New Hampshire

紐約 萊星頓
New York

麻薩諸塞
massachusetts

波士頓

羅德島
Rhode Island

賓夕法尼亞
Pennsylvania

紐約

康乃狄克
Connecticut

費城

紐澤西
New Jersey

華盛頓

德拉瓦
Delaware

維吉尼亞
Virginia

北卡羅來納
North Carolina

馬里蘭
Maryland

喬治亞
Georgia

南卡羅來納
South Carolina

圖例
十三州殖民地
重要城市

MILES 400
KILOMETERS 600

▲ 美國獨立之初的國旗

上面僅有十三顆星，即代表此十三州。

◀　17世紀初，英國人開始在北美洲大西洋沿岸建立第一個殖民地。至18世紀中葉，已在北美東岸陸續建立了十三個殖民地。

英屬北美殖民地人口以英國人為大宗，雖然也有其他歐洲各國人，例如：愛爾蘭人、荷蘭人、日耳曼人和瑞典人等，但英語仍為殖民地的共同語言。此外，因殖民地需要大量的勞動力，於是輸入非洲黑人。

18世紀初期英屬北美殖民地人口約只有36萬左右，幾乎每25年翻一倍，到了獨立前夕1775年，人口已增長到250萬人左右，其中黑人約50萬人。

▼　1774.09 第一次「大陸會議」召開

北美殖民地人民在賓州費城召開會議，決議以斷絕與英貿易為手段。

1775.05-1781.03，北美殖民地召開「第二次大陸會議」

會議中任命華盛頓（George Washington，1732-1799）為大陸軍民兵總司令，並且正式對英國宣戰。

會議中決定獨立，開始準備起草獨立宣言，並由大陸會議充當中央政府（但無法源）。

兩次大陸會議比較

	第一次大陸會議	第二次大陸會議
時間	1774.09	1775.05-1781.03
地點	皆在費城	
參加者	12個殖民地代表（除喬治亞外）	全部13個殖民地代表
目的	抗議英國政府的高壓政策	第一次大陸會議約好的、且之後有發生流血衝突。之後充當中央政府
內容	拒買拒賣英國貨品，但仍希望和平解決。但英國對訴求置之不理	組織正規軍，任華盛頓為大陸軍總司令。決定獨立，之後在1776.07.04發表〈獨立宣言〉
宣布獨立	✗	✓

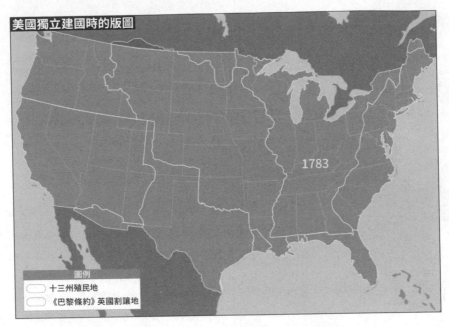

▲ 美國獨立建國時的版圖

1783.09 美英在法國簽訂《巴黎條約》，英國正式承認美國獨立，並割讓密西西比河以東給美國。除了原本就屬於十三州的土地之外，英國還割讓了阿帕拉契山（Appalachian Mt.）到密西西比河（The Mississipp iR.）之間的土地給這個新成立的國家。

▲ 簽署《美利堅合眾國憲法》的情景

1787.05.25-09.17，各州代表在費城召開「制憲會議」（Constitutional Convention），歷經激烈討論後，制定出《美國憲法》（Constitut ion of the United States），是世界上首部成文憲法。

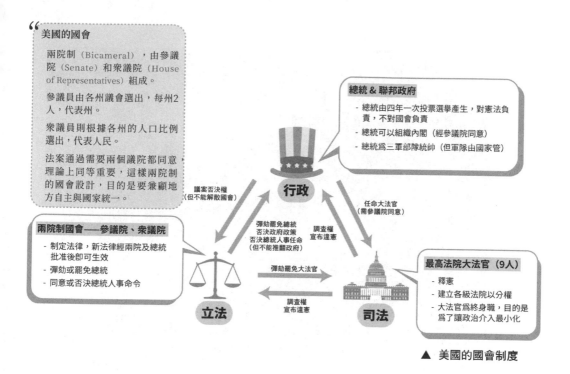

美國的國會

兩院制（Bicameral），由參議院（Senate）和衆議院（House of Representatives）組成。

參議員由各州議會選出，每州2人，代表州。

衆議員則根據各州的人口比例選出，代表人民。

法案通過需要兩個議院都同意，理論上同等重要，這樣兩院制的國會設計，目的是要兼顧地方自主與國家統一。

總統 & 聯邦政府
- 總統由四年一次投票選舉產生，對憲法負責，不對國會負責
- 總統可以組織內閣（經參議院同意）
- 總統爲三軍部隊統帥（但軍隊由國家管）

行政

議案否決權
（但不能解散國會）

任命大法官
（需參議院同意）

兩院制國會——參議院、衆議院
- 制定法律，新法律經兩院及總統批准後卽可生效
- 彈劾或罷免總統
- 同意或否決總統人事命令

彈劾罷免總統
否決政府政策
否決總統人事任命
（但不能推翻政府）

調查權
宣布違憲

立法

彈劾罷免大法官

調查權
宣布違憲

最高法院大法官（9人）
- 釋憲
- 建立各級法院以分權
- 大法官爲終身職，目的是爲了讓政治介入最小化

司法

▲ 美國的國會制度

▼ 美國兩黨政治的形成

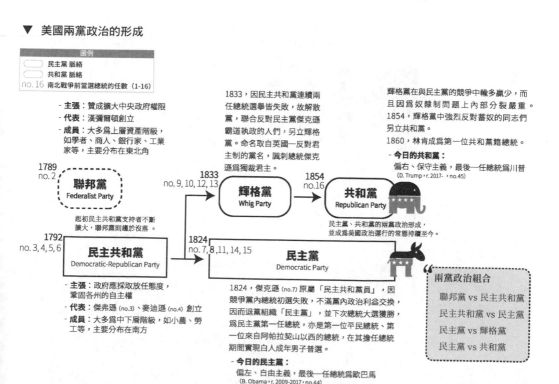

圖例
- 民主黨 脈絡
- 共和黨 脈絡
- no. 16 南北戰爭前當選總統的任數（1-16）

- **主張**：贊成擴大中央政府權限
- **代表**：漢彌爾頓創立
- **成員**：大多爲上層資產階級，如學者、商人、銀行家、工業家等，主要分布在東北角

1833，因民主共和黨連續兩任總統選舉皆失敗，故解散黨，聯合反對民主黨傑克遜霸道執政的人們，另立爲輝格黨。命名取自英國一反對君主制的黨名，諷刺總統傑克遜爲獨裁君主。

輝格黨在與民主黨的競爭中輸多贏少，而且因爲奴隸制問題上內部分裂嚴重。1854，輝格黨中強烈反對蓄奴的同志們另立共和黨。
1860，林肯成爲第一位共和黨籍總統。

- **今日的共和黨**：
偏右、保守主義，最後一任總統爲川普
（D. Trump，r. 2017- ，no.45）

1789
no. 2

聯邦黨
Federalist Party

1833
no. 9, 10, 12, 13

輝格黨
Whig Party

1854
no.16

共和黨
Republican Party

起初民主共和黨支持者不斷擴大，聯邦黨則趨於沒落。

民主黨、共和黨的兩黨政治形成，並成爲美國政治運行的常態持續至今。

1792
no. 3, 4, 5, 6

民主共和黨
Democratic-Republican Party

1824
no. 7, 8, 11, 14, 15

民主黨
Democratic Party

- **主張**：政府應採取放任態度，鞏固各州的自主權
- **代表**：傑弗遜（no.3）、麥迪遜（no.4）創立
- **成員**：大多爲中下層階級，如小農、勞工等，主要分布在南方

1824，傑克遜（no.7）原屬「民主共和黨員」，因競爭黨內總統初選失敗，不滿黨內政治利益交換，因而退黨組織「民主黨」，並下次總統大選大獲勝，爲民主黨第一任總統，亦是第一位平民總統、第一位來自阿帕拉契山以西的總統，在其擔任總統期間實現白人成年男子普選。

- **今日的民主黨**：
偏左、自由主義，最後一任總統爲歐巴馬
（B. Obama，r. 2009-2017，no.44）

兩黨政治組合
聯邦黨 vs 民主共和黨
民主共和黨 vs 民主黨
民主黨 vs 輝格黨
民主黨 vs 共和黨

美國領土擴張地圖

奧勒岡
1846

自英購入

法正和英對峙，無法保護海外殖民地。美向法購得，領土擴張近一倍

路易斯安那
1803

新墨西哥
加利福尼亞
1848

1783

獨立戰爭結束，根據《巴黎和約》，從英國獲得密西西比河以東的土地

因德克薩斯問題引發的美墨戰爭，美國獲勝後從墨西哥得到的新土地

加茲登
1846

德克薩斯
1845

佛羅里達
1819

圖例

- 獨立之初土地
- 從**墨西哥**取得
- 從**法國**取得
- 從**西班牙**取得
- 從**英國**取得

墨西哥爲清償對美國的巨額債務，賣此地給美國

國會同意兼併由墨西哥獨立出來的德克薩斯共和國

西班牙國力衰退，美趁機購入

▲ 美國領地擴張示意圖

領土來源整理（南北戰爭前）

	年代	原屬國家	取得方式	意義
路易斯安那州	1803	法國	購入	
佛羅里達州	1819	西班牙	購入	勢力進入太平洋沿岸，成為跨兩洋國家
德克薩斯州	1845	墨西哥	當地投票決定歸順美國	
新墨西哥州 加利福尼亞州	1848	墨西哥	美墨戰爭後取得	
阿拉斯加	1867	沙俄	購入	
夏威夷	1898	夏威夷	強行併吞	勢力進入亞洲
波多黎各 關島 菲律賓	1898	西班牙	美西戰爭後取得	

▲ 領土來源（南北戰爭前）

至南北戰爭之前，西進運動使得美國面積比成立時幾乎擴大三倍。

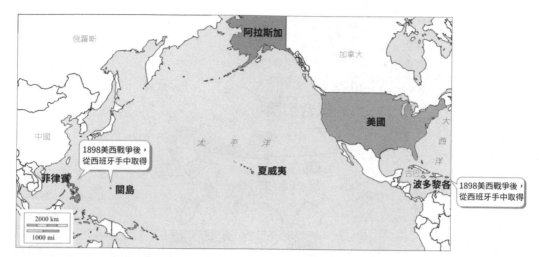

▲ 美國領地海外擴張示意圖

領土來源整理（南北戰爭後）

	年代	原屬國家	取得方式	意義
路易斯安那州	1803	法國	購入	勢力進入太平洋沿岸，成為跨兩洋國家
佛羅里達州	1819	西班牙	購入	
德克薩斯州	1845	墨西哥	當地投票決定歸順美國	
新墨西哥州加利福尼亞州	1848	墨西哥	美墨戰爭後取得	
阿拉斯加	1867	沙俄	購入	勢力進入亞洲
夏威夷	1898	夏威夷	強行併吞	
波多黎各關島菲律賓	1898	西班牙	美西戰爭後取得	

▲ 領土來源（南北戰爭後）

在本土安穩之後，美國領土持續向外擴張。美西戰爭是讓美國站上世界強權的事件。

體制	聯邦
領導者	林肯 總統
支持者	23州
主張	反奴/蓄奴 自由貿易/保護主義 聯邦主義/州權主義

北方
美利堅合眾國 (USA)

南方
美利堅邦聯 (CSA)

圖例
- 北軍
- 北軍（蓄奴州，但未加入南軍）
- 南軍

邦聯	體制
戴維斯 總統	領導者
11州	支持者
反奴/蓄奴 自由貿易/保護主義 聯邦主義/州權主義	主張

▲ 南北戰爭勢力示意圖

▲ 鏡頭下的童工

美國在資本快速累積的黃金時代，童工成為資本家累積財富的有效工具之一。直到小羅斯福總統時代才真正廢除，童工歷史長達了近100年。

一戰前的美國總統

任數	總統	任期	屆數	黨籍	備註
01	喬治・華盛頓 George Washington	1789-1797	01 02	無黨籍	- 獨立戰爭時為陸軍總司令 - 制憲會議主席
02	約翰・亞當斯 John Adams	1797-1801	03	聯邦黨	- 〈獨立宣言〉起草小組之一
03	湯瑪斯・傑弗遜 Thomas Jefferson	1801-1809	04 05	民主共和黨	- 〈獨立宣言〉主要起草人 - 1803 趁英法因拿破崙戰爭衝突之時，向法國購買路易斯安那州 - 鼓勵美國人向「中西部」墾殖，開啟「西進運動」
04	詹姆斯・麥迪遜 James Madison	1809-1817	06 07	民主共和黨	- 為1787聯邦憲法催生者，1791年發起並促成「權利法案」，被稱為「憲法之父」 - 1812-1814英美衝突再起─第二次美國獨立戰爭
05	詹姆斯・門羅 James Monroe	1817-1825	08 09	民主共和黨	- 發表「門羅主義」─美洲人的美洲 - 1818 向西班牙購買佛羅里達州 - 當時歌舞昇平、社會穩定，又稱好感年代(Era of Good Feelings)
06	約翰・昆西・亞當斯 John Quincy Adams	1825-1829	10	民主共和黨	
07	安德魯・傑克遜 Andrew Jackson	1829-1837	11 12	民主黨	第一位民主黨籍總統、第一位平民總統、第一位來自阿帕拉契山以西的總統。在其擔任總統期間確立白人成年男子普選。但因為自恃挾帶大量民意，執政風格十分霸道，被稱為 King Andrew I，其有名言「戰利品屬於勝利者所擁有」，總統期間大量任命親友為公僕。
08	馬丁・范布倫 Martin Van Buren	1837-1841	13	民主黨	
09	威廉・亨利・哈瑞森 William Henry Harrison	1841	14	輝格黨	任內病逝，為美國任期最短的總統，僅30天12小時又30分鐘。
10	約翰・泰勒 John Tyler	1841-1845			
11	詹姆斯・諾克斯・波爾克 James Knox Polk	1845-1849	15	民主黨	- 1845，兼併由墨西哥獨立出來的德克薩斯州 - 1846-1848，美墨戰爭爆發與獲勝，戰後從墨西哥取得新墨西哥州、加利福尼亞州
12	扎卡里・泰勒 Zachary Taylor	1849-1850	16	輝格黨	
13	米勒德・菲爾莫爾 Millard Fillmore	1850-1853			
14	富蘭克林・皮爾斯 Franklin Pierce	1853-1857	17	民主黨	
15	詹姆斯・布坎南 James Buchanan	1857-1861	18	民主黨	

華盛頓　傑弗遜　老羅斯福　林肯

任數	總統	任期	屆數	黨籍	備註		
16	亞伯拉罕・林肯 Abraham Lincoln	1861 1865	19 20	共和黨	－第一位共和黨籍總統 －1861-1865 南北戰爭爆發與結束 －1863 頒布〈解放奴隸宣言〉 －1865 頒布第十三條憲法修正案，正式廢除奴隸制度		
17	安德魯・詹森 Andrew Johnson	1865 1869		民主黨	－1867 向沙俄購入阿拉斯加	重建時期 1865-1877	這段時期進行內戰後的復甦工作，但國會與總統之間彼此不信任，政黨競爭激烈，重建工作並不順利。
18	尤利西斯・辛普森・格蘭特 Ulysses Simpson Grant	1869 1877	21 22	共和黨			
19	拉瑟福德・海斯 Rutherford B. Hayes	1877 1881	23	共和黨		黃金年代 1877-1900	這段時期，美國各方面都快速發展，經濟蓬勃、工業化快速，甚至在短期之間超越歐洲工業化能力。同時在這時期積極拓展海外領土，使美國登上「世界」舞台，趕上（新）帝國主義的列車。 鋪設了橫貫東西的鐵路網、發現許多礦產，吸引世界各地的人移入淘金，同時也使發明家、大資本家輩出。
20	詹姆斯・加菲爾德 James A. Garfield	1881	24	共和黨			
21	切斯特・艾倫・亞瑟 Chester Alan Arthur	1881 1885		共和黨			
22	格羅弗・克里夫蘭 Grover Cleveland	1885 1889	25	民主黨			
23	班傑明・哈瑞森 Benjamin Harrison	1889 1893	26	共和黨			
24	格羅弗・克里夫蘭 Grover Cleveland	1893 1897	27	民主黨			
25	威廉・麥金萊 William McKinley	1897 1901	28 29	共和黨	－1898 美西戰爭爆發與獲勝，戰後得到菲律賓、關島、波多黎各，並控制古巴 －同年兼併夏威夷群島		
26	狄奧多・羅斯福 Theodore Roosevel	1901 1909	30 31	共和黨	－其外交理念延伸門羅主義，形成「巨棒外交」—美洲的秩序由美國自行維持 －調解日俄戰爭，因而獲得1906年諾貝爾和平獎		－「扒糞者」寫文揭發弊端，剛好老羅也支持改革，例如：反對企業壟斷、食品管制、規範童工。 －揭開美國進步時期
27	塔虎脫 W. H. Taft	1909 1913	32	共和黨	－繼承門羅主義與巨棒外交，但避免使用暴力手段，改以資本輸出作為對外侵略手段，稱為「金元外交」 －美國第一任菲律賓總督	進步時期 1900-1914	－接續老羅的改革，例如：組織勞動部、解散過度膨脹的公司
28	伍德羅・威爾遜 Woodrow Wilson	1913 1921	33 34	民主黨	－因德國無限制潛水艇計畫，美國參加一戰 －戰時提出「十四點和平計畫」，並於戰後親自領導「國際聯盟」的組成，因而獲得1919年諾貝爾和平獎，但美國國會拒絕批准參加		－1920 頒布第十九條憲法修正案，婦女取得投票權

美國自內戰後積極追求經濟成長，成果確實卓越，但同時許多方面的黑暗都被忽略。然而當時歐洲有些國家已開始發展「福利政策」，使美國也開始關注人權議題，運動起於地方，不斷提出改革呼聲，而當政者恰好也願意改革，因此這段時間被稱為「進步時期」。

前言：充滿故事的美國歷史

2020年11月3日，美國舉行第59屆總統選舉。在這次選舉中，尋求連任的共和黨候選人川普和民主黨候選人拜登進行世紀對決。令人意外的是：錯綜複雜的選舉制度，決定勝負的搖擺州和選舉人票，牢牢地吸引全世界的目光。

美國選舉制度有如此獨特的「遊戲規則」，與其獨立建國的歷史背景有極大的關係！

美國，世界上最強大、最有力量，甚至是說話最算數的超級大國，但這也是一個非常奇怪的國家。這個國家沒有悠久的歷史，沒有輝煌的文明，甚至沒有單一的主體民族；這個國家五百年前還是莽荒之地，四百年前建立第一個殖民地小鎮，三百年前還沒有像樣的城市，兩百年前開始脫離英格蘭而獨立。

就是這樣一群大英帝國的流浪者，乘風破浪滿載希翼，經過幾百年的艱苦努力，終於茁壯成長，超過地球上所有的對手，成為唯一的超級大國，成為世界的主導。

這就是美國，全稱美利堅合眾國，綽號「山姆大叔」。美國歷史完全可以看成一個國家的奮鬥史，這期間不僅有建國初期的苦難和血淚，還有開拓時期的艱辛與奮進，以及成功之後的驕傲自滿。

美國成為超級大國的力量，來自於歐洲的歷史傳統和今天的時代創新。作為歐洲在美洲的開拓和探索，美國在歷史上僅有300年左右。但是，

美國依賴的文化傳統卻已源遠流長，可以上溯5000年。

想要找到美國歷史的源頭，只能快刀斬亂麻：要麼找最長的支流，要麼找最粗的支流。

美國歷史上最長的支流，毫無疑問是哥倫布發現新大陸的那次航行；最粗最壯的支流，應該是五月花號上的那群清教徒們。歷史無數次地告訴我們，悲劇的開端，往往也是榮耀的起點。

初期的探索過程並非全部一帆風順，探索者的路上荊棘遍佈，既有滔天海浪和暴風驟雨的威脅，更有死亡陰影的隨時召喚。美國歷史的開頭也許充滿坎坷，但這不影響它成為世界超級大國。

從此以後，不管是最初的英國人，還是後來的法國人、愛爾蘭人，他們都改變原有的認知，從一個「入侵者」的角色漸漸轉變為「擁有者」。

在美國生活過的法國人赫克托・聖約翰・克雷夫科爾認為：「美國人——到底是什麼人？他們或是歐洲人，或是歐洲人的後裔，他們是你在任何其他國家都找不到的混血人。」

自此以後，美國開始充滿故事的歷程。這裡有一群農民、商人、律師擬定美國憲法，以及1787年9月17號憲法大會代表在費城簽署憲法的故事；有林肯與道格拉斯辯論爭奪伊利諾州參議員席位的故事；有股市崩盤，引發現代社會最嚴重的一次經濟災難的故事……

這裡有喬治・華盛頓領導美國打贏獨立戰爭的故事；有德國潛艇攻擊把美國推入一戰的故事；有二戰時期英美在諾曼第登陸的故事；有911改變世界的故事；還有美國深陷越南戰場的故事……

美國人的故事，本質上是憑藉智慧和技巧、憑藉信仰和意志的力量、憑藉勇氣和堅持來戰勝困難的故事。美國的每一個經歷就是一個故事，每一個故事都是那麼精彩絕倫；每一個精彩絕倫的背後，或帶著辛酸，或帶著榮耀，伴隨著美國成長。

目錄

前言：充滿故事的美國歷史

| 序章 | 兩種文明的衝突

後來居上的美洲文明   21

與世無爭的印第安人   23

哥倫布的意外收穫   26

從維吉尼亞撒下的殖民網   29

五月花號揚帆起航   32

【專題】火雞，走，過節去   35

| 第一章 | 覺醒吧，冒險者們

財富的迷失與覺醒   39

勝利不會掌握在嘲笑者手中   41

要自由，不要印花稅   43

哪裡有壓迫，哪裡就有反抗   46

【專題】用風箏捕捉雷電的人   49

第二章	自由，給我自由	
黎明時分的一聲槍響	53
折斷的橄欖枝	55
自由的吶喊	58
美法聯盟挑戰日不落帝國	61
最後一道防線的崩潰	64
【專題】誰是真正的山姆大叔？	67

第三章	美利堅初現雛形	
到底誰才是真正的贏家？	71
自由國度的誕生	73
戰後社會需要新鮮感	76
【專題】偉人中的偉人	79

第四章	年輕政府遭遇挑戰	
苦難的開始與悲壯的結束	83
千呼萬喚始出來的憲法	85
高人一籌的漢彌爾頓	88
《傑伊條約》：美國人心中的疤	91
【專題】戰火中飛出的國歌	94

| 第五章 | 站在巨人的肩上

一個逃兵引起的封港令   99

門羅拒絕坎寧的建議   101

傑克遜和卡宏的對決   104

工業航母的起航時刻   106

【專題】向酒神宣戰   109

| 第六章 | 青年人，到西部去

德克薩斯的麻煩   113

奧勒岡邊界之爭   115

垂涎加利福尼亞   118

充滿血淚的西進之路   120

【專題】黃金！黃金！   124

| 第七章 | 內戰來臨

流血的堪薩斯   129

引起紛爭的憲法   131

南部七州的叛離   133

【專題】四海之內，有誰要讀美國文學作品？   136

| 第八章 | 國家不可分

桑特堡打響了第一槍　　　　　　　　141

最血腥的戰鬥　　　　　　　　　　　143

改變歷史的驚天謀殺　　　　　　　　146

非法組織「3K黨」　　　　　　　　　149

【專題】你自由了！　　　　　　　　153

| 第九章 | 戰後重生

南方重建的艱辛　　　　　　　　　　157

五一罷工，雄起的工人　　　　　　　159

壓倒海上霸主的最後一根稻草　　　　162

爭奪國中之國　　　　　　　　　　　164

【專題】電燈只是一個小小的開始　　167

| 第十章 | 威爾遜與意外的大戰

塞拉耶佛青年引爆的一場世界大戰　　171

橫空出現的德國潛艇　　　　　　　　173

沒有勝利的和平　　　　　　　　　　175

中立的巨人被迫參戰　　　　　　　　177

【專題】為世界裝上輪子　　　　　　180

| 第十一章 | 大蕭條來了 |

黑色星期四　　　　　　　　　　　　　185

蕭條下的悲慘世界　　　　　　　　　　187

補償金遠征軍的聚會　　　　　　　　　　191

百萬富翁的兒子上台　　　　　　　　　　193

【專題】像鳥一樣飛　　　　　　　　　　197

| 第十二章 | 戰爭是筆大生意 |

打還是不打，這是一個問題　　　　　　　201

不能忽視的奇恥大辱　　　　　　　　　　203

義大利戰場上的勝利　　　　　　　　　　205

諾曼第戰役　　　　　　　　　　　　　　208

【專題】「小男孩」和「胖子」　　　　　212

| 第十三章 | 冷戰時期 |

友善的面紗變成敵對的戎裝　　　　　　　217

麥卡錫主義　　　　　　　　　　　　　　220

來自古巴的恐慌　　　　　　　　　　　　222

【專題】個人一小步，人類一大步　　　　226

| 第十四章 | 美國世紀的無奈 |

誰耗得起時間？	231
麥戈文的硬傷	234
真相背後的真相	236
我有一個夢想	238
【專題】製夢工廠裡的奇蹟	242

| 第十五章 | 美國總統 |

親民謙和的吉米・卡特	247
70歲才當選的演員總統	249
軟弱共和黨喬治・布希	252
話題總統比爾・柯林頓	255
一票勝出的小布希	258
第一個黑人總統歐巴馬	260
【專題】樂園無界，快樂無限	264

| 第十六章 | 超級大國的抉擇 |

改變美國的102分鐘	269
一場來自美國的報復之戰	271
伊拉克背的黑鍋	274
金融市場的風暴	276
新的大選，新的抉擇	279
【專題】你的可樂，我的歌	282

| 序章 | 兩種文明的衝突

　　在一個可以自由表達意願和意見的國家裡，文化衝突幾乎是一種很自然的社會現象。當兩種文明在歷史的岔路口不期而遇時，愚昧的一方必然會在不可逆轉的進程中付出血與淚的代價。這似乎成為了人類每一次進步所要墨守成規的定律。當歐洲人的「風帆」打破了北美大陸的寧靜時，他們給那裡的印第安人帶來了更為先進的文明，同時也帶來了血腥和殺戮。

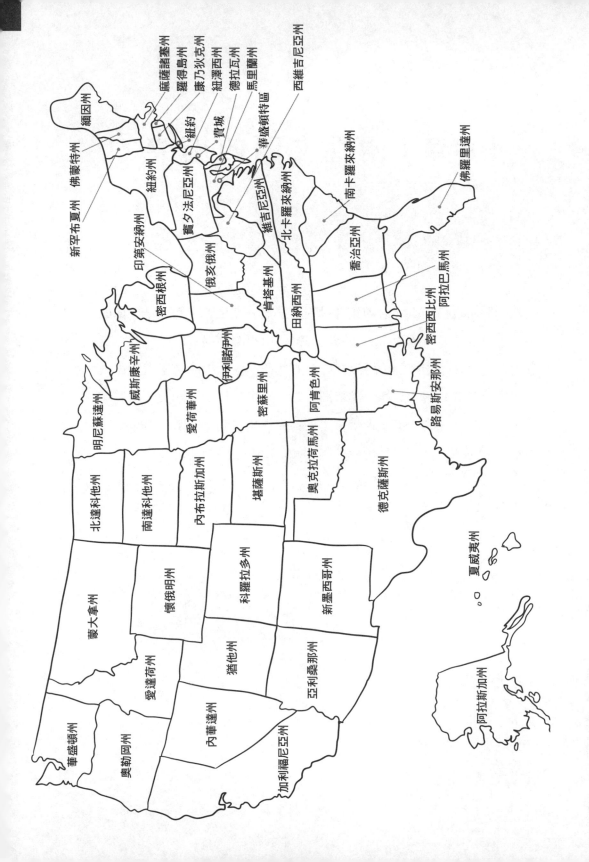

後來居上的美洲文明

人類最早出現於兩百萬年前的非洲，不過與現代人類相近的人種在五萬年前才出現。人類的發展就像一場沒有終點的馬拉松比賽，有的人在起點就開始領先於其他人，而有些則一直在後面苦苦追趕。美洲文明就屬於後者。當亞洲的農民已經在自己的土地上開墾出種類繁多的蔬菜、水果；當歐洲的巨大帆船航行在五洲四洋之時，北美仍處在茹毛飲血的原始社會。

數萬年來，西伯利亞極寒的天氣一直是人類北上遷徙的阻礙。但隨著溫暖地帶哺乳動物一天天減少，人類數量與日俱增，食物鏈的平衡逐漸被打破，許多人不得不冒著被凍死的風險向寒冷的北方尋找生存之地。

大約在1.2萬千年前，當時處於冰河時代的末期，海面上結著厚厚的冰。一些北上的「探險者」冒著刺骨的寒風，穿越今天的白令海峽，一路向東，朝著未知的遠方前行。告別了冰天雪地的白色世界，「探險者」來到一座綿延不絕的山脈腳下，這個地方便是洛磯山的北部地帶。此時，他們並不知道自己已經到達了一個新的大陸。

「探險者」的腳步沒有停下，他們翻山越嶺，順著山勢的方向南下，終於在今天加拿大卡爾加里市的附近找到了一片開闊的土地。廣袤的平原上不僅有體形巨大的猛瑪象、黑熊一般的河狸，還有一些不知名的鳥類與小型動物。「探險者」們非常開心，因為他們已經很久沒有看到這麼多的獵物了。

接下來的情景可以想像得出，人類開始對這些動物展開捕殺。艱難的遷徙之路讓每一個「探險者」都成為捕獵高手，他們用特製的長矛刺

明朝

哥倫布發現新大陸
— 1500

— 1600
清朝　五月花公約
— 1700

美國獨立
— 1800

門羅主義

美墨戰爭
— 1850
日本黑船世界

中美天津條約

南北戰爭

購買阿拉斯加

美西戰爭
「門戶開放」政策
— 1900

中華民國

經濟大蕭條

日本偷襲珍珠港
— 1950　韓戰

甘迺迪遇刺

911事件
— 2000

歐洲文藝復興運動

拜占庭帝國滅亡
1500—

1600—

1700—
工業革命

法蘭大革命
1800—

共產黨宣言
1850—

日本明治維新

普法戰爭

1900—

中華民國
第一次世界大戰

第二次世界大戰

1950—

越戰爆發

兩伊戰爭

東西德統一

2000—

向巨大的動物，並用打磨過的石頭割開動物的毛皮，將一大塊肉分割成小塊食用。

　　後來，考古學家們在墨西哥的克洛維發現了這些石製刀具，並且將這些「探險者」命名為克洛維人。時至今日，在北美大部分地方都發現過這種石刀，可見克洛維人在北美的居住地域非常廣泛。作為最先到達美洲大陸的人類，這些「探險者」很可能就是美洲原住文化的祖先

　　冰河時代結束後，塵封了數萬年的冰川漸漸融化，許多大型哺乳動物賴以生存的草地被海水浸沒，直接導致了多種動物的滅絕，克洛維人衣食無憂的生活逐漸危機四起。

　　為了食物，許多人重新開始了新的遷徙征程。但和先輩不同的是，這一次的遷徙僅僅局限在北美本土。大部分克洛維人已經學會更靈活地選擇生存方式，比如春暖花開的季節，他們就會來到河邊，捕食那些產卵的魚；秋天，他們又會到樹林裡撿拾成熟的果子，儲備起來，以備冬天的不時之需。

　　幸運的是，克洛維人顛沛流離的生活在西元前1000年結束了，他們在路易斯安那州密西西比河北部三角洲地區建立了長期定居點。今天，史學界將這一定居點稱為「窮點」，克洛維人在這裡建立了大約400到600間房屋，他們已經學會了燒製陶器、用草繩編織東西，也沒有忘記捕魚、打獵等拿手技能。

　　「窮點」的繁榮大約持續了500年，之後的幾百年，沒有一個定居點擁有「窮點」這樣的規模，直到「阿迪納人」的興起。他們同克洛維人一樣以打獵和種植為生，但是他們的種植技術比先輩們要高超許多，而且他們懂得用自己得來的物品和遠方的人進行貿易。

　　在「阿迪納人」定居點衰落之後，來自俄亥俄和杜伊諾伊地區的「霍普韋爾人」逐漸發展壯大起來。在後人的考古探查中，人們從「霍普韋爾人」的一個形狀像飛鳥的土丘部落找到了來自洛磯山脈地區的黑

熊牙齒，還有來自加拿大的白銀和大西洋海岸的貝殼。

在漫長的歷史長河中，美洲文明就這樣更新交替著，並給我們留下了相當高的古代文明。但是，他們的進程太過緩慢，美洲大陸地廣人稀、物產豐富，安逸的環境讓那些原住民們對發展生產力的需求並不迫切，也就自然無法誕生更加先進的文明。

 【延伸閱讀】霍普韋爾文明

霍普韋爾文明，名字來源於他們開發的第一個農場。它存在於西元前100年至西元前400年，位於美國中西部的大湖、大河地區。考古發現，霍普韋爾人已經懂得堆高土塚等大型土方建設，用以劃分土地、進行墓葬宗教儀式以及自我防衛。他們會種植玉米，但主要還是依靠狩獵及採集維生。在西元前400年，繁榮的、地方化的霍普韋爾社會開始崩潰，霍普韋爾文化也隨即逐漸消失。

與世無爭的印第安人

你一定在電影裡見過這樣的場景：許多印第安人身著彩妝，頭戴羽毛，手持鈴鐺等裝飾，圍著火堆，隨著歡快的音樂翩翩起舞，在富有特色的音樂中舉行儀式。酋長永遠坐在棚屋裡，決定著部落的一切大小事務。

在1607年英國人定居詹姆斯河畔之前，印第安人一直默默地在北美大陸上耕作、狩獵、繁衍，沒有來自其他「世界」的打擾和侵犯，他們用自己的雙手建造棚屋、種植糧食，過著與世無爭的生活。然而這份寧靜在歐洲人到來之後被打破了。其實對於這些「不速之客」來說，印第安人的生活也讓他們大吃一驚。在歐洲人原有的觀念裡，北美一直都是

明朝

哥倫布發現新大陸
— 1500

— 1600
清朝　　　五月花公約
— 1700

美國獨立
— 1800

門羅主義

美墨戰爭
— 1850
日本黑船世界

中美天津條約

南北戰爭

購買阿拉斯加

美西戰爭
「門戶開放」政策
— 1900

中華民國

經濟大蕭條

日本偷襲珍珠港

— 1950　　韓戰

甘迺迪遇刺

911事件
— 2000

歐洲文藝復興運動

拜占廷帝國滅亡
1500—

1600—

1700—
工業革命

法蘭大革命 1800—

共產黨宣言 1850—

日本明治維新

普法戰爭

1900—

中華民國
第一次世界大戰

第二次世界大戰

1950—

越戰爆發

兩伊戰爭

東西德統一

2000—

「不毛之地」的代名詞，他們沒有想到這片神秘的土地上竟然會有人類的足跡。

其實，印第安人「與世無爭」是由於他們沒有一個完整的政治主權實體，生產技術的粗糙和文化發展的阻礙是造成文明閉塞的原因，所以當歐洲人來到這裡的時候，北美大陸的一切還處在人類發展的初始階段。

雖說印第安人在北美大陸生活了上萬年，但他們和後來的歐洲人一樣，都屬於移民。至於他們從哪裡來，為什麼放棄原有的家園長途遷徙於此，直到現在，仍然是一個未解之謎。

不過對於漫長的美洲歷史來說，印第安人的起源之謎並不是關鍵，我們只需要知道，在哥倫布發現美洲的時候，印第安人已經在那裡生活，並且散佈在美洲的各個角落。據美國學者詹姆斯・穆尼在1928年的估算，當時北美大陸存在的印第安人的數量應該是110萬，另一些學者則認為當時的印第安人口應該接近1000萬。

無論如何，這在當時來說都是一個龐大的數字，不過由於生產技術和交流手段的局限性，他們只能組成零散的小部落，盤踞在一小塊地方，所以每個部落的組織性和戰鬥性都很有限。即使是最強大的部落，也只擁有700名武士和4000多人口，佔有的地方也就相當於現在的一個小鎮。

這些大大小小的部落沒有形成一個整體，如同一盤散沙，分散了印第安人的民族力量。它們保持著原始的氏族關係，以血緣作為聯繫的紐帶，重視親情和友愛，對自己的父母和子女呵護備至。在部落中，男尊女卑也是一種普遍的觀念，婦女社會地位低下，她們平日裡幹農活，生養子女，伺候丈夫。

印第安人的生活方式很原始也很簡單，他們從使用石片木棍等簡單的工具發展到用骨頭、木材，然後又慢慢地掌握了生存需要的狩獵和

採集技術，並且學會使用火、馴養動物、種植作物、發明儲藏食物的方法。而這些能力，比他們早幾千年的山頂洞人早就會了。

但是他們的生產力缺陷也十分明顯：沒有馴養大型家畜，沒有發明和利用鐵器，所以生產力難以提高。這些都嚴重地阻礙了社會結構的變革，對社會文明發展造成了阻礙。

在北美的印第安人只有東部和西南部的部落有固定的居所，他們開墾土地種植玉米、豆類、瓜類等作物。為了避免當地其他部落的襲擊，這些印第安人會經常開闢新的土地，遺棄原先的村落，這種方式也可以提高社會的生產力。

當印第安人的桃園生活被外部世界打破的時候，這些原始人還完全靠著北美豐厚的自然資源生存。那片肥沃的土地上大面積生長著可以食用的野生稻米和玉米，並且生活著野牛等動物，沿海還有豐富的魚類。

靠天而生的印第安人對大自然又畏又敬，淳樸的他們和古代中國人一樣信奉萬物有靈論，把自然看成世間萬物的家園，人和動植物一樣在自然世界中地位平等，都有生存的權利。他們信奉各種上神，對自然感激、膜拜。現在看來，他們這種原始的信念正是我們如今遺失的最寶貴財產——人與自然的和諧相處。

印第安人的每個部落都擁有自己特有的文化，不過這些文化因為部落的分散性、語言不通等因素無法形成一個整體，從而造成印第安內部的文化分異。其實印第安人的文化和中國的傳統文化類似，都是廣博匯總而來的，是眾多亞文化的集合體。這種文化在部落化的北美統治時期並沒顯示出多少共性，只有當另一種外來文化侵襲時，它們的共性才會凸現出來。

對農耕時代後期的舊世界來說，處於石器時代的新大陸就是一個巨大的真空，等待著人們去填滿。當歐洲的帆船出現在美洲時，印第安人這種單純的文明自然難以抵禦來自發達文明的侵襲。

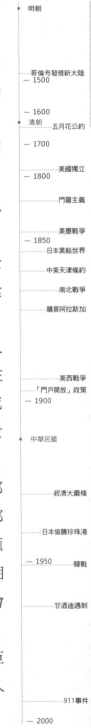

明朝

哥倫布發現新大陸
— 1500

— 1600
清朝　五月花公約

— 1700

美國獨立
— 1800

門羅主義

美墨戰爭
— 1850
日本黑船世界

中美天津條約

南北戰爭

購買阿拉斯加

美西戰爭
「門戶開放」政策
— 1900

中華民國

經濟大蕭條

日本偷襲珍珠港

— 1950　韓戰

甘迺迪遇刺

911事件

— 2000

當印第安人受到殖民者無情地剝削時，當一個個鮮活而有個性的文明逐漸消失於歷史的長河中，這不僅是種族的滅頂災難，也是人類文明發展史的悲劇。

 【延伸閱讀】玉米神

玉米是印第安人最寶貴的作物，為避免它受到傷害，他們創造了玉米神專門保護玉米的生長。玉米神名叫尤姆・卡克斯，後來成為南美洲馬雅神話中的九聯神之一，負責掌管五穀和森林。在許多出土的馬雅文物中，我們都可以看到玉米神的雕塑，通常他以玉米為頭飾，手持玉米，代表著富饒與豐收。

哥倫布的意外收穫

如果說錯誤也可以很美麗的話，那麼人類航海史上最美麗的錯誤之一可能就是發現新大陸這個偉大錯誤了。在新航線開闢的道路上，北美大陸對於歐洲人來說似乎是一次意外的「邂逅」，也是哥倫布的意外收穫。

哥倫布出生於義大利熱那亞，從小就嚮往著海上航行，少年時代起就開始讀《馬可・波羅遊記》，十分嚮往「黃金遍地，香料盈野」的中國等東方國家。在西班牙塞維爾的哥倫布紀念館中，至今還保存著一本拉丁文的《馬可・波羅遊記》，上面有不少哥倫布做的筆記。

年輕的哥倫布曾參加過一支法國的海盜船隊，在與義大利的一次戰鬥中，他跳海逃生，經過長時間的游泳，到了葡萄牙。葡萄牙是一個航海王國。在這個「探險者」的國度裡，哥倫布學習了很多航海知識，參加了多次遠洋航行。這對他以後立志向西航行有很大影響。

歐洲文藝復興運動

拜占廷帝國滅亡
1500—

1600—

1700—
工業革命
法蘭大革命
1800—

共產黨宣言
1850—

日本明治維新

普法戰爭

1900—

中華民國
第一次世界大戰

第二次世界大戰

1950—

越戰爆發

兩伊戰爭

東西德統一

2000—

一百多年以來，葡萄牙人都在苦苦尋求機會，開闢一條新航路。在這一時期，亨利王子不甘於現狀，一方面積極研究導航和航海技術，一方面先後15次派出探險考察隊，但每一次返航都沒有為他帶來好消息。直到吉爾・埃安內斯成功地穿越了博哈多爾海角，並帶著整船的奴隸回到了葡萄牙。這標誌著葡萄牙人打開了通往非洲加那利群島以南的航路。

與此同時，哥倫布也在為自己的西航計畫尋找投資者。他出生低微，得不到求見葡萄牙王子的機會，但卻憑藉一表人才，得到一位貴族小姐的親睞。二人不久結為夫妻，這讓哥倫布得到了接近王室的機會。

哥倫布試圖說服裘安王子，但是王子拒絕了他的建議。後來，哥倫布妻子去世，他帶著獨生子來到剛剛成立的西班牙。裘安二世擔心哥倫布的計畫被別國採納而搶先到達印度，曾又召請哥倫布回葡萄牙，但哥倫布拒絕了。

哥倫布在西班牙結交了一些學識豐富的修士和闊綽的水手，他們對哥倫布的計畫很感興趣，並給哥倫布提供了向王室陳訴自己計畫的機會。但他去的時機不對，當時的西班牙正忙於統一，無暇顧及他的計畫。這一拖，又是6年。其間，哥倫布也曾向英、法兩國的君主上書，但都無果而終。

後來，西班牙統一，開始了向海外擴張的步伐。西班牙王后召見了哥倫布，表示出對遠航計畫的興趣，但沒有給予實質性的答覆。直到1491年底，西班牙國王斐迪南二世才接見了哥倫布，並答應支持他遠航。不過，沒有一個水手願意跟隨哥倫布遠征，國王只好從罪犯中挑了一批人給哥倫布當水手。另外，國王給了哥倫布幾艘破舊的帆船。

成功總是留給有準備的人，哥倫布為了這次西航，足足準備了18年。1492年8月3日清晨，他帶領87名水手，駕駛著妮娜號、平塔號和旗艦聖瑪麗號，離開了西班牙的帕洛斯港，開始了人類歷史上第一次橫渡

明朝

哥倫布發現新大陸
— 1500

— 1600
清朝　五月花公約

— 1700

美國獨立
— 1800

門羅主義

美墨戰爭
— 1850
日本黑船世界

中美天津條約

南北戰爭

購買阿拉斯加

美西戰爭
「門戶開放」政策
— 1900

中華民國

經濟大蕭條

日本偷襲珍珠港

— 1950　韓戰

甘迺迪遇刺

911事件

— 2000

歐洲文藝復興運動

拜占廷帝國滅亡
1500—

1600—

1700—
工業革命

法蘭大革命 1800—

共產黨宣言 1850—

日本明治維新

普法戰爭

1900—

中華民國
第一次世界大戰

第二次世界大戰

1950—

越戰爆發

兩伊戰爭

東西德統一

2000—

大西洋的壯舉。

海上的征途並不像哥倫布想像的那樣輕鬆，水天一色，茫茫無邊，在浩瀚的大海中，人類顯得如此單薄而力不從心。就這樣，在海上漂泊了一天又一天，單調而乏味的生活，讓水手們沉不住氣了。哥倫布這個船長，首先要處理的就是和他們的爭執。有時候，他甚至不得不拔出寶劍，強令水手們向前，再向前。

一天，面對叛亂的水手們，哥倫布不得不作出承諾，如果三天後沒有看到陸地，他們便返航回西班牙。就在哥倫布煩惱如何說服水手們繼續前進時，猛烈的海風阻礙了他們前行。不過，慶幸的是海風突然改變了風向，幫助船隊加速前進，大家慢慢看到了前方的陸地。

10月12日清晨，在海上航行了2個月零9天之後，平塔號瞭望員羅德里戈·德·特里安納發現了陸地，哥倫布命令船隊尋找著陸點。

哥倫布和另外兩名船長馬丁·亞倫索·平松、維森特·平松分別駕著小船加入了登陸人群。然後哥倫布把島命名為聖薩爾瓦多，意即「救世主」。不久，他又將勘察到的其他島嶼分別命名，並宣佈其所有權，同時稱這些土著人為印第安人。

哥倫布在享受勝利的同時，也不忘安撫同來的水手，他深信水手們並不想要獲得榮譽，只是為了黃金。所以哥倫布開始同印第安人交換黃金，拿價值幾便士的銅製小鈴換取大量黃金。這樣的交換看似不平等，但也促進了文明的交流與發展，傳播了雙方的文化。

1493年1月18日，哥倫布決定返航，他把39個願意留在新大陸的人留在那裡，把10名俘虜來的印第安人押上船。返航途中，船隊遭遇了前所未有的大風，幸運的是他們在風暴中倖存，於是他們決定去最近一處的聖母瑪利亞殿堂朝拜。

4月，哥倫布終於回到王宮，他向國王彙報，這一次的美洲之行，船隊帶回了胡椒、花生和火雞，為歐洲農業革命帶來了動力。他們還引

入了豬和馬，小麥、蘋果和葡萄。同時，哥倫布也把帶回來的印第安人展示在大家面前，但西班牙王室沒有看到他們最想要的寶物。

　　儘管哥倫布到死都不承認他發現的是美洲，但他的遠航推動了世界文明的進步。哥倫布之前，大海幾乎是一個不可跨越的屏障；哥倫布之後，大海又成為最便捷的通道。哥倫布西航不僅促進了兩片大陸之間的文化交流，也給美洲社會帶來前所未有的浩劫。

 【延伸閱讀】《馬可‧波羅遊記》

　　1298年由威尼斯商人和冒險家馬可‧波羅將他的東遊沿途見聞記錄下來，成為《馬可‧波羅遊記》，它向整個歐洲打開了神秘的東方之門。它記錄了中亞、西亞、東南亞等地區很多國家的情況，大大豐富了歐洲人的地理知識，對以後新航路的開闢產生了巨大的影響。

從維吉尼亞撒下的殖民網

　　從維吉尼亞州首府里滿市驅車向西425英里，就會到達一個名叫夏洛特維爾的小鎮。它偎依在鬱鬱蔥蔥的藍嶺山脈，有碧綠清澈的里凡納河從身旁流過，景色十分秀麗。在城東不遠的一座小山上，你會發現一座帶有一白柱門廊的紅磚巨宅。這是美國第三任總統傑佛遜給自己設計的住宅——蒙蒂塞洛——一朵美國早期建築史上的奇葩。

　　除了傑佛遜，這個州還出現過華盛頓、麥迪遜等八位總統。這個素以「總統的誕生地」著稱的州，是美國歷史最悠久的州之一。1607年英國在維吉尼亞州沿海的詹姆士敦建立起北美第一塊定居點，所以維吉尼亞州有「老自治領州」的別名，取名「維吉尼亞」，是為紀念終身未嫁的英國伊莉莎白女王一世對開拓英國殖民事業的貢獻。

明朝

哥倫布發現新大陸
— 1500

— 1600
清朝　　五月花公約

— 1700

美國獨立
— 1800

門羅主義

美墨戰爭
— 1850
日本黑船世界

中美天津條約

南北戰爭

購買阿拉斯加

美西戰爭
「門戶開放」政策
— 1900

中華民國

經濟大蕭條

日本偷襲珍珠港

— 1950　韓戰

甘迺迪遇刺

911事件
— 2000

歐洲文藝復興運動

拜占廷帝國滅亡
1500—

1600—

1700—
工業革命
法蘭大革命
1800—

共產黨宣言
1850—

日本明治維新

普法戰爭

1900—

中華民國
第一次世界大戰

第二次世界大戰

1950—

越戰爆發

兩伊戰爭

東西德統一

2000—

16至17世紀時，英國為了緩解人口壓力和貧困問題，決定開拓海外殖民地。同時，國內的清教徒也希望到新大陸謀求生存和發展空間。

在這個背景下，歐洲出現了一批求財心切的商業冒險公司，他們成了北美殖民運動的主要推動者和組織者。他們一方面取得英王的特許狀，另一方面向社會大肆宣傳美洲的富饒，把北美塑造成冒險聖地、財富天堂以吸引移民。倫敦維吉尼亞公司就是其中的佼佼者。

1606年4月，維吉尼亞公司順利拿到英王詹姆斯一世的特許狀，並很快組織起第一批移民。這一年，總計一百四十四名移民登上一艘大船，他們在船長約翰‧史密斯的帶領下，懷揣著對未來美好的憧憬向新大陸進發。

然而，約翰和移民者的運氣似乎不太好，歷經數月才到達美洲。這群人在詹姆斯河口安頓下來，並建立了一個定居點，為了紀念君主詹姆斯一世，該定居點被稱作「詹姆士敦」，它是英國在北美的第一塊永久殖民地。英國在北美殖民的序幕由此拉開了。

在長途旅行中飽受折磨的移民疲弱不堪，他們本想鬆一口氣，但隨之而來的一系列問題使他們不得不打起精神——移民們意識到這個地方並不是財富天堂。殖民點條件極其惡劣，疾病流行、衣物短缺，再加上水土不服，不斷有新移民把性命葬送在這塊陌生的土地上。開始時人們只顧尋找黃金和鑽石，忽視了糧食作物的種植，食物供應嚴重不足。第一艘補給船姍姍來遲，移民中能活下來享受補給的只有不到四十人。

維吉尼亞公司的殖民活動因此陷入困境，從1608年1月到次年9月，三批共計七百九十人相繼來到美洲，同時每一次都帶上了大量的補給。不過殖民地的死亡率仍高達50％以上。即便經過近二十年的開拓和發展，詹姆士敦的人口也不過千餘人。

詹姆士敦惡劣的環境和高死亡率，令來到這裡尋找寶藏的移民大失所望。他們原本就是做著一夜暴富的發財夢而來的冒險家，沒有打算定

居北美,對於如此惡劣的生活環境更是完全沒有準備。

漸漸的,他們已經不像剛來時那麼幹勁十足,部分人選擇走回頭路,溜回英國,也有部分人逃到印第安部落,即使留下的人也對維吉尼亞公司怨聲載道。維吉尼亞公司逐漸意識到殖民地需要的是踏實肯幹的勞動者。

一夜暴富的夢想在一天難過一天的處境中化為泡影,移民們不想坐以待斃,他們把新的希望寄託在廣袤慷慨的土地和深沉神秘的海洋上。他們不斷嘗試,種過葡萄,養過桑蠶,製過海鹽,甚至捕過魚,但都未取得可觀的經濟效益。

後來,約翰・史密斯被土著印第安人俘虜,被波瓦坦酋長的女兒波卡霍特斯所救,這使殖民者和印第安人的關係得以緩解,移民開始向印第安人學習玉米、馬鈴薯、煙草等農作物的種植技術。

1622年3月22日,白人定居點被印第安人突然襲擊。在新任酋長奧普查納坎奴的帶領下,印第安人組成的包哈坦聯盟不僅毀壞許多村莊和種植園,還殺了347名白人移民。白人很快也組織力量,發動反擊。雙方至此結怨,爭鬥不休,殘殺不止,生活方式原始落後的印第安人最終失敗。二十二年後,酋長奧普查納坎奴被俘處死,包哈坦聯盟被瓦解。

北美的獨立戰爭勝利後,維吉尼亞殖民地成了美國的第十一州,也就是今天人所熟知的維吉尼亞州。

 【延伸閱讀】維吉尼亞倫敦公司

1606年,一些大膽的英國商人年成立維吉尼亞倫敦公司,英王詹姆士一世當年簽發特許狀,目的在於開發北美東海岸北緯34度至41度之間的殖民地,其股東都是倫敦人。後來由於公司內部的股東爭吵不休,而且名聲越來越糟,英國國王派人進行調查,並在1624年解散了倫敦公司,公司建立的維吉尼亞殖民地也改為皇家殖民地,由皇室派人管理。

明朝

哥倫布發現新大陸
— 1500

— 1600
清朝 ————五月花公約
— 1700

美國獨立
— 1800

門羅主義

美墨戰爭
— 1850
日本黑船世界

中美天津條約

南北戰爭

購買阿拉斯加

美西戰爭
「門戶開放」政策
— 1900

中華民國

經濟大蕭條

日本偷襲珍珠港

— 1950 韓戰

甘迺迪遇刺

911事件

— 2000

五月花號揚帆起航

歐洲文藝復興運動

拜占廷帝國滅亡
1500—

1600—

1700—
工業革命
法蘭大革命
1800—

共產黨宣言
1850—

日本明治維新

普法戰爭

1900—
中華民國
第一次世界大戰

第二次世界大戰

1950—

越戰爆發

兩伊戰爭

東西德統一

2000—

1620年9月16日，一艘運載了約102名被迫害清教徒的輪船駛離了英國普利茅斯港。這艘名為「五月花號」的船，由船長威廉‧布魯斯特帶著移民者們的希冀開始了航行。威廉‧普魯斯特是在倫敦維吉尼亞公司財務主管桑茲爵士的幫助下，順利獲得了在公司北方領土的定居權。

對於一段需要遠渡大西洋的航行來說，五月花號，這艘有著浪漫名字的船實在太小了。而且由於形勢所迫，他們選擇的又是一年中最糟糕的航海季節。不過，懷著對未來的美好希望，這群飽受憂患的清教徒們已經無所顧忌了。

海上波濤洶湧，風急浪高，五月花號就像海面上的一片樹葉，在狂風暴雨中艱難前進，隨時都有船毀人亡的危險。在前往維吉尼亞殖民地的過程中，移民們遭遇了一場意外的暴風雨，在糧食所剩無幾的情況下，他們不得不返回北美洲東海岸的科德角。

在大家的共同努力下，在航行了78天後，五月花號終於在普利茅斯港拋下了錨鏈。當移民們劃著小艇登陸時，按照古老的航海傳統，首先登上了一塊高聳於海面上的大礁石。後來，這塊礁石被人稱為「普利茅斯石」，成為歷史的見證。

也許是上帝的恩賜，也許是「五月花」這個美好的名字，在這次艱辛而危險的航行中，所有探險者中只有一人死亡，同時又有一個嬰兒降生，當他們到達科德角時，船上還是102人。

由於無法順利登陸維吉尼亞殖民地，他們的許可證也就在法律上失去了作用。為了進行有效的團隊管理，避免滋生更多的混亂，11月11日，在清教徒領袖威廉‧布魯斯特宣導下，41名成年男子簽訂了《普利茅斯聯合協議》，也被稱為《五月花號公約》。

好在《五月花號公約》全文不長，照錄如下：

「以上帝的名義，阿門。

我們這些簽署人是蒙上帝保佑的大不列顛、法蘭西和愛爾蘭的國王信仰和捍衛者詹姆斯國王陛下的忠順臣民。

為了上帝的榮耀，為了增強基督教信仰，為了提高我們國王和國家的榮譽，我們漂洋過海，在維吉尼亞北部開發第一個殖民地。我們在上帝面前共同立誓簽約，自願結為一民眾自治團體。為了使上述目的能得到更好地實施、維護和發展，將來不時依此而制定頒佈的被認為是這個殖民地全體人民都最適合、最方便的法律、法規、條令、憲章和公職，我們都保證遵守和服從。

據此於耶穌紀元1620年11月11日，於英格蘭、法蘭西、愛爾蘭第十八世國王暨英格蘭第五十四世國王詹姆斯陛下在位之年，我們在科德角簽名於右。」

這份寫在粗糙羊皮紙上的《五月花號公約》作為美國歷史上的第一個政治契約性文件，內容雖然很簡單，卻在美國政治思想史上佔有重要地位。

我們總是無法想像，偉大的美利堅民族就是由這樣一群天真的「書呆子」，用一份寫在羊皮紙上的書面合同開創的，就如同我們沒法想像，他們在建立國家之前先建立了大學。

現在，呈現在他們面前的，完全是一塊陌生的土地。移民們給它取了一個充滿希望的名字——山巔之城，也就是後來的麻塞諸塞州。在公約上簽字的41名清教徒，有一半未能活過6個月，剩下的一半就理所當然成為普利茅斯殖民地第一批有選舉權的自由人，成為殖民地政治的核心成員。

《五月花號公約》在整個人類文明史上，它的意義幾乎可以與英國的《大憲章》、美國的《獨立宣言》、法國的《人權宣言》等相提並

明朝

哥倫布發現新大陸
— 1500

— 1600
清朝　五月花公約
— 1700

美國獨立
— 1800

門羅主義

美墨戰爭
— 1850
日本黑船世界

中美天津條約

南北戰爭

購買阿拉斯加

美西戰爭
「門戶開放」政策
— 1900

中華民國

經濟大蕭條

日本偷襲珍珠港
— 1950　　韓戰

甘迺迪遇刺

911事件
— 2000

論。它不僅樹立了「美國精神」，也標榜著文明尺度和國家道德，成為了世界的「光與鹽」。

 【延伸閱讀】哈佛大學

　　哈佛大學本部坐落於美國麻塞諸塞州，於1636年由當地的殖民地立法機關立案成立，迄今為全美歷史最悠久的高等學府，並擁有北美最古老的校董委員會。其最初稱之為「新學院」，該機構為了感謝英國劍橋大學校友及牧師約翰‧哈佛所作出的捐贈，改名為「哈佛學院」。自創辦至今，哈佛校友有8名美國總統及多國領袖與政治要員。

歐洲文藝復興運動

拜占廷帝國滅亡
1500—

1600—

工業革命　1700—
法蘭大革命
1800—

共產黨宣言
1850—

日本明治維新
普法戰爭

1900—

中華民國
第一次世界大戰

第二次世界大戰

1950—

越戰爆發

兩伊戰爭

東西德統一

2000—

【專題】火雞，走，過節去

　　感恩節，美國人獨創的一個古老節日。在每年11月的第四個星期四，感恩節開始放假，假期一般會從星期四持續到星期天。在那一天，成千上萬的人們都要趕回家和自己的家人團聚。

　　感恩節的由來可以一直追溯到美國歷史的開端。在1621年的那個秋天，也就是第一個感恩節的那一天，移民在慶祝豐收的日子裡，為了感謝印第安人的真誠幫助，邀請他們一同慶祝節日。移民們將獵獲的火雞製成美味佳餚，盛情款待印第安人。第二天和第三天又舉行了摔跤、唱歌、賽跑、跳舞等活動。

　　第一個感恩節過得非常成功，其中許多慶祝方式流傳了300多年，一直保留到今天。移居美國的歐洲人基本上都繼承了第一次感恩節慶祝活動的形式。

　　每逢感恩節這一天，美國舉國上下熱鬧非凡，人們遵從習俗前往教堂做感恩祈禱，到處都會舉行化裝遊行、戲劇表演和體育比賽等活動。孩子們還會模仿當年印第安人的模樣，穿上稀奇古怪的衣服，描上臉譜或戴上面具到街上唱歌、跳舞和遊行。散居在他鄉外地的人也會趕回家過節，一家人團團圍坐在一起，啃著美味的火雞，並且對家人說：「謝謝！」當然，好客的美國人也忘不掉在這一天邀請好友、單身漢或遠離家鄉的人共度佳節。

　　對於美國人來說，一年中最重要的一餐，就是感恩節的晚宴，相當於中國的除夕團圓飯，這也是感恩節最主要的慶祝方式。在美國，平日的飲食都非常簡單，但在感恩節的夜晚，家家戶戶都大辦宴席，食物豐盛，蘋果、栗子、葡萄、碎肉餡餅等等應有盡有。在節日的餐桌上，上

明朝

哥倫布發現新大陸
— 1500

— 1600
清朝　　五月花公約
— 1700

美國獨立
— 1800

門羅主義

美墨戰爭
— 1850
日本黑船世界

中美天津條約

南北戰爭

購買阿拉斯加

美西戰爭
「門戶開放」政策
— 1900

中華民國

經濟大蕭條

日本偷襲珍珠港
— 1950　　韓戰

甘迺迪遇刺

911事件
— 2000

歐洲文藝復興運動

拜占廷帝國滅亡
1500—

1600—

1700—
工業革命

法蘭大革命
1800—

共產黨宣言
1850—

日本明治維新

普法戰爭

1900—

中華民國
第一次世界大戰

第二次世界大戰

1950—

越戰爆發

兩伊戰爭

東西德統一

2000—

至總統，下至庶民，火雞和南瓜餅都是必備的。因此，感恩節也被稱為「火雞節」。

　　感恩節什麼一定要吃火雞呢？那是因為火雞是美洲特產，在歐洲人到來之前，已經被印地安人馴化和家養。因為歐洲人覺得它的樣子像土耳其的服裝：身黑頭紅，所以火雞的名字在英文中是「土耳其」。那個時候的歐洲人很喜歡吃烤鵝，但來到美洲之後，沒有鵝可以烤著吃，於是就吃火雞，發現火雞竟然比鵝還好吃。於是烤火雞成了美國人的大菜，在感恩節中自然必不可少。

　　烤火雞是感恩節的傳統主菜，通常把火雞肚子裡塞滿各種各樣調料和拌好的食品，然後整隻烤出，由男主人切成薄片分給大家。火雞在烘烤時要以麵包作填，這樣可以吸收從中流出來的美味汁液，但烹飪技藝常因家庭和地區的不同而不同，用什麼做填料也很難一致。

　　感恩節餐桌的佈置也非常有特色。主婦們在桌子上擺滿水果和蔬菜，來代替平時擺放的鮮花。桌子中間會放上一個大南瓜，周圍堆著很多蘋果、玉米和乾果。有時人們還把蘋果或南瓜掏空，中間放滿去殼的乾果或者點燃蠟燭。

　　平時，吃完飯大家都會到客廳休息，但在感恩節這一天卻不這樣做。感恩節的聚餐是溫馨的，每個人都願意在飯桌旁多待一會兒，他們一邊吃一邊愉快地回憶往事，直到最後一根蠟燭燃盡。

　　感恩節晚飯後，很多家庭還會做些傳統遊戲，例如跳舞或南瓜賽跑、蔓越桔競賽等比賽活動。玉米遊戲是感恩節比較經典的遊戲之一。首先把五個玉米藏在屋裡，由大家分頭去找，誰找到玉米誰就有資格參加比賽，其他人在一旁觀看。比賽規則是看誰先把玉米粒剝在一個碗裡，誰先剝完誰得獎。然後由沒有參加比賽的人猜碗裡有多少顆玉米粒，誰猜的最接近，就獎給誰爆玉米花。

| 第一章 | 覺醒吧，冒險者們

　　對於北美新的統治者來說，他們乘風破浪滿載而來的希冀，已經在這片陌生的土地上生根發芽，不管是最初的英國人，還是後來的法國人、愛爾蘭人，他們都改變了原有的認知，從一個「入侵者」的角色漸漸轉變為「擁有者」。而隨著自身殖民地各項制度的完善，他們對原有宗主國的眷戀感逐步消失，在這裡人們聽到更多的是「我是北美人」，而不是「我是英國人」。

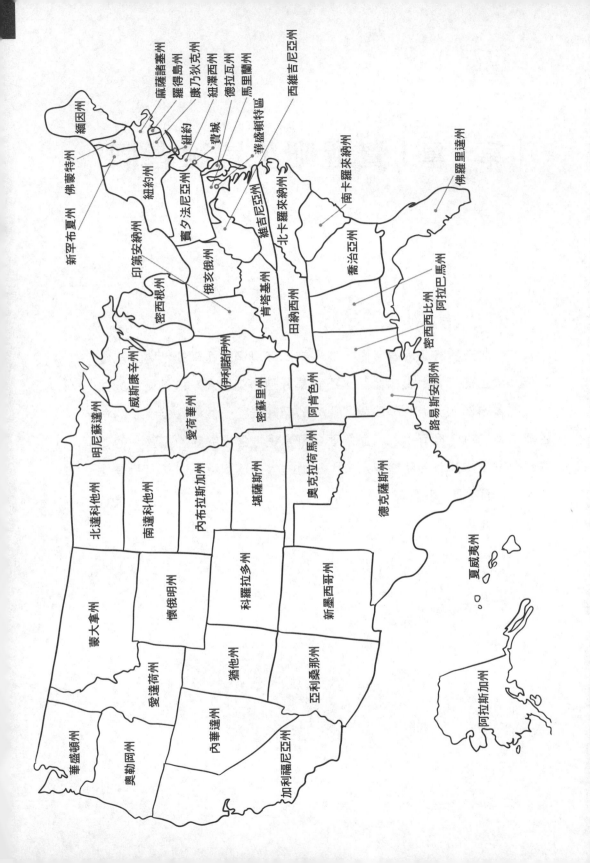

財富的迷失與覺醒

　　世界上沒有人會反對財富，而且每個人都夢想擁有財富。在18世紀的北美殖民地上，人們對於經濟利益的追求熱情遠遠高過其他東西。在觸手可及的財富面前，人們已經不再相信因果報應、來世幸福，甚至有的人不再信仰上帝。殖民地的居民大多都忘卻了對宗教信仰的堅持，宗教熱情一天天地降低。

　　教堂之中，已經很少能看到有人會定期做禮拜，即使是在教會影響深遠的一些地區，堅持去教堂的人也少之又少。許多傳教士懷著遠大的宗教夢想，試圖在北美殖民地上宣揚自己的信仰，建立人類的精神家園。然而沒過多久，他們的後代卻成為殖民地經濟的開發者，將信仰變成了對財富利益的狂熱追求。

　　許多人遠離教堂和牧師，住在邊疆地區的居民對宗教早已經漠不關心。在信仰時代，清教徒們相信「快樂源於良心」；在財富時代，人們更欣賞一句話：「忘掉良心，你就會成功。」

　　喬治・萊特菲爾德的到來成為北美殖民地大覺醒運動浪潮的導火索。當時，「美利堅」這個詞在北美殖民地的居民中已經開始傳播，它讓來自不同地方的殖民地人民產生了認同感，比如某一個殖民地發生的事件會直接或間接對其他各地產生影響，第一次大覺醒運動便充分地證明了這種影響。

　　萊特菲爾德是一位聖公會牧師，他成功地把起源於歐洲的大覺醒運動引入了北美。萊特菲爾德曾經在牛津受訓過，具有很強的傳道天賦。在佈道演講時，萊特菲爾德過人的口才與生動的表演能夠充分地調動起聽眾的情緒，他控制聽眾的感情就像指揮家控制一場交響樂一樣。

明朝

哥倫布發現新大陸
— 1500

— 1600
清朝　　五月花公約
— 1700

美國獨立
— 1800
門羅主義

美墨戰爭
— 1850
日本黑船世界
中美天津條約
南北戰爭
購買阿拉斯加

美西戰爭
「門戶開放」政策
— 1900

中華民國

經濟大蕭條

日本偷襲珍珠港
— 1950　　韓戰

甘迺迪遇刺

911事件
— 2000

歐洲文藝復興運動

拜占廷帝國滅亡
1500—

1600—

1700—
工業革命
法蘭大革命
1800—

共產黨宣言
1850—

日本明治維新
普法戰爭

1900—

中華民國
第一次世界大戰

第二次世界大戰

1950—

越戰爆發

兩伊戰爭

東西德統一

2000—

在萊特菲爾德到來之前,已經有兩位歐洲的牧師來到北美殖民地。其中一位是來自威斯特伐利亞的加爾文主義者狄奧多・弗里林海森;另一位是愛爾蘭的長老會成員威廉・坦南特。

他們曾經在歐洲見到過德國虔信派的樂觀精神,也見到過英國衛理公會成員約翰・衛斯理的追隨者對福音傳播的熱情。他們二人希望把這種樂觀的精神與對信仰的熱情灌輸給北美殖民地的信徒。這種想法鼓舞並帶動了很多牧師,宗教信仰的宣揚又逐漸有了抬頭之勢。

而萊特菲爾德牧師的到來催生了這種宗教熱潮的大爆發。他首先來到喬治亞進行宗教演說,隨後又在多個殖民地進行籌款旅行。人們都聽聞萊特菲爾德的才華與名望,慕名而來的追隨者擠滿了佈道的教堂。

對萊特菲爾德無與倫比的演說才能,連著名的發明家兼政治家班傑明・富蘭克林都讚不絕口。很多人因為聽了萊特菲爾德的宣傳佈道而深受感動。

第一次大覺醒運動使人們的精神和肉體在宗教的狂歡中得到了解脫,人們不再對自己的過去感到深深地愧疚。大多數人認為法律不能違背上帝的意願,更不能阻止上帝的決定;以前那些必須服從權威才能避免「下地獄」的思想也被大多數人所拋棄。很多「巡迴傳教士」和一些教會的牧師,也成了萊特菲爾德的熱情追隨者。

傳統的佈道已經不能夠引起人們的興趣,人們現在熱衷的是萊特菲爾德激情洋溢的佈道,他們認為這樣的演說才有教化作用。在很多教會中,支持與反對萊特菲爾德傳教方式的人逐漸分成了兩派。支持他的人在公誼會中被稱為新光,在長老會中被稱為新派;而反對他的人在公誼會中被稱為舊光,在長老會中被稱為舊派。

為了應對舊派和舊光的人對大覺醒運動的阻撓,新派和新光以及其他新興運動的支持者們號召建立起一些新的學院,例如紐澤西學院、羅德島學院、達特茅斯學院,以及由支持宗教改革的荷蘭人建立的王后學院。

無論是否遭遇反對，萊特菲爾德所宣揚開明的多元化宗教趨勢已成為「美利堅」社會中的主流。這標誌著北美殖民地已經開始擁有自己獨具特色的文化和生活方式，對後來的美國獨立戰爭有一定催化作用。

 【延伸閱讀】傳教士

傳教士，通常都堅定地信仰宗教，並且經常不辭辛苦遠行向不信仰宗教的人們傳播宗教。在傳教的過程中，很多傳教士並不僅僅傳教，而且還協助當地經濟、教育、衛生等的發展，幫助建立學校、醫院和孤兒院，促進了該地區的發展和繁榮。

勝利不會掌握在嘲笑者手中

1763年，英國打敗西班牙和法國，以絕對勝利贏得了這場在北美戰場上的戰爭。戰後，三國簽署了《巴黎合約》。這一合約的簽署帶來了久違的和平，也代表著英國對北美殖民地控制的加強和擴大。

這場戰爭有很多美利堅人參與。他們根據一些特定的合同，入伍當了自願兵，組成殖民地民兵。他們的戰鬥力並不算強，武器配備也很落後，所以英軍的指揮將領從來都看不起他們。比如，英軍指揮官約翰·達格威斯上尉，他就從來都不承認華盛頓上校的軍官級別比自己高。

華盛頓知道這件事之後非常惱怒，直接到英軍總指揮部，確認自己在級別上要比達格威斯上尉高。但是這樣做並沒有產生應有的效果，英國指揮官還是對殖民地民兵很蔑視，他們認為如此殘弱的戰鬥力根本無法執行戰鬥任務。有時到了遙遠的地方作戰，或在不熟悉的軍官麾下，感到屈辱的殖民地民兵甚至不肯聽從指揮官的指揮。

又如，華盛頓曾接受愛德華·布雷多克的邀請，擔任上校副官。

明朝

哥倫布發現新大陸
— 1500

— 1600
清朝 五月花公約
— 1700

美國獨立
— 1800

門羅主義

美墨戰爭
— 1850
日本黑船世界

中美天津條約

南北戰爭

購買阿拉斯加

美西戰爭
「門戶開放」政策
— 1900

中華民國

經濟大蕭條

日本偷襲珍珠港

— 1950 韓戰

甘迺迪遇刺

911事件
— 2000

歐洲文藝復興運動

拜占廷帝國滅亡
1500—

1600—

工業革命 1700—

法蘭大革命 1800—

共產黨宣言
1850—

日本明治維新

普法戰爭

1900—

中華民國
第一次世界大戰

第二次世界大戰

1950—

越戰爆發

兩伊戰爭

東西德統一

2000—

布雷多克對華盛頓雖然很友好，卻並不重視他所帶領的民兵。華盛頓曾提醒布雷多克，在北美的叢林中作戰要因地制宜，不能古板地採用歐洲戰場的傳統戰法，並請求由他帶領維吉尼亞民兵進行一次印第安式的反擊，可是布雷多克並不採納。

這個世界並不是掌握在那些嘲笑者的手中，而恰恰掌握在能夠經受得住嘲笑與批評仍不斷往前走的人手中。如果布雷多克能猜到結果，他一定不會小看他的這位上校副官。

戰爭的前半期，英國軍隊的進攻並不順利，一連串的失敗使戰爭形勢對英國非常不利。國王不得不啟用威廉・皮特來負責領導戰爭，想要依靠他扭轉頹勢。威廉・皮特並沒有寄希望於殖民地的援助，而是動用英國政府的巨額資金，購買兵器、徵兵，以此來挽回當前的不利形勢。

由於當時皮特指揮得當，英國軍隊所向披靡，不斷勝利。殖民地的人們也非常願意幫助英軍。這一方面是因為皮特軍隊的軍費全是由英國政府承擔，如果在戰鬥中表現好，會得到不少獎勵；另一方面則是因為，只要英國取得勝利，邊疆地區的威脅就可以被解除，殖民地人向西拓展的行動也就有了保障。所以儘管民兵在戰場上一直受到英國指揮官的歧視與辱罵，但他們還是很樂意穿上英國正規軍的軍裝，向敵軍發起進攻。

英軍在這場戰爭中所獲得的壓倒性勝利，點燃了殖民地人對英國以及英王的熱情。在勝利後，在殖民地定居的民眾舉行慶祝遊行、鳴放禮炮，到處一片對英國的讚美之聲。

雖然這場戰爭的勝利依靠的主要是英國正規軍的力量和英國政府的財政，但殖民地議會也支出了一部分軍事費用用於長期作戰。

承擔了大部分軍費的英國政府，表面上佔領了新的領地，但是由於有一部分戰爭軍費是英國政府借來的，巨額的國債不可能全部由本國公民來分擔，那些富有的商人更不會捨棄自己的錢財來為國家償還債務，所以巨大的財政負擔也讓政府倍感壓力。

從長遠角度來看，對北美殖民地大片土地的開發和利用將會給英國帶來不少好處。但是在戰爭勝利之後，隨著殖民地越來越多，殖民地的管理難度也越來越大，這些殖民地不再是可以集中管理的溫順綿羊，而是伸出雙手想要瓜分獵物的餓狼。

但是，英國政府並沒有把這些問題太當回事。當時大多數政府要員不僅無知，而且麻木不仁，他們濫用權力，爭奪官職，只關心自己的利益。英國統治者中的大多數人對殖民地一直抱有蔑視的態度，他們把美利堅人當做低人一等的野蠻人來看待。英國政權被一小部分貴族所把持，這些人對殖民地的事情根本不在乎。

正是英國政府的不在乎，才讓殖民地有了生存發展的空間。隨著西部土地的大量開發和人口的不斷增加，美利堅人口越來越多，美利堅人的力量逐漸強大起來。

 【延伸閱讀】航海條例

1651年10月，克倫威爾領導英吉利共和國議會通過了第一個保護英國本土航海貿易壟斷的法案。以後該法案不斷修改完善，於1663年，1673年和1696年經過三次更改。十九世紀，英國工業革命後，採行自由貿易政策，於是在1849年廢除大部分航海法案。至1854年，所有的航海貿易的限制都被全部廢除。

要自由，不要印花稅

1765年2月7日，一項法案以204票對49票的絕對優勢通過了英國下議院的認可，並決定在當年開始實施。該法令明文規定：凡是報紙、證書、商業票據、印刷品、廣告等，都必須貼上面值半便士到20先令不等

明朝

哥倫布發現新大陸
— 1500

— 1600
清朝　　五月花公約
— 1700

美國獨立
— 1800

門羅主義

美墨戰爭
— 1850
日本黑船世界

中美天津條約

南北戰爭

購買阿拉斯加

美西戰爭
「門戶開放」政策
— 1900

中華民國

經濟大蕭條

日本偷襲珍珠港

— 1950　韓戰

甘迺迪遇刺

911事件
— 2000

歐洲文藝復興運動

拜占廷帝國滅亡
1500—

1600—

1700—
工業革命
法蘭大革命
1800—

共產黨宣言
1850—

日本明治維新

普法戰爭

1900—

中華民國
第一次世界大戰

第二次世界大戰

1950—

越戰爆發

兩伊戰爭

東西德統一

2000—

的印花，否則不具備合法發行的權利。若違反了此項規定，則要接受法院或者海事法庭的審判和罰款。

這就是著名的《印花稅法》。《印花稅法》頒佈之後，引起了殖民地居民對新政策的不滿。隨著不滿情緒的不斷升級，最終演變成一場關乎殖民地權利和政治的「戰爭」。

英國政府起初以為這項法令平均下來只向人們收取一先令，在北美殖民地居民們中應當不足以引起重視和反對，但是英國政府忽略了殖民地人民對憲法地位和權利的重視：的確，不足一便士的稅額構不成太大的困難，但就原則問題而言，這項稅收有可能觸犯他們的合法權益以及人身地位。

正所謂，印花稅事小，獨立性事大；一先令不多，被交稅很不爽。英國司令湯瑪斯·蓋奇對此事發表了自己的看法：「這其實是一種觸犯了殖民地居民獨立性的行為，在不考慮他們權利的情況下就規定了他們的義務，而且這對殖民地憲法地位也是一次深刻的撼動，長期下去，必定會導致矛盾重重。」

維吉尼亞議會成為第一個反對《印花稅法》的先驅。這個有著「第一」的名字的殖民地，總是喜歡走在前面。1765年7月4日，維吉尼亞議會在《馬里蘭報》上聲稱代表殖民地居民反對《印花稅法》。隨後其他殖民地也以此為範本，發表了自己的立場，各種宣言論調圍繞著《印花稅法》提出，一場轟轟烈烈的關於殖民地權利和憲法地位的政治辯論就此展開。

那個時期，眾多與《印花稅法》相關的政治文章出現在各大報紙上，但大多數作者害怕自己的文章觸及法律底線，不敢署上真名。但是也有一些作家勇氣非凡，他們敢正面與英國政府抗衡，其中以詹姆斯·奧提斯的《英屬殖民地權利申論》、史蒂芬·霍普金斯的《殖民地權利考辯》以及丹尼爾·杜拉尼的《論英國議會立法為獲得歲入而向英屬殖

民地徵稅的適當性問題》最為典型，在殖民地廣為流傳。

殖民地居民還認為，英國本身是一個較為自由、傳統的國家，殖民地居民雖然遠離英國大陸，但他們的祖先將英國自由獨立的文化帶到了北美，他們和英國居民一樣，應當享有這種獨立與自由的權利。

英國方面，政府仍然堅持自己有向殖民地徵稅的合法權力，他們認為殖民地是英國的一部分，英政府有權向殖民地居民徵稅，殖民地居民作為大英帝國的一部分，有必要分擔英國政府的部分開支。

然而，這一言論也引發了殖民地的強烈反對。殖民地以「無代表不徵稅」的對立原則闡釋了自己的觀點。「無代表不徵稅」就選舉權作出了解釋，北美居民在待遇上就與英國居民存在差異，英國議員也無法代表北美居民的意願和權利，所以《印花稅法》的設立，其實不符合兩個地區的實際情況。

1766年3月13日的《賓夕法尼亞日報》刊登了一封讀者的來信，信中對殖民地參加英國議會發表了令人深省的論斷，也真實地反映了殖民地的人民迫切渴望自治的心理。

首先，殖民地的居民很少有人能去參加英國議會的會議。其次，高額代價並不能給殖民地帶來任何有利的地位，這就造成代表表面上佔據一個位置但是毫無實際權力。再者，殖民地出身的平民無法在議會中佔據有利地位，更不可能對上院施壓，產生影響。最後，參加英國議會弊大於利，甚至還可能對殖民地政治經濟文化發展造成威脅，令英國政府有機可乘，支配殖民地的土地；還有可能導致管理權移位，使英國政府對殖民地享有高度管理權。

總而言之，殖民地與英國政府關係越密切、互動越良好，那麼殖民地的獨立性就越受到威脅。

自由與獨立成為《印花稅法》提出後的關注焦點，也是這場政治辯論賽的亮點。儘管英國政府與殖民地各執一詞，但仍然圍繞著「自由、

明朝

哥倫布發現新大陸
— 1500

— 1600
清朝　　五月花公約
— 1700

美國獨立
— 1800

門羅主義

美墨戰爭
— 1850
日本黑船世界

中美天津條約

南北戰爭

購買阿拉斯加

美西戰爭
「門戶開放」政策
— 1900

中華民國

經濟大蕭條

日本偷襲珍珠港

— 1950　　韓戰

甘迺迪遇刺

911事件
— 2000

歐洲文藝復興運動

拜占廷帝國滅亡
1500—

1600—

1700—
工業革命

法蘭大革命
1800—

共產黨宣言
1850—

日本明治維新

普法戰爭

1900—

中華民國
第一次世界大戰

第二次世界大戰

1950—

越戰爆發

兩伊戰爭

東西德統一

2000—

「獨立」提出了自身的觀點與立場，這深刻地折射出當時的殖民地民眾對自由獨立的追求。最後經過激烈的討論，《印花稅法》被徹底廢除。反《印花稅法》的成功，標誌著英國與北美殖民地關係的極大轉折。這次的反抗讓殖民地的人民開始反思英國對自己的控制和壓制問題，開始懷疑和推敲現狀的合理性。

【延伸閱讀】波士頓慘案

1770年3月5日，在波士頓的國王街發生了一場慘案，英國士兵殺害五名平民，傷害六名平民。這次事件激發了英國北美殖民地的叛亂，並最終導致了美國革命。由於英國在波士頓大量的軍事存在，士兵和平民之間局勢緊張，騷亂人群襲擊軍隊，導致軍隊使用了毛瑟槍。有三名平民在現場被槍殺死亡，十一人受傷，兩人在事後死亡。

哪裡有壓迫，哪裡就有反抗

哪裡有壓迫，哪裡就有反抗；哪裡的壓迫越利害，哪裡的反抗也就越強烈。在英國高壓政策的迫害下，北美居民開始意識到，殖民地想要獲得主權的獨立和自由，必須起來反抗，甚至不惜使用武力。

1773年12月16日晚上，在夜色的掩護下，幾十個化妝成印第安人的殖民地民眾，在山繆·亞當斯等人的帶領下悄悄登上船，將東印度公司「達特茅斯」號船上的部分茶葉搗毀，倒進海中。

這次事件使英國的茶葉市場受到了沉重的打擊，為了挽回損失，英國議會通過了一系列的強制法令壓迫殖民地人民的反抗，同時要求麻塞諸塞的居民賠償東印度公司的損失。殖民地人們心裡都壓著一團火。

當三十六名親英人士被選為參事時，人們再也無法壓制心中的怒

火，北美殖民地爆發了大規模的抗議。

　　以山繆‧亞當斯為首的波士頓民眾掀起了抵制英貨的運動，如使用本土生產的車輛，不再購買進口的英國茶葉等，這一運動對英國進出口貿易產生了嚴重的制約。

　　在撒母耳的號召下，其他殖民地也紛紛響應、支持。紐約、維吉尼亞、賓夕法尼亞等殖民地先後採取措施，聯合波士頓，加入反英運動的隊伍中，英國議會的禁令對他們已經沒有絲毫的威懾。不僅如此，因不願看到波士頓獨立承受著美利堅的「痛苦」，哈特福德、普羅維登斯、紐約、紐波特等殖民地紛紛舉旗，高呼自由與主權，支援波士頓。

　　團結就是力量，至此波士頓已經不再是孤軍奮戰，而是獲得了龐大的盟友隊伍支持。

　　在此起彼伏的反英浪潮中，英國議會不得不做出暫時的讓步，新任命的參事有的迫於壓力不敢接受任命，有的則為了躲避人民的征討辭去了原有的職務。反英運動取得了比較顯著的效果。

　　為了取得進一步的勝利，派翠克‧亨利提出召開十三個殖民地代表大會，就維護殖民地主權完整，恢復殖民地居民的憲法權利等問題進行深入探討。同時派翠克還指出，殖民地人民想要真正實現和英國宗主國居民享有同等權利的願望，必須採取措施制約英國的進出口貨物，繼續抵制英貨。

　　在通訊委員會的組織下，1774年9月5日，北美除喬治亞之外的十二個殖民地代表參加了在費城木工大廳舉行的會議，史稱北美第一次大陸會議。這次到會人數達五十五人之多，代表們參加此次會議的目的就是為了共同探討出一個策略，找到緩解危機的辦法。

　　來自賓夕法尼亞的代表約瑟夫‧蓋洛韋首先在大會上提出，北美應當擁有自己的議會，並且英國議會應當給予北美議會對殖民地自治的權力，配合英國議會共同管理殖民地的事務。但是此舉沒有得到以山繆‧

明朝

哥倫布發現新大陸
－ 1500

－ 1600
清朝　　五月花公約

－ 1700

美國獨立
－ 1800

門羅主義

美墨戰爭
－ 1850
日本黑船世界

中美天津條約

南北戰爭

購買阿拉斯加

美西戰爭
「門戶開放」政策
－ 1900

中華民國

經濟大蕭條

日本偷襲珍珠港
－ 1950　　韓戰

甘迺迪遇刺

911事件

－ 2000

歐洲文藝復興運動

拜占廷帝國滅亡
1500—

1600—

1700—
工業革命

法蘭大革命
1800—

共產黨宣言
1850—

日本明治維新

普法戰爭

1900—

中華民國
第一次世界大戰

第二次世界大戰

1950—

越戰爆發

兩伊戰爭

東西德統一

2000—

亞當斯為代表的激進黨的認可，他們認為北美不能一直妥協讓步，而應當團結起來對抗英國議會，即便使用武力，也要奪回北美居民的憲法權利。

因意見不同，大陸代表分成了三個黨派，會議的方案一直無法得到統一，但是大家的目的始終是一致的，就是迫使英國改變在殖民地的不公平政策。

大陸會議為了使英國議會能清楚地瞭解殖民地人民的狀況，採用了反對《印花稅法》的小冊子和文章所提出的理論：北美居民有著和英國宗主國居民一樣的信仰，他們也相應享有同等的權利，無論何時，他們都不會放棄公民的憲法權利，更不允許自己的權利被剝奪。

1773年9月6日，波士頓宣佈英國的高壓政策和一系列違背憲法的條令通通無效，同時要求大陸會議以武力對抗英國，並繼續抵制英國的進出口貨物，進一步打擊英國的經濟。

一個月後，大陸會議要求各殖民地紛紛採取措施，抵制英國的高壓政策。各殖民地代表表示贊同。年底，各殖民地開始拒絕英國的進口貨物，甚至連英國生產的產品也拒不接納，英國的茶葉、葡萄酒、糖蜜等產品很快便從北美的市場消失了。

各殖民地的運動在通訊委員會的協調下有條不紊地進行著，為了一個共同的目標，北美十三個殖民地空前地團結起來了。

 【延伸閱讀】山繆・亞當斯

美國的國父有很多，凡是在《獨立宣言》上簽字的人都是國父。但美國革命之父只有三個，其中之一就是山繆・亞當斯。1722年，山繆・亞當斯出生在一個製酒商人之家，他是美國第二任總統約翰・亞當斯的堂兄。他畢業於哈佛大學，是自由之子的創建者之一和領導人，曾策動波士頓傾茶事件，震驚全美，1803年10月2日去世。

【專題】用風箏捕捉雷電的人

在國際上享有盛譽的班傑明・富蘭克林是一個在科學、政治、文學上都有所貢獻的殖民地人。他擁有很多發明，而他對科學勇於探索的精神更是聞名遐邇，比如著名的風箏電力試驗，使人們揭開了雷電的奧秘，解答了千百年來人們對雷電現象的好奇和不解。

1752年7月的一天，北美洲的費城，富蘭克林開始了這個轟動世界的實驗：

那天下午，天色陰暗，烏雲密佈。天空中不時劃過青白色的電光，隨後一陣陣沉悶的雷聲傳來，一場可怕的暴風雨就要來臨。

富蘭克林看著天空，若有所思地說：「這是最合適的天氣！」他和兒子威廉帶著風箏和萊頓瓶（一種可充放電的容器），徑直奔向郊外田野裡的一間草棚。

在這之前，富蘭克林已經在隔離亭裡實現了雲端取電，今天，他要用風箏來完成這一偉大工作。這可不是一隻普通的風箏：它用兩根木棍架成的十字，撐起了一大塊絲緞的布面；頂端綁了一根尖細的金屬絲，作為吸引閃電的「接收器」；金屬絲連著風箏的細繩，因為細繩被雨水打濕後，能變成導線；細繩的另一端系上作為絕緣體的綢帶，以保證實驗人的安全；綢帶和繩子之間，掛有一把鑰匙，作為電極。

趕到空地上後，富蘭克林和威廉乘著風勢，將風箏放上了天。風箏，像一隻鳥兒，漸行漸遠，飛到雲海中。

在風箏升起了很長一段時間後，一朵雷雲才漸漸逼近。這朵雲看起來有閃電的跡象，但卻毫無動靜地過去了；但就在他們開始對自己的發明感到灰心之時，富蘭克林注意到幾條細線在雲間閃爍，然後有直立的

明朝

哥倫布發現新大陸
— 1500

— 1600
清朝　　五月花公約

— 1700

美國獨立
— 1800

門羅主義

美墨戰爭
— 1850
日本黑船事件
中美天津條約

南北戰爭

購買阿拉斯加

美西戰爭
「門戶開放」政策
— 1900

中華民國

經濟大蕭條

日本偷襲珍珠港

— 1950　　韓戰

甘迺迪遇刺

911事件
— 2000

歐洲文藝復興運動

拜占廷帝國滅亡
1500—

1600—

1700—
工業革命

法蘭大革命
1800—

共產黨宣言
1850—

日本明治維新

普法戰爭

1900—

中華民國
第一次世界大戰

第二次世界大戰

1950—

越戰爆發

兩伊戰爭

東西德統一

2000—

跡象，像是經由指揮一般，一個接著一個相繼出現！

富蘭克林高興極了，禁不住伸出左手碰了一下引繩上的鑰匙。「啪」的一聲，一個小小的藍火花蹦了出來。

「這果然是電！」富蘭克林興奮地叫了起來。

「把萊頓瓶趕快拿過來。」富蘭克林對威廉喊道。他迫不及待地把引繩上的鑰匙和萊頓瓶連接起來，萊頓瓶上頓時電花閃爍。

富蘭克林因此發明了避雷針，他向全世界宣佈，雷電並不是上天對人類的懲罰，它們不僅可以避免，還能夠加以利用。

不僅如此，富蘭克林發明的鐵爐能讓房間迅速暖和起來，因此很受人們的歡迎。同時他還發明了雙焦眼鏡等幾種獨創精巧的裝置。

他還在賓夕法尼亞議會服務了14年，創立了一個流動圖書館，並在此期間提出了以公共目的為主的彩票，或許這就是最早的福利彩票。

富蘭克林還創立了一個俱樂部，名為「小圈子」。俱樂部成立後，他帶著一群手工業者，每週星期五聚集在俱樂部裡，對自然哲學、倫理或者政治進行自由的討論。富蘭克林希望開發出更精細的工藝，也希望能夠提高人們對於股票的認知。後來，這個俱樂部的規模越來越大，最後形成了美利堅哲學會。班傑明・富蘭克林的很多思想對殖民地的發展和人類的進步都有著不可磨滅的貢獻。

除了像富蘭克林這樣的名人科學家之外，北美殖民地也有許多通過自學對自然科學有所貢獻的業餘人士，像公誼會的教徒約翰・巴特拉姆，他在費城收集整理了上百種作物，並對印第安人的起源和文化也有詳細的研究。

| 第二章 | 自由，給我自由

　　一系列的高壓政策讓本已宗主感淡泊的北美人更加失望，並且逐漸將這種失望的情緒演變成極端的對抗，大大小小反對英國殖民統治的起義層出不窮。當獨立的情緒慢慢彙集起來，終於在列星頓這個地方爆發，從而點燃了獨立戰爭的戰火，最後在約克敦取得了最終的勝利。

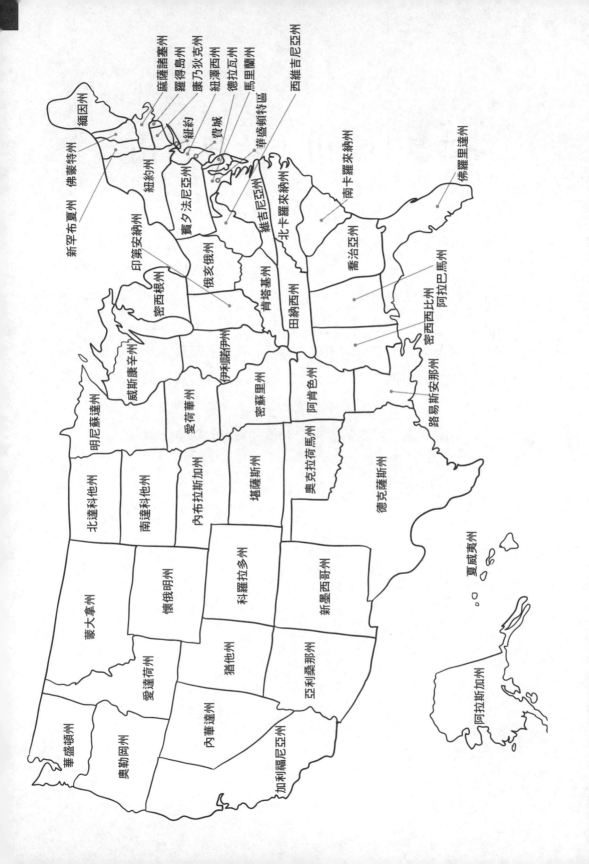

黎明時分的一聲槍響

漫步在波士頓市西郊的列星頓小鎮上，你會發現，在鎮的中心區樹立了一座美國獨立戰爭紀念碑。碑座上是一尊手握步槍，英姿颯爽的民兵銅像，臉上是視死如歸、無所畏懼的表情。碑下一塊粗糙的石碑上刻著一段銘文：「堅守陣地。在敵人沒有開槍射擊以前，不要先開槍；但是，如果敵人硬要把戰爭強加在我們頭上，那麼，就讓戰爭從這兒開始吧！」

在這個小鎮上發生的戰爭，揭開了美國獨立戰爭的序幕。當時，英國政府為了增加財政收入，不斷增加殖民地的稅收，對殖民地進行蠻橫的壓榨和殘酷的剝削，激起殖民地人民的極大憤怒。於是，「自由之子社」、「通訊委員會」等秘密反英組織相繼出現，各地都發生了反英事件，抵制英貨、趕走稅吏、焚燒稅票、武裝反抗等事件不斷發生。其中，波士頓傾茶事件激怒了英國政府。

在各個殖民地召開第一屆大陸會議、正式向英國政府挑戰後，駐守在殖民地的英軍吊起了自己的神經，爭分奪秒地集結物資，加強軍事訓練，與此同時殖民地的民兵也在爭分奪秒地做著戰鬥的準備。

雙方這種劍拔弩張的對峙情勢在麻塞諸塞最為嚴峻。在這裡，湯瑪斯・蓋奇，麻塞諸塞總督兼駐殖民地英軍總司令，親自率兵坐鎮波士頓，監督工事，訓練士兵，為了獲取情報，他還安排了間諜負責收集殖民地當地的情報。

真正的歷史，常常是許多不確定的疊加，而不是像「正史」那樣經過數不清的精確設計和精心雕琢。閱讀的樂趣在於，歷史的細節之處總是充滿太多的驚喜和意外。

明朝

哥倫布發現新大陸
— 1500

— 1600
清朝　五月公約

— 1700

美國獨立
— 1800

門羅主義

美墨戰爭
— 1850
日本黑船世界

中美天津條約

南北戰爭

購買阿拉斯加

美西戰爭
「門戶開放」政策
— 1900

中華民國

經濟大蕭條

日本偷襲珍珠港

— 1950　韓戰

甘迺迪遇刺

911事件
— 2000

歐洲文藝復興運動

拜占廷帝國滅亡
1500—

1600—

1700—
工業革命

法蘭大革命
1800—

共產黨宣言
1850—

日本明治維新

普法戰爭

1900—

中華民國
第一次世界大戰

第二次世界大戰

1950—

越戰爆發

兩伊戰爭

東西德統一

2000—

這一天，也就是1775年4月18日，蓋奇意外地接到情報說一批殖民地民兵正在往康科特（距離波士頓二十英里的一個小鎮）集結，那裡儲備著數量可觀的火藥和軍需品。這讓蓋奇心中不由一緊，思忖片刻，他下令派兵摧毀這個軍火基地，逮捕殖民地山繆‧亞當斯等反抗運動領袖也被提上了議程。

可是不巧的是，這個情報又意外地被一個叫保羅‧里維爾的銀匠，同時也是北美爭取民族解放的秘密組織「自由之子社」的成員之一探得。當天晚上，里維爾快馬飛奔到康科特，告訴那裡的民兵，蓋奇要帶兵搜繳軍火基地、逮捕將領了。得知此事後，康科特的民兵們在最短的時間內集合起來，埋伏在通往康科特的公路兩旁，準備打一場漂亮的伏擊。

第二天凌晨，指揮官約翰‧皮特凱恩率領的英國士兵到達列星頓地區，與當地民兵發生了遭遇戰。兩軍短兵相接中，一聲槍響不知從哪傳了過來，接著，雙方開火。由於民兵數量遠遠少於英軍，十死八傷後被迫撤退。列星頓遭遇戰後，英軍繼續前進來到康科特，在那裡他們銷毀了一部分民兵徵集的軍火後開始撤退，但歸途上遭到民兵的沿路伏擊。一路上，從附近村莊趕來的數千民兵躲在岩石、樹林、灌木叢、房屋後面，對準醒目的英軍開槍射擊，打得英軍措手不及。致使英軍最後只得狼狽不堪地退回到波士頓，至此，英軍的傷亡人數已經達到了二百四十人之多。

之後不久，成千上萬的民兵從新英格蘭各地陸續開來，不到一個星期，就把波士頓團團包圍了。

1775年6月中旬，約翰‧帕高英、威廉‧豪、亨利‧柯林頓三名英國少將率領數千名英軍趕來，支援困守於波士頓的英軍。得到這個消息後，蓋奇和愛國民兵做出了不同的反映：蓋奇準備給圍攻他們的民兵一點厲害瞧瞧；而民兵們則在波士頓北面的布里德山聚集，希望阻止波士頓的英軍與增援的英軍會合。

不久，威廉將軍抱著攻佔布里德山的企圖，率領2200名英軍向民兵

們發起了攻擊。經過一番激烈戰鬥後，英軍經過三次進攻，最後佔領了布里德山陣地，當然，他們也為此付出了慘重的傷亡代價。

　　這場在北美獨立戰爭中規模不算大的戰役，雖然最後以形式上的失敗告終，但是它的歷史意義是重大的。後來人們稱讚列星頓為美國獨立戰爭的搖籃，自此，反對英國殖民統治的戰火燃遍了北美的土地。

 【延伸閱讀】肯塔基大學

　　1858年位於喬治敦的培根學院改名為肯塔基大學，遷至哈洛茲堡，但不久在南北戰爭中毀於戰火。1865年校園被毀的肯塔基大學與財政遇到困難的特蘭西瓦尼亞大學合併，校名仍然為肯塔基大學，校園則遷至特蘭西瓦尼亞大學所在的列星頓。現在校學生達26000人，是肯塔基州最大的大學，和路易斯維爾大學是肯塔基州內唯一的兩所研究型大學。

折斷的橄欖枝

　　1775年6月15日，麻塞諸塞的亞當斯兄弟正在為一個至關重要的問題而愁眉不展：誰來指揮已建立的和待建立的大陸軍呢？誰能擔此重任以保衛美利堅的自由呢？他倆一致認為總司令必須由維吉尼亞人擔任，他必須要有大公無私的品德。通過秘密協商，他倆都認為喬治・華盛頓上校是最佳人選。歷史證明，亞當斯兄弟和美國人民做出了一個最明智的選擇。曾有人評論說：「英國對人類的最大貢獻是莎士比亞的作品和牛頓的萬有引力；而美國對人類最大的貢獻是華盛頓的品德。」

　　第一次大陸會議的順利閉幕意味著北美十三個殖民地建立了統一戰線。在這之後，大陸會議變成了一個國家政權組織，相當於現在的中央政府。為了協調北美各個殖民地的運動，有組織地反抗英國的攻擊，大

明朝

哥倫布發現新大陸
— 1500

— 1600
清朝　　五月花公約

— 1700

美國獨立
— 1800

門羅主義

美墨戰爭
— 1850
日本黑船世界

中美天津條約

南北戰爭

購買阿拉斯加

美西戰爭
「門戶開放」政策
— 1900

中華民國

經濟大蕭條

日本偷襲珍珠港

— 1950　　韓戰

甘迺迪遇刺

911事件

— 2000

歐洲文藝復興運動

拜占廷帝國滅亡
　　　1500—

　　　1600—

　　　1700—
工業革命
法蘭大革命
　　　1800—

共產黨宣言
　　　1850—

日本明治維新

普法戰爭

　　　1900—

中華民國
第一次世界大戰

第二次世界大戰

　　　1950—

越戰爆發

兩伊戰爭

東西德統一

　　　2000—

陸會議決定5月10號這天，在費城召開第二次會議。

選舉出華盛頓作為大陸軍總司令，是這次大陸會議的一個重要議程。除此以外，在這次會議上，還通過決議創立了海軍。這一年年底，在大陸海軍「阿爾弗雷德」號軍艦上第一次升起了一面用紅白相間的十三條橫道標誌十三個殖民地聯合的旗幟，這也是美國國旗的雛形。

參加這次會議的有六十六位代表，約翰‧漢考克出任這次會議的主席。你也許會覺得奇怪，既然人們已經做好了戰鬥的準備，為什麼代表們還要試圖避免開戰？這是因為，第二次大陸會議雖然是為了對抗英國宗主國而召開，但會議代表們並沒有放棄和平解決的方案，他們顯然對英國當局抱有最後的希望。殖民者中的大部分，都還沒有準備好與英國做徹底的決裂。

為了表示對英國國王的尊重，大陸會議還委派了約翰‧迪金森起草並通過了《橄欖枝請願書》，向國王陳述了他們內心渴望自由與平等的願望。請願書中指出，國王是一位英明的君主，希望他為了同樣身為英國子民的北美人民能夠重組內閣，和平解決雙方的矛盾。

但是英國國王不僅置若罔聞，反而加強了對北美殖民地的圍攻。被折斷的橄欖枝，讓北美殖民地開始放棄了和平解決問題的方針。會議要求各殖民地統一武裝，團結一致反抗英國。華盛頓作為大陸軍的總司令，他募集志願軍，為捍衛北美主權，恢復自由而戰鬥。

在華盛頓的領導下，北美大陸軍成為本土對抗英國的主要力量。同時，北美斷絕與英國的貿易往來，發行自己的紙幣，並秘密聯合法國、西班牙等英國的死敵，爭取盟友，對抗英國的攻擊。這兩個國家也在其他方面給予了北美大量的支持，間接地為北美爭取獨立產生了推動作用。

在戰爭初期，面對雙方軍事力量的懸殊，北美決定實行遊擊策略，分散敵人的主要力量，逐個擊破。遊擊策略加上對地形的熟悉使得大陸軍在早期佔有一定的優勢，但隨著戰爭的持續發展，大陸軍隊由於軍火

不足，指揮不力，武器裝備落後，開始節節敗退。軍官在戰術方面討論不休，整個大陸軍隊亂成一團，獨立戰爭走到了一個非常危急的關頭。

面對危機，華盛頓重整旗鼓，並在後來的薩拉托加戰役中，指揮軍隊成功地阻截了南下的英國軍隊，這一場戰役也成為了獨立戰爭的轉捩點。薩拉托加大捷不僅重新鼓舞了士氣，而且給長期處於失敗局面的北美士兵帶來了成功的希望。

得知大陸軍取得薩拉托加大捷的消息後，法國便開始公開與北美合作，不久西班牙與荷蘭也加入這一戰線，共同開始了反英戰鬥。在1781年8月底，華盛頓與法國將軍拉法耶特合作，擊敗了英國康沃利斯的8000名英軍，為獨立戰爭的勝利奠定了基礎。一些有遠見卓識的軍事家和政治家開始意識到了英國戰敗的危險，便提出議和的建議。

正規軍出師不利，後備軍補給不足，使得英軍進退維谷。面對大陸軍及其盟友的強烈反攻，英國不得不下令同意與北美殖民地進行談判，談判持續了七個月，英國最終承認北美獨立，十三個殖民地贏來了自由的時代。北美第二次大陸會議的召開，不僅推舉出了軍事代表，組織了對抗英國的武裝力量，更重要的是展現了北美人民獨立自主的意願。這次會議深得民心，得到群眾的支持和回應，為獨立戰爭制定了一系列的方案，同時也意味著北美十三個殖民地組成一個統一的整體，擁有了自己的政治主體。

 【延伸閱讀】薩拉托加大捷

1776年6月，帕高英率領英軍從加拿大的蒙特婁出發，沿尚普倫湖及哈得遜河南下。美國迅速集中民兵2萬餘人，將5000英軍包圍在薩拉托加。帕高英多次企圖突圍，都沒有成功，於10月17日向美國投降。這次戰役，美國俘虜了6名英國將軍、300名軍官和5000名士兵。這次戰役是世界史上的著名戰役，扭轉了整個獨立戰爭的戰局。

明朝

哥倫布發現新大陸
— 1500

— 1600
清朝　五月花公約

— 1700

美國獨立
— 1800

門羅主義

美墨戰爭
— 1850
日本黑船世界

中美天津條約

南北戰爭

購買阿拉斯加

美西戰爭
「門戶開放」政策
— 1900

中華民國

經濟大蕭條

日本偷襲珍珠港

— 1950　韓戰

甘迺迪遇刺

911事件

— 2000

歐洲文藝復興運動

拜占廷帝國滅亡
1500—

1600—

工業革命 1700—
法蘭大革命
1800—

共產黨宣言 1850—

日本明治維新

普法戰爭

1900—

中華民國
第一次世界大戰

第二次世界大戰

1950—

越戰爆發

兩伊戰爭

東西德統一

2000—

自由的吶喊

二百五十年前，「五月花」號曾從哈德遜河口駛過，當時船上的人們不會想到，今天的哈德遜河口會樹立一尊美麗高傲的自由女神像。她左手捧著《獨立宣言》，右手高擎火炬，面向著遼闊的海洋，迎接著嚮往自由和夢想的人類精英。作為第一個使用電弧光的現代燈塔，這份珍貴的百歲壽禮如今已經成為美國的象徵，她的下面就是美國移民博物館。在神像基座上刻著艾瑪·拉撒路的詩：

> 送給我你那些疲乏的和貧困的
>
> 擠在一起渴望自由呼吸的大眾
>
> 你那熙熙攘攘的岸上
>
> 被遺棄的可憐的人群
>
> 你那無家可歸飽經風波的人們
>
> 一齊送給我
>
> 我站在金門口
>
> 高舉自由的燈火

大陸軍攻佔波士頓的消息不僅鼓舞了殖民地人民的士氣，更重要的意義是，它提升了殖民地人民脫離英國統治、建立獨立自主國家的信心。但是除了軍事上的勝利，北美殖民地宣佈獨立還需要其他一些推動力。

華盛頓在1776年1月31日第一次表示獨立的可能性。十天後華盛頓建議大陸議會應該告誡英國的大臣：澎湃的自由精神在我們身邊激盪，永遠不會屈從和被奴役，我們決定和這個如此不近人情、不公正的國家

斷絕一切關係。

潘恩的《常識》則為北美獨立做了思想準備。潘恩是一個激進的資產階級民主主義分子，極力主張北美脫離英國獨立，建立全新的政權。

他的《常識》極具政治遠見，文中犀利地抨擊了英國的劣行和保守派的妥協懦弱，並詳細地分析了北美的局勢，他一針見血地指出：北美一日不獨立，一日無法擺脫奴役。最後，潘恩用充滿激情的語言呼籲北美獨立：

「你們這些熱愛人類的人！你們這些敢於反抗暴政和暴君的人，請站出來！舊世界遍地是壓迫，自由遭到驅逐。亞洲和非洲早就把她放逐了，歐洲也把她當作異己份子，英國已對她下了逐客令。熱愛自由的美利堅人，讓我們接待這個逃亡者，及時地為人類準備一個避難所吧。」

潘恩的《常識》文字激昂，立場堅定，像一枚深水炸彈，短短三個月就發行了一萬兩千冊。當時北美幾乎所有的白人成年人都閱讀過此書，華盛頓領導的士兵更是人手一份。《常識》用天賦人權的思想將人民的思想武裝起來，推動了北美獨立的思想進程。

這樣一來，殖民地的局勢告別了不明朗狀態，北美脫離英國宣告獨立城為大勢所趨的潮流。來自各個殖民地的議會代表先後在大陸會議上提出獨立要求。6月12日，大陸會議成立了一個由湯瑪斯·傑佛遜、約翰·亞當斯、班傑明·富蘭克林、羅傑·謝爾曼、羅伯特·利文斯頓五個人組成的獨立宣言起草委員會。

本來理查·亨利·李是宣言的起草者，但因為李太太病重而不得不離開；第二個最有資格的起草者是亞當斯，但他說「我是個不討人喜歡的人，還是另找人吧」；接下來的最佳人選應是富蘭克林，但富蘭克林自認太老了無法作筆。於是，起草工作由傑佛遜來完成。最後由五人委員會修改了四十多處，宣言才算成功出爐。

經過兩天的辯論和修改，大陸會議投票通過了《獨立宣言》。7月6

明朝

哥倫布發現新大陸
— 1500

— 1600
清朝　五月花公約
— 1700

美國獨立
— 1800

門羅主義

美墨戰爭
— 1850
日本黑船世界

中美天津條約

南北戰爭

購買阿拉斯加

美西戰爭
「門戶開放」政策
— 1900

中華民國

經濟大蕭條

日本偷襲珍珠港
— 1950　韓戰

甘迺迪遇刺

911事件
— 2000

歐洲文藝復興運動

拜占廷帝國滅亡
1500—

1600—

1700—
工業革命
法蘭大革命
1800—

共產黨宣言
1850—

日本明治維新
普法戰爭

1900—
中華民國
第一次世界大戰

第二次世界大戰

1950—

越戰爆發

兩伊戰爭

東西德統一

2000—

日,《獨立宣言》在費城的公佈,莊嚴鄭重地宣告北美十三個殖民地脫離英國,組成獨立自由的國家。北美人民從此沒有了對英國王室效忠的義務,斷絕了和英國的一切政治關係,用全部的權力來宣戰、締合、聯盟、通商和採取獨立國家有權採取的一切行動。北美殖民地的武裝起義變成了一場獨立戰爭。

《獨立宣言》是最振奮人心的自由的吶喊,宣言開宗明義地指出了北美獨立的理由:

「我們認為下面這些真理是不言而喻的:人人生而平等,造物者賦予他們若干不可剝奪的權利,其中包括生命權、自由權和追求幸福的權利。為了保障這些權利,人類才在他們之間建立政府,而政府之正當權力,是經被治理者的同意而產生的……當追逐同一目標的一連串濫用職權和強取豪奪發生,證明政府企圖把人民置於專制統治之下時,那麼人民就有權利,也有義務推翻這個政府,並為他們未來的安全建立新的保障。」

它列舉了美利堅人對英王的不滿,義正嚴辭地宣稱英國現在的歷史就是對殖民地進行掠奪和傷害的歷史,他們最直接的目的就是在各個州上面建立一個暴力獨裁政府。

同時,宣言還指責了英國國王對殖民地謙卑的和平請願報以粗暴的態度,以及英國拒絕批准維護公眾利益的法律,解散各殖民地議院,干涉北美殖民地上的人口自由通行等行為。

宣言中還指出英國縱容軍隊和傭兵搶奪殖民地人民財產,製造流血事件的罪行……全篇共對英王提出了25條申訴,這些不滿和申訴表達了殖民地人民的憤怒和反抗的決心。

不過,《獨立宣言》最重要、最深遠的意義在於它十分明確地闡述了平等自由、人民主權的思想。宣言宣導眾生平等,造物主賦予他們許多不能出讓的權力,這其中就包括了生存權、自由權、獲得幸福的權

力。

同時，宣言告誡統治階級，政府的出現是經過被統治階級同意產生的，他們的作用就是保護普通民眾的權力。任何破壞這些權力的政府就是暴政，而人們有權力推翻這個政府，通過自己的手段獲得幸福和安全。

《獨立宣言》所表達的原則和思想在世界範圍內產生了深遠影響，它的主張有著持久的生命力。而在美利堅，這些表達更是有直指人心的力量和難以言表的感染力、穿透力，感動著一代又一代的美國人。

 【延伸閱讀】自由女神像

自由女神像，位於美國紐約曼哈頓紐約港，是法國送給美國的禮物。它由弗里德利‧奧古斯特‧巴特勒迪設計，於1886年10月28日落成，塑像主要由一位身穿長袍的女性人物構成，代表羅馬神話中的自主神，她右手高舉火炬、左手的冊子上寫有美國獨立宣言的簽署日期：1776年7月4日，腳下還有斷裂的鎖鏈。

美法聯盟挑戰日不落帝國

真正的戰爭，勝負從來不是由武器決定的，武器能決定一場戰役的成敗，卻無法左右一場戰爭的勝負。決定戰爭勝負的，是使用武器的人，以及戰術、士氣等等因素，甚至和誰做朋友。

對於剛剛宣佈獨立的美國來說，天底下最幸福的事莫過於：世界上的兩個「超級大國」是死對頭。在過去的四百四十年裡，英法這對世仇冤家，除了打仗還是打仗，正可謂「此恨綿綿無絕期」。年輕的美利堅雖然沒有豐富的外交經驗，但他明白一個道理：敵人的敵人就是我的朋友。

明朝

哥倫布發現新大陸
— 1500

— 1600
清朝　五月花公約

— 1700

美國獨立
— 1800

門羅主義

美墨戰爭
— 1850
日本黑船世界

中美天津條約

南北戰爭

購買阿拉斯加

美西戰爭
「門戶開放」政策
— 1900

中華民國

經濟大蕭條

日本偷襲珍珠港

— 1950　韓戰

甘迺迪遇刺

911事件

— 2000

歐洲文藝復興運動

拜占廷帝國滅亡
1500—

1600—

1700—
工業革命
法蘭大革命
1800—

共產黨宣言
1850—

日本明治維新

普法戰爭

1900—

中華民國
第一次世界大戰

第二次世界大戰

1950—

越戰爆發

兩伊戰爭

東西德統一

2000—

《獨立宣言》宣佈沒多久，北美就向法國派出使節。因為當時的法國還沒公開承認美國，所以這些「特使」只能以非正式、非官方的身份去巴黎。大陸會議派出了三位代表，分別是西拉斯・迪恩，亞瑟・李和班傑明・富蘭克林。

人們總是忍不住感慨，美國是何其有幸，能同時擁有華盛頓和富蘭克林這兩位偉人。沒有華盛頓，大陸軍或許就不存在；沒有富蘭克林，美法聯盟就沒法聯盟。

1776年末，70歲的富蘭克林攜帶著滿心誠意遠赴法國，希望能與法國締結反英盟約。美國再也找不到比富蘭克林更合適的出使法國的大使了，他的世界聲譽和豐富的外交經驗使這個青澀的新國家在國際關係的舞台上從一開始就氣宇不凡。

但是弱國無外交，基於北美殖民地當時處於被動挨打的地位，在英法戰爭中元氣大傷的法國不肯表明態度。北美殖民地以英屬西印度作為豐厚報酬，邀請法國參戰，但是法國依然搖擺不定。

1777年12月法國收到大陸軍贏取薩拉托加大捷的消息後，終於不再彷徨，於當月就宣佈承認北美合眾國獨立，並於第二年與美國簽訂了同盟條約。法國和美國被牢牢地捆綁在一起。

在戰爭期間，位於維吉尼亞的美國海軍上尉約翰・保羅・瓊斯想出了一個取勝的辦法，就是在英國本土附近進行伏擊。他去求助富蘭克林，希望能從法國得到船隻。口才極佳的富蘭克林說服同盟者法國，為其贏得了船隻支援。

獲得船隻支援後的瓊斯很快開始實施他的大膽計畫。瓊斯成功地挑起了英格蘭和蘇格蘭海域的緊張氣氛，他埋伏在英國門戶附近，截獲英國商船，襲擊海港。瓊斯的行為引發了英國國內的恐慌情緒，「日不落帝國」的子民終於意識到即便是在自家門口也有遇到襲擊的可能。

屢受瓊斯騷擾的英國人終於忍無可忍，憤怒的英軍上尉理查・皮爾

森打算徹底剿滅瓊斯的部隊。1779年9月23日，從約克郡出發的皮爾森在前往波羅的海的航路中與瓊斯的艦隊相遇了。

瓊斯所在的「好人理查」號上一門大炮被皮爾森的艦隊擊毀，船員傷亡慘重，海面上頓時火光沖天。面對皮爾森的勸降，瓊斯發出了「戰爭還未開始」的回答。他抱著同歸於盡的想法命令船員駕駛戰艦駛向英軍的「薩拉斯皮號」，接連幾個小時兩艘船如同被捆綁在一起的蚱蜢，進行著殊死搏鬥。

最終，破釜沉舟的瓊斯等來了前來救援的法國同盟者皮埃爾·蘭戴斯。由皮埃爾·蘭戴斯指揮的「聯盟號」突破重圍，擊潰了皮爾森。瓊斯踏上敵艦後收繳了大量戰利品。這場海戰給予了視美國為懦夫的傲慢英國人狠狠一擊。

美法聯盟為獨立戰爭翻開嶄新的一頁，但並不意味著勝利就在眼前。事實上，華盛頓和他的將士們正經歷著人生中的嚴峻考驗。柯林頓對查爾斯頓發動的陸海聯合進攻導致了美軍在獨立戰爭中最大的一次失敗，班傑明·林肯及其5500人的軍隊投降。「沃克斯華屠殺」更是讓美軍死亡113人，受傷150人左右。

歷史的選擇有時候就是這樣無情，但是對北美新的統治者來講，他們乘風破浪滿載而來的希冀，已經在這片陌生的土地上生根發芽，所以不管前面的路有多麼艱辛，他們只能走下去。在挑戰日不落帝國的獨立之路上，「美利堅」從來不是一個人在戰鬥。

 【延伸閱讀】「好人理查」號

美國獨立戰爭期間，法國贈送給約翰·保羅·瓊斯的一艘軍艦；該艦由法王路易十六命名，以紀念美國立國元勳班傑明·富蘭克林。當時富蘭克林在與英國專制王權作鬥爭，爭取美國獨立的時候曾使用過一個筆名寫文章，這個名字就是「理查」。

明朝

哥倫布發現新大陸
— 1500

— 1600
清朝　五月花公約
— 1700

美國獨立
— 1800

門羅主義

美墨戰爭
— 1850
日本黑船世界

中美天津條約

南北戰爭

購買阿拉斯加

美西戰爭
「門戶開放」政策
— 1900

中華民國

經濟大蕭條

日本偷襲珍珠港

— 1950　韓戰

甘迺迪遇刺

911事件

— 2000

最後一道防線的崩潰

歐洲文藝復興運動

拜占廷帝國滅亡
1500—

1600—

1700—
工業革命
法蘭大革命
1800—

共產黨宣言
1850—

日本明治維新

普法戰爭

1900—

中華民國
第一次世界大戰

第二次世界大戰

1950—

越戰爆發

兩伊戰爭

東西德統一

2000—

　　任何國家的獨立之路從來都不是開滿鮮花的大道，而是一條佈滿荊棘的險途；它也不是一天兩天就能實現的小目標，而是一項需要時間、需要堅持的偉大事業。

　　美國的獨立之路走了一百多年，一直走到了約克敦戰役。它是北美獨立戰爭後期，美法聯軍與英軍於1781年8月到10月之間在約克敦地區進行的一次重要戰役，也是美國獨立戰爭時期最後一個正面大仗。

　　1780年末，南方司令軍指揮作戰，英軍遭受了民兵們前所未有的圍剿，兵力大挫。五千五百名法國士兵為了支援正在對英軍發起猛攻的美國軍隊，在羅德島登陸。此前，聯軍雙方商議對英國軍隊展開炮擊，最後經過商討，聯軍建立起一道壕溝，炮轟行動就此展開。美法聯軍之所以會做出這樣的戰略部署，是因為法國艦隊的將領德・葛拉瑟伯爵從加勒比海前來支援，這使得美法軍隊有了必勝的信心。

　　隨著英軍的實力和士氣雙重削弱，華盛頓趁勝追擊，10月14日他派出兩個縱隊，法國縱隊負責攻陷九號堡壘，美國縱隊負責擊垮十堡壘，士氣高昂地向英軍發起了大規模進攻。

　　沒過多久，九號堡壘與十號堡壘的防禦就開始力不能支，勝利的曙光讓華盛頓再次下令將所有控制範圍內的火炮集中向堡壘轟擊。英軍不甘示弱，奮起反擊。美軍率先抵達十號堡壘，以斧頭為工具，快速地破壞了英軍的木制防線。

　　隨著最後一道防線的崩潰，英軍與聯軍展開了殊死搏鬥，但是大勢已去的英軍自然鬥不過士氣高昂的聯軍。這一次，聯軍不僅將堡壘外的英軍全部消滅，還俘虜了十號堡壘的指揮官坎貝爾少校。這場戰鬥中，英軍傷亡慘重，形勢完全處於聯軍的控制之下。

華盛頓聯合了美、法軍隊以及法國海軍圍剿康華里部隊。在華盛頓的勸說下，法國海軍將艦隊駛入切薩皮克灣，同時美軍繼續駐守紐約城。聯軍表面上是採取攻勢，但實際上卻是迅速轉移到維吉尼亞。這一聲東擊西的計畫成功之後，華盛頓又立刻調兵遣將，加派兵力，同時封鎖海陸兩面，讓康華里無路可退。

　　面對美法聯軍新增的強勁軍火炮轟，康華里無能為力，無奈之下他帶著7157名官兵向聯軍投降。

　　歷史往往充滿了黑色幽默，就在康華里投降的前一天，一支由二十五艘戰鬥艦和七千名英國士兵組成的增援部隊，在柯林頓的親自率領下，已經從紐約港出發……

　　這一戰被稱為華盛頓戎馬生涯中最輝煌的一戰，他恰到好處地利用了康華里的策略錯誤，為美軍的最終勝利贏得了希望。美軍趁此機會轉向南卡羅來納，大舉進攻，分別在霍布基爾克山、尤滔溫泉消滅了大量敵人。

　　為了保證美法聯軍的勝利，以及消除不必要的麻煩，華盛頓給予法軍特殊權利，即享有參加一切移交程式的權利。在戰後的和談中，美法雙方各派代表參加，這便保證了兩國在最後關鍵時刻仍然保持團結一致的合作狀態。英軍方面也派出兩名代表，湯瑪斯‧當達斯中校及亞歷山大‧羅斯少校，談判的結果是美法兩國將履行承諾：所有的英軍戰俘均可在美軍隊中受到良好的待遇，若是英軍軍官，則能在釋放後順利回家。

　　美法聯合順利奪下了約克敦，這場戰役最終以美軍勝利告終。1781年10月19日，八千英軍走出約克敦，當服裝整齊的英軍走過衣衫襤褸的美民兵面前，並一一放下武器時，樂隊奏響了《地覆天翻，世界倒轉過來了》的著名樂章。

　　隨後雙方簽訂了投降條約，康華里拒絕會見華盛頓，並以生病為由

拒絕出席受降典禮。典禮上，英軍正式宣佈戰役失敗。

1783年9月3日，美利堅合眾國與英國簽署了《巴黎和約》，和約第一條就規定：「英王陛下承認合眾國為自由、自主和獨立的國家。」該和約的簽訂標誌著英國正式承認美國獨立。

至此，英美兩國的戰爭正式結束，美國獨立戰爭也基本結束。此後的1881年10月19日，也就是約克敦戰役一百周年的紀念日，美國海軍艦隊駛過切薩皮克灣，並舉行了一系列的紀念儀式，以此紀念這場偉大戰役的勝利。

【延伸閱讀】黑森傭兵

英國派往北美鎮壓起義的33000兵力中，有8000是黑森傭兵。黑森傭兵在西方近代史上赫赫有名，它由德意志黑森——卡爾塞地區的日爾曼人組建和訓練，因為紀律嚴明，作戰勇敢，被稱為「能夠用金錢買到的最優秀的軍隊」。黑森傭兵活躍在當時的各個戰場，英國花重金雇傭的8000黑森軍團無疑大大增強了軍隊的戰鬥力。

歐洲文藝復興運動

拜占廷帝國滅亡
1500—

1600—

工業革命　1700—
法蘭大革命　1800—

共產黨宣言　1850—

日本明治維新
普法戰爭

1900—

中華民國
第一次世界大戰

第二次世界大戰

1950—

越戰爆發

兩伊戰爭

東西德統一

2000—

【專題】誰是真正的山姆大叔？

高高的個子，花白的頭髮，瘦削的面龐，下巴上有一小撮白鬍子，身穿燕尾服和條紋褲，頭戴一頂高帽、上有星星點綴，雖然白髮蒼蒼，卻精神矍鑠，一派威儀。這一「山姆大叔」形象深受美國人民喜愛，在美國的報紙雜誌、文學作品和漫畫中，我們經常可以看到。

「山姆大叔」是美國五大象徵之一，雖然在不同畫家的筆下，「山姆大叔」的形象神態各異，有的兇狠可憎，有的和藹可親。但最常見的形象還是我們開頭所描繪的，這個形象是由畫家詹姆斯・蒙哥馬利・弗拉格創作的，這樣子其實就是他的自像畫，他在兩次世界大戰期間畫了很多著名的徵兵招貼畫。

人們經常用「山姆大叔」來稱呼美國，但為什麼世界頭號強國美國會用一個普通人的名字作為代稱呢？這其實來源於一個非常偶然的巧合。

誠實能幹的塞繆爾・威爾遜，是一位肉類包裝商，住在紐約州的洛伊城，他忠厚樂觀、富於創業精神，在當地很有威信，大家親切地叫他「山姆大叔」。在第二次英美戰爭期間，他的工廠負責向紐約基地和紐澤西基地供應用木桶包裝好的肉。威爾遜同時擔任紐約州和紐澤西州的軍需檢驗員，負責在供應軍隊的牛肉桶和酒桶上打戳。

1812年1月的一天，紐約州長帶領一些人前往威爾遜的加工廠參觀，看到牛肉桶上都蓋有「E.A.—U.S.」的標記，便問是什麼意思。工人回答說，「E.A.」是一個軍火承包商的名字，「U.S.」是美國的縮寫。湊巧的是，「山姆大叔」的縮寫也是「U.S.」，所以一個工人開玩笑地說：「U.S.就是山姆大叔。」。

明朝

哥倫布發現新大陸
— 1500

— 1600
清朝　五月花公約

— 1700

美國獨立
— 1800

門羅主義

美墨戰爭
— 1850
日本黑船世界

中美天津條約

南北戰爭

購買阿拉斯加

美西戰爭
「門戶開放」政策
— 1900

中華民國

經濟大蕭條

日本偷襲珍珠港

— 1950　韓戰

甘迺迪遇刺

911事件
— 2000

歐洲文藝復興運動

拜占廷帝國滅亡
1500—

1600—

工業革命
1700—

法蘭大革命
1800—

共產黨宣言
1850—

日本明治維新

普法戰爭

1900—

中華民國
第一次世界大戰

第二次世界大戰

1950—

越戰爆發

兩伊戰爭

東西德統一

2000—

這件趣事傳開後，「山姆大叔」的名聲大振。人們把那些軍需食品都稱為「山姆大叔」送來的食物。

其實真正的山姆大叔生活在紐約州的特洛伊城，他的老家在蘇格蘭。17世紀，他的祖輩們移民到了美國，其中羅伯特‧威爾遜定居在波士頓附近的阿靈頓。1734年，愛德華‧威爾遜出生，後與露西‧法蘭西斯結婚，他們便是山姆大叔的父母。

1766年，山姆‧威爾遜出生在阿靈頓。1789年，他和他的兄弟徒步走到了特洛伊城，建立了一家磚廠。四年後，他與陸軍上尉班傑明‧曼的女兒結婚。山姆於1854年7曰31日在特洛伊去世。

獨立戰爭後，政治漫畫裡開始出現了一個名叫「山姆大叔」的人物。他的原型是一個早期漫畫人物，名叫「喬納森大哥」，此人在美國獨立戰爭時期非常出名。漸漸地，山姆大叔取代了喬納森大哥，成了最受美國人歡迎的象徵。

1961年，美國國會通過一項決議：「參議院與眾議院決定承認紐約特洛伊城的山姆‧威爾遜是美國國家的象徵『山姆大叔』的原型人物。」

山姆大叔無處不在，盤子上、巧克力的包裝紙上、看板上、電話上、玩具商……特洛伊城的標語牌上寫的是「山姆大叔的家」，特洛伊人在80年代立起了「山姆大叔」的雕像，並感到由衷的驕傲。從1976年開始，特洛伊每年都會在9月份舉辦「山姆大叔生日遊行」活動。

｜第三章｜美利堅初現雛形

　　儘管困難重重，美利堅合眾國還是誕生了，這不僅對美洲大陸，對全世界來說都是一件大事。剛成立的美利堅合眾政府是邦聯制，因為相對鬆散的邦聯更符合當時的國情。不管政治形式如何，民主制度的落實和完善對原殖民地移民來說都是一件幸事。隨著時間的推進，北美大陸的居民漸漸從殖民地居民逐漸轉變成了美國人，屬於美國的文明也在悄無聲息地形成。

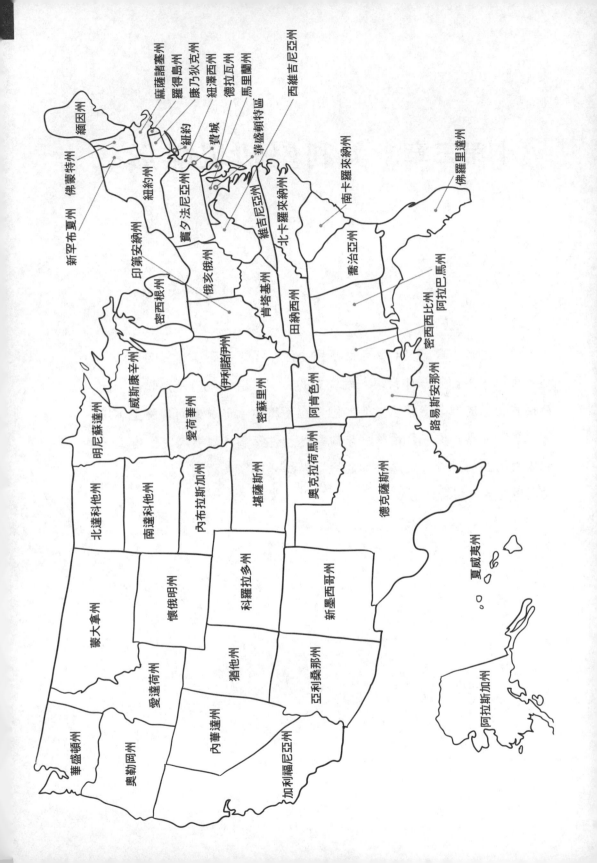

到底誰才是真正的贏家？

孟德斯鳩曾經這樣感慨過：「人民既然不能通過正常的途徑表達自己的意見，不能用選舉來影響立法機關的變動，那麼當不滿和憤怒逐漸累積起來時，就只能依靠暴力和鮮血來為自己正義的呼聲開闢道路。」這句話用在美國身上再恰當不過了。

美國的獨立並不是天上掉下來的，也不是什麼大人物的恩賜，而是每一個努力爭取來的。除了在戰場上奮勇前進外，在外交上同樣需要高超的智慧和過人的膽量。

英國在約克敦戰役中失敗的消息傳回英國國內，由諾斯領導的政府變成了眾矢之的，人們認為是諾斯政府的軟弱無能使得英國失去了北美大陸。第二年三月，諾斯成為英國歷史上第一位因議會提出「不信任動議」而辭職的首相。新上任的羅金厄姆組成新內閣後，宣佈停止與美國的戰爭。

1782年，隻身在巴黎的富蘭克林代表美國與遞出「橄欖枝」的英國和談，他在條約中向英國索要加拿大，以此作為美國獨立與停止戰爭的條件。英政府很快否決了他的提議，和談也因此停滯。

依靠美法聯盟取得獨立戰爭勝利的美國早在大陸會議中就關於獨立、劃定邊界、英國撤兵等問題派出五名代表與英國和談。由於當時的美國迫切需要法國的「理解和同意」，和談最後無疾而終。

後來，出使西班牙的約翰·傑伊來到巴黎加入和談隊伍中，他帶來了法國可能偏袒西班牙的消息，並指出擺脫法國的時刻已經到來。傑伊建議在和談過程中拋開美法關係，單獨與英國談判。他的提議與英國不謀而合。

明朝

哥倫布發現新大陸
— 1500

— 1600
清朝 五月花公約

— 1700

美國獨立
— 1800

門羅主義

美墨戰爭
— 1850
日本黑船世界

中美天津條約

南北戰爭

購買阿拉斯加

美西戰爭
「門戶開放」政策
— 1900

中華民國

經濟大蕭條

日本偷襲珍珠港

— 1950 韓戰

甘迺迪遇刺

911事件
— 2000

歐洲文藝復興運動

拜占廷帝國滅亡
1500—

1600—

工業革命 1700—
法蘭大革命
1800—

共產黨宣言 1850—

日本明治維新

普法戰爭

1900—

中華民國
第一次世界大戰

第二次世界大戰

1950—

越戰爆發

兩伊戰爭

東西德統一

2000—

英國代表理查・奧斯瓦德提出了預備性和平草案，經過一天的緊張商談後，英美雙方初步達成協約，以此草案作為和談的條件。同年10月26日參與過初次談判的約翰・亞當斯和亨利・勞倫斯抵達巴黎，美國和談代表團依然由富蘭克林主導，他無視國內提出的聽從法國的要求，經過代表團內部商討後決定脫離法國單獨與英國談判。

年底，兩國就美國獨立等問題達成和議並簽訂了和平草約。草約中，富蘭克林並沒有實現獲取加拿大和密西西比河地區的計畫。英國做出了讓步，承認美國十三州獨立自由，放棄其對美國的統治和領土主權的一切要求，還允許美國在紐芬蘭和新斯科細亞海域捕魚。

條約中明確確認了美國的疆域：東起大西洋沿岸，西止密西西比河，北接加拿大五大湖區，南抵佛羅里達北部。除此之外，英國還同意把應償還給兩國債權人的全部債務當作有效債務等。第二年，《英美和約》正式於巴黎附近的凡爾賽簽字換文。

一方面英國在合約中做出了有利於美國的讓步，另一方面英國也為美國埋設陷阱。在邊境設上，英國並沒有屈從西班牙和法國將美國限制在阿巴拉契亞山以東的地區，而是將阿巴拉契亞山以西密西西比河以東的地區劃歸為美國，這就造成了美國管理上的困難。

英國的讓步實屬無奈之舉，武力鎮壓美國的道路已經隨著戰爭的失敗宣告落空，外交上處於孤立境地的英國更尋找不到有力的盟友，再加上英國國內民眾對於和平的嚮往，使得當時新上任的內閣報以期待得到美國諒解的態度。英國的做法成功地離間了法、美關係，同時緩和了緊張的英美關係。

英美《巴黎和約》的簽署對於同樣參戰的法國而言，不失為一個沉重的打擊。戰敗的英國雖然蒙受了巨大的戰爭損傷，但工業革命帶來的巨額財富很快就彌補了這一缺漏。而在七年戰爭中元氣大傷的法國則沒有那麼幸運，巨額的軍費支出並沒有在戰後的合約中得以彌補。自1784

年起，法國財政陷入危機之中。

整場戰爭的獲勝者正是順利脫離英國殖民統治的美國，它成為了真正的贏家。美國不僅實現了國家獨立，確立了相對民主的資產階級政治體制，也獲得了大量賠償，奠定了躋身大國之林的基礎。

 【延伸閱讀】《拼寫法》

美國人挪亞·韋伯斯特是一位忠貞的愛國者，他年輕的時候在紐約州戈申縣當過教師，並在那個時候編寫出了《拼寫法》。在這本著名的《拼寫法》中，韋伯斯特用充滿了愛國主義精神的文字做前言，呼籲美國人民尊重自己的文化，書中強調了美國英語的形式和用法。《拼寫法》一書受到人們的歡迎，它教會了五代美國兒童怎麼拼寫。直到20世紀，這本書還十分暢銷。

自由國度的誕生

邦聯制，一個由若干獨立國家組成的鬆散聯盟，是兩個或兩個以上的國家為了達到某種共同目的而形成的一種國家聯合，如現代的歐盟、東盟等。邦聯一般出現在國家與國家之間，但是，在美國成立之初，它執行的就是這種國與國之間的邦聯制。

1776年11月5日，大陸會議批准了《邦聯條例》，但《邦聯條例》沒有建立法院，沒有制定法律，也沒有推選總統。《邦聯條例》唯一的貢獻是創立了國會，但國會權力非常有限，只能向十三個州提供意見，請求它們採取行動，不能制定聯邦立法。

戰爭後邦聯政府的出現無疑是美國歷史上一個重要事件，它為國家的管理提供了一種向心力、凝聚力，為邦聯制的誕生奠定了堅實基礎，

明朝

哥倫布發現新大陸
— 1500

— 1600
清朝　五月花公約
— 1700

美國獨立
— 1800
門羅主義

美墨戰爭
— 1850
日本黑船世界

中美天津條約

南北戰爭

購買阿拉斯加

美西戰爭
「門戶開放」政策
— 1900

中華民國

經濟大蕭條

日本偷襲珍珠港

— 1950　韓戰

甘迺迪遇刺

911事件
— 2000

歐洲文藝復興運動

拜占廷帝國滅亡
1500—

1600—

1700—
工業革命

法蘭大革命
1800—

共產黨宣言
1850—

日本明治維新

普法戰爭

1900—

中華民國
第一次世界大戰

第二次世界大戰

1950—

越戰爆發

兩伊戰爭

東西德統一

2000—

尤其是在解決西北土地問題上，邦聯政府運用自身的優勢和權利，妥善地處理了西北土地問題。不過，在政治、經濟、外交等方面，政府也面臨著極大的挑戰。

邦聯政府是根據聯邦條例的頒佈組成的一個全新的中央政府，擁有行政、立法和司法的直接管轄權，它由各州各派代表組成，代表人數僅在2到7人之間，實行一票表決權。邦聯國會還擁有跨職能地位，承擔著對外交流、財政管理、處理軍事問題的任務，例如建立軍隊，加強軍隊組織和裝備，處理各項外交事務。在財政方面，主要負責向各州要求財務攤派等等。

然而實際上，邦聯政府不過是一個行使著行政職能的單位，根本沒有任何立法權利，僅僅在司法上擁有仲裁權，用以調解舒緩各個州之間的紛爭。在這方面，邦聯政府存在極大的局限性，而處理事務時繁瑣的手續也直接導致其辦事效率日益降低，權威地位也隨之逐步減弱。

由於邦聯政府權力受限大，又加之各州擁有的權力過多，這就造成了一種尷尬的局面，國會雖然統一管理各個州，但實質上各個州都相當於一個獨立的國家。

其實，早在獨立戰爭結束前，喬治·華盛頓、亞歷山大·漢彌爾頓和詹姆斯·麥迪遜就已經提議對當時鬆散的邦聯體制進行改革，建立一個強有力的中央政府。

華盛頓反對《邦聯條例》，是因為協議沒有為大陸軍提供足夠的支持，將士們經常缺吃少穿，沒有藥品、毛毯，甚至沒有武器彈藥。

戰爭期間，華盛頓曾寫過很多封信給國會，憤怒之情溢於言表。他在其中一封信中說，「我們生病的士兵赤身裸體，健康的士兵赤身裸體，被英國人俘虜的士兵也是赤身裸體。」

戰爭結束後，美國出現了社會、政治和經濟混亂。華盛頓再次看到，《邦聯條例》下的美國毫無希望。他在寫給朋友的書信中說：「我

認為這樣的國家無法存在下去，除非有一個中央政府，統治整個國家，就像一個州的政府統治這個州一樣。」

亞歷山大・漢彌爾頓贊成這種看法。漢彌爾頓是一個年輕律師，在獨立戰爭期間是華盛頓的助手。戰爭還沒有結束，漢彌爾頓就呼籲召集十三個州開會，共建中央政府。他通過書信、講話和報紙等多種管道，推廣這種想法。

除了華盛頓和漢彌爾頓以外，麥迪遜也認為當時的美國前景暗淡。十三個州各自為政，互相排擠，每個州都有陸軍，還有九個州擁有自己的海軍，他們利用這些武裝力量保護自己，防範其他的州。

邦聯政府面臨的困難還不止如此。在獨立戰爭期間，邦聯政府大量欠下內債和外債，這些債務是當時為了擴充軍備而借下的。再加上英國、西班牙屢次挑釁，內外矛盾交錯複雜，使得邦聯政府的壓力倍增。

這種邦聯制度，使政府難以應付經濟衰退、社會動盪和外部威脅等一列問題，特別是1786年美國爆發了反對當局的起義，使爭權奪利的資產階級各派有了一種共同的「危機意識」。

因而，越來越多的人認識到，必須建立強有力的中央政府，才能建設一個統一而強大的國家，促進美國的繁榮發展。

 【延伸閱讀】沃克斯華屠殺

1779年5月底，南卡羅來納的最後一支有組織的抗英武裝力量在沃克斯華被伯納斯特・塔爾頓中校指揮的親英派部隊所擊敗，戰鬥呈現一邊倒局面。英軍僅僅傷亡17人，而美軍死亡113人，受傷150人左右。據說這是因為戰鬥中英軍無視大陸軍投降的白旗，肆意殺傷對手，從而引發了這樣的結果，後人稱這場戰鬥為「沃克斯華屠殺」。

明朝

哥倫布發現新大陸
— 1500

— 1600
清朝　五月花公約
— 1700

美國獨立
— 1800

門羅主義

美墨戰爭
— 1850
日本黑船世界

中美天津條約

南北戰爭

購買阿拉斯加

美西戰爭
「門戶開放」政策
— 1900

中華民國

經濟大蕭條

日本偷襲珍珠港

— 1950　韓戰

甘迺迪遇刺

911事件

— 2000

戰後社會需要新鮮感

歐洲文藝復興運動

拜占廷帝國滅亡
1500—

1600—

1700—
工業革命
法蘭大革命
1800—

共產黨宣言
1850—

日本明治維新

普法戰爭

1900—

中華民國
第一次世界大戰

第二次世界大戰

1950—

越戰爆發

兩伊戰爭

東西德統一

2000—

　　一個國家的生命力，需要不斷地注入新鮮血液；一個國家的繁榮，更需要各種法令政治的完善。改掉存在的、不合理的部分，才能走出停滯不前的徘徊狀態。改革成功，則國家走向穩定繁榮；改革失敗，則可導致內亂或衝突。

　　獨立戰爭的勝利讓北美大陸建立起一個獨立自主的國家，隨著邦聯政府的成立，接踵而至的任務便是建立憲法。在這個過程中，社會各個領域的改革應接不暇地展開，破舊革新的運動在整個邦聯內蓬勃興起，一個資產階級價值體系下的新制度應運而生。

　　在除舊的運動中，嫡長子繼承制、限制繼承法、代役租等原有的習慣或規定被廢除，許多州都重新分配了州立法機構中的代表名額，以實現地區的平等和民主。

　　傑佛遜在1786年頒佈了一項宗教自由法規，這項法規成為了維吉尼亞州政教分離運動的保障，同時這項法案還主張：就像自然科學不能保證民主權力一樣，宗教信仰也同樣不能保證民主。因此宗教信仰要實現自由的方式，不能強迫任何人接受宗教信仰。民主不允許任何人因為宗教信仰的問題受到迫害。

　　讓真理自由發展，才會使其更加偉大並成為社會的主導力量。從此以後，各個州都出現了更加自由的宗教，尤其是那些為英國聖公會開闢特權的州。不過也有一些州一直堅持自己的宗教觀念，比如麻塞諸塞，那裡的州政府直到十九世紀三十年代才終止對公理會教堂的支持。

　　殘酷血腥的奴隸制自然也會成為新政府所要摒棄的對象。喬治‧華盛頓曾經說過：「我們必須想盡方法地維護自己的權力，不能屈從於任何人的壓迫，如果一味的忍辱負重，那麼新的壓迫將源源不斷而來，那

麼我們就會變成溫順的奴力，並且開始習慣這樣的非人生活。」

這一時期，譴責奴隸制的聲音高漲，《獨立宣言》的發表讓這種追求平等自由的聲音達到了最高潮，奴隸制這時候在美利堅合眾國裡顯得那麼的不合時宜。

最早著手廢除奴隸制度的州是賓夕法尼亞州，它在1780年的時候率先做出了嘗試。其後，北方的其他各州也紛紛效仿。這些州廢除奴隸制度的規定大體相同：他們規定了一個時期，在這個時期出生之後的奴隸，成年之後就可以擺脫奴隸的身份，成為自由公民。雖然廢除奴隸制度並沒有在美國的每一個州實行，但是有些地方的奴隸制也是名存實亡；南方除了南卡羅來納州和喬治亞州之外，都廢除了奴隸制度，或者制定了有利於奴隸權力的法規。

雖然邦聯所宣導的廢除奴隸制在很大程度上受到經濟模式的制約，但是獨立戰爭已經讓平等自由的思想深入到美國人的骨髓，不管在穿衣打扮、還是人與人的交流之中，平等觀念時刻體現在社會生活當中，可以說平等民主永久性地改變了美國的社會格局。

戰爭之後的另一個顯著變化就是政府對待民眾的態度。不管是從立法上還是具體事務的處理中，民眾的意見被放到了越來越重要的位置。立法機構按照規定進行選舉，選出的代表進行憲法起草，在經過民眾的批准之後予以實行。這說明政府很看重與民眾之間的關係，如果憲法內容違背了公民的意願，那麼立法者和政府官員所做出的努力就都是白費的。

在戰爭期間，土地和稅收等經濟問題的矛盾逐漸突出，但國家政府或各州政府並不能為哪一個階級或利益集團控制。受西方激進思想影響較大的賓夕法尼亞州，憲法相對較為民主，同時期的馬里蘭和南卡羅來納州的政府則被保守派牢牢地控制著。

新政府雖然有不同的構成形態，但他們在權力行使過程中更加關

明朝

哥倫布發現新大陸
— 1500

— 1600
清朝　五月花公約
— 1700

美國獨立
— 1800

門羅主義

美墨戰爭
— 1850
日本黑船世界

中美天津條約

南北戰爭

購買阿拉斯加

美西戰爭
「門戶開放」政策
— 1900

中華民國

經濟大蕭條

日本偷襲珍珠港
— 1950　韓戰

甘迺迪遇刺

911事件
— 2000

歐洲文藝復興運動

拜占廷帝國滅亡
1500—

1600—

1700—
工業革命

法蘭大革命
1800—

共產黨宣言
1850—

日本明治維新

普法戰爭

1900—

中華民國
第一次世界大戰

第二次世界大戰

1950—

越戰爆發

兩伊戰爭

東西德統一

2000—

注民眾意見，這點是非常可取的。《常識》的出版、《獨立宣言》的發表、人們在革命中的經驗都提高了美國人的權利意識，也賦予了他們行使權利的力量。

傳統制度的廢除，平等自由的新政府開始建立，這些都為美國社會注入了新的血液，新大陸發展變得日新月異。

 【延伸閱讀】美國學術和教育之父

在美國，挪亞・韋伯斯特的名字等同於字典。他曾經說過美利堅人不應該只把自己看做是某一個州的居民，而應該把自己看做是一個美國人。其最著名的作品是編撰了美國詞典，三冊的《英語語法》，由一冊拼寫（1783年出版），一冊語法（1784年出版），一冊閱讀（1785年出版）組成。他認為自己最大的貢獻是在英語語法和發音「炫學的叫囂」中「拯救了「我們的民族語言」。他也因此被譽為「美國學術和教育之父」。

【專題】偉人中的偉人

「由於劍是維護我們自由的最後手段，一旦這些自由得到確立，就應該首先將它放在一旁。

先例是危險的東西，因此，政府之韁繩得由一隻堅定的手執掌，而對憲法的每一次違背都必須遭到譴責，如果憲法存在什麼缺陷，那就加以修正，但不能加以踐踏！

我希望我將具有足夠的堅定性和美德，藉以保持所有稱號中，我認為最值得羨慕的稱號：一個誠實的人。

我們最穩當的保證人是我們自己的智慧。

不要承擔你完成不了的事，但你一定要信守諾言。

……」

這是美國第一人總統華盛頓說的話。他不是一位軍事天才，也無法與亞歷山大和凱撒等將軍相提並論。他的成功似乎是由於同他的對手出人意料的無能。儘管如此，當美軍將領遭遇慘敗時，他堅持作戰，終於贏得了戰爭的最後勝利。

1788年7月2日，聯邦國會宣佈《聯邦憲法》在合眾國正式生效後，下令舉行國會議員和總統選舉人選舉，並確定紐約市為新政府的臨時首都。第二年，57歲的喬治・華盛頓當選為合眾國第一屆總統。

1732年，喬治・華盛頓於維吉尼亞的一個種植園奴隸主家庭出生，父母均是英裔。青少年時期他並沒有受到正規系統的學校教育，而是憑藉天賦自學。父親去世後，立志參加英國正規軍的華盛頓因經濟原因錯過了成為英國皇家海軍見習軍官的機會。後來，華盛頓如願以償進入軍隊，參軍後的他參加多次戰役，屢獲戰功。1759年華盛頓因不甘心一直

明朝

哥倫布發現新大陸
— 1500

— 1600
清朝　五月花公約
— 1700

美國獨立
— 1800

門羅主義

美墨戰爭
— 1850
日本黑船世界

中美天津條約

南北戰爭

購買阿拉斯加

美西戰爭
「門戶開放」政策
— 1900

中華民國

經濟大蕭條

日本偷襲珍珠港

— 1950　韓戰

甘迺迪遇刺

911事件

— 2000

歐洲文藝復興運動

拜占廷帝國滅亡
1500—

1600—

1700—
工業革命

法蘭大革命
1800—

共產黨宣言 1850—

日本明治維新

普法戰爭

1900—

中華民國
第一次世界大戰

第二次世界大戰

1950—

越戰爆發

兩伊戰爭

東西德統一

2000—

擔任殖民軍軍官一職，離開了部隊。卸甲歸田的他結識了當地富有的寡婦瑪莎・丹德里奇・卡斯蒂斯，很快便娶其為妻，成為了弗尼吉亞最大的種植園主，並當選為州議員。

波士頓傾茶事件的爆發，使美國陷入了戰亂之中。作為弗尼吉亞州代表的華盛頓身著軍服參加了1775年的大陸會議，並被推舉為大陸軍總指揮官。此後，他的一生可看做一個國家從成立到成長的縮影。

美國獨立戰爭中，他指揮了奇襲翠登、收復波士頓等著名戰役，雖然也經歷了失敗，但是他並沒有放棄自己的信念。華盛頓所帶領的民兵部隊逐漸成長為能與英軍抗衡的正規軍。最終，美國於1783年贏得獨立，51歲的華盛頓並沒有迷戀權力，而是解散了部隊，並發表了告別演說，之後回到維農山莊園繼續過著農場主的生活。

四年後，具有極高威望的華盛頓主持了費城立憲會議，他的威望使很多人相信會議能夠成功舉行，憲法也能夠順利地通過。兩年後，華盛頓重返政壇，開始了為期8年的總統生涯。他陸續建立了外交部（後更名為國務院）、戰爭部、財政部、郵政總局、司法部等，選用恰當的人選擔任各部負責人，為美國日後的發展奠定了良好的基礎。

1793年3月，連任兩屆總統的華盛頓發表了離職宣言。他在告別演說中的箴言和建議至今影響著美國。退休後的華盛頓在維農山莊園建立蒸餾室，成為著名的威士忌酒商。接任總統的約翰・亞當斯為震懾法國，任命華盛頓為美國陸軍中將（當時的最高軍階），但經歷多年征戰和政治生涯的華盛頓已無力服役。當年年末，喬治・華盛頓被病魔奪走了生命，一代偉人就這樣與世長辭。

華盛頓死後，他昔日的革命戰爭夥伴，國會議員亨利・李曾稱讚他：「他是一個公民，他是戰爭中的第一人，也是和平時代的第一人，也是他的同胞們心目中的第一人。」時至今日，華盛頓的肖像和臉龐已成為美國的國際標誌之一。

| 第四章 | 年輕政府遭遇挑戰

　　英國最後的失敗導致的直接結果就是美利堅合眾國的誕生，雖然
這個「呱呱墜地」的新的國家面臨的困境難以想像，但是民主制度的
落實和完善確保了美國在逆境中的成長。對於這個正處在「哺乳期」
的國家來說，需要探索的還有很多，多變的國際形勢，日益凸顯的社
會矛盾以及從政治中反應出來的新問題等等，都在困擾和鞭策著每一
個總統。

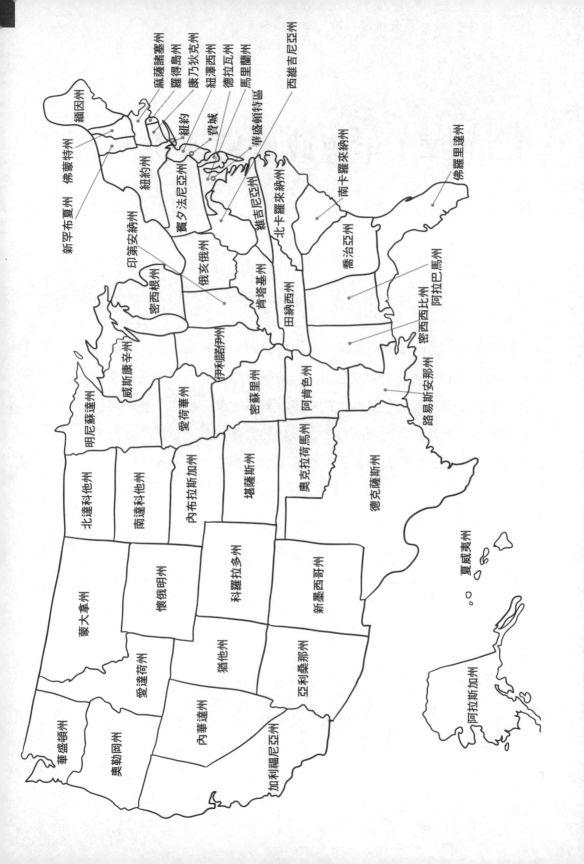

苦難的開始與悲壯的結束

　　任何國家的建國初期都不會一帆風順，總是要面對內部、外部的諸多困難。美利堅建國後，曾經興盛一時的市場開始變得萎靡起來，經濟的蕭條讓剛剛經過戰爭洗禮的美國無法接受。國民的騷動和對新政府的不滿情緒此起彼伏，大大小小的起義衝擊著年輕的邦聯政府。

　　美國歷史上第一次大規模人民起義發生在經濟蕭條時期，歷史上稱為丹尼爾·謝斯起義。當時農民欲購買西部土地，卻因為地價太高而無法支付全部金額，加之各州政府新增各種名目的稅收，農民負債累累，經濟陷入一片混亂，農副產品和工業產品也流通不暢。

　　戰後的農民生活沒有好轉反而陷入了窘迫之中，再加上戰後北美地區人口減少，對糧食的需求也大大降低，造成供大於求的局面，導致糧食價格隨之跌落。農民的收入變得沒有保障，大多數農民瀕臨破產。不過，奸商們卻在這種危機時刻大肆掠奪剝削農民，這也是導致謝斯起義爆發的根源。

　　自1786年開始，人民要求州政府增加紙幣發行量並減少各種稅目的徵收，以平衡市場需求。但州政府無情地拒絕了民眾的提議，沒有做出任何改變。1786年秋，民眾自發阻止了法庭對債務的訴訟案，局面愈演愈烈，最後爆發了謝斯起義。

　　麻塞諸塞州是全國經濟最蕭條的地區，也是謝斯起義的發源地。戰後的麻塞諸塞州農產品大量滯銷，政府又發出了增加稅收的公告，按照當時徵稅的比例，無論男女老幼一律每人徵收50美元，一個四口之家就要繳納200美元的稅收。可當時一個普通美國家庭的經濟年收入還遠遠達不到50美元。麻塞諸塞州由此成為了美國債務人最多的州。當時的烏斯

明朝

哥倫布發現新大陸
— 1500

— 1600
清朝　　五月花公約
— 1700

美國獨立
— 1800

門羅主義

美墨戰爭
— 1850
日本黑船世界

中美天津條約

南北戰爭

購買阿拉斯加

美西戰爭
「門戶開放」政策
— 1900

中華民國

經濟大蕭條

日本偷襲珍珠港

— 1950　韓戰

甘迺迪遇刺

911事件
— 2000

歐洲文藝復興運動

拜占廷帝國滅亡
1500—

1600—

1700—
工業革命

法蘭大革命
1800—

共產黨宣言
1850—

日本明治維新

普法戰爭

1900—

中華民國
第一次世界大戰

第二次世界大戰

1950—

越戰爆發

兩伊戰爭

東西德統一

2000—

特監獄裡，債務人幾乎佔據了大部分牢房，有很多債務人為了還清欠款不得不出賣自己的勞動力。

謝斯起義的爆發並非偶然，這是一場民間自發的戰役，表達了民眾反抗統治者的決心。儘管在當時的背景下，民眾贏得最後勝利的機會非常渺茫，但是大家還是認為要為正義和應有的權力而戰。

起義領袖丹尼爾‧謝斯曾經參加過獨立戰爭，這也是他被推選為起義最高領導人的原因。本來謝斯在戰爭結束後過著平靜的生活，但是他的家鄉經濟危機嚴重，民眾生活變得艱難，謝斯也因為債台高築而慘遭破產。

1786年9月，起義軍動用武力阻撓了麻塞諸塞州州法院在春田市開庭審理債務訴訟，政府軍隊被起義軍趕出了春田市。後來謝斯轉戰西部地區，由於擅自釋放了許多被監禁的窮人，遭到了州政府的鎮壓，於1787年1月在奪取州政府軍火庫的戰鬥中失敗。1787年2月，起義軍被政府軍襲擊，全線戰敗。

奪取軍火庫的戰鬥經過是這樣的：1787年1月，謝斯起義軍佔領了春田市兵工廠後，開始與政府進行言和談判。政府之所以會答應談判，其實只是為了等待救援兵力的到來。謝斯軍被表面現象所迷惑，上了政府拖延時間的當，起義軍內部也漸漸呈現鬆懈狀態。當政府軍隊趕到時，政府立刻宣佈終止談判，轉而將起義軍重重包圍。

由於起義軍只是一些無辜的百姓，丹尼爾‧謝斯又參加過獨立戰爭，政府軍隊並沒有將其趕盡殺絕，而是放了他們一條生路。逃離之後的謝斯本想重新組織力量與政府軍再一次交鋒，但是這時候的起義軍士氣低落，人心渙散，謝斯的堅實後盾慢慢瓦解，大多數人都離他而去，謝斯起義就這樣以失敗告終。

儘管謝斯起義最終失敗，但這場戰役卻令統治者深刻認識到了民眾的力量，這種力量會在瞬間對政府形成衝擊。與此同時，不同文化程

度、不同年齡、不同社會群體的美國人又都覺得，必須要做些什麼才行。否則的話，這個新獨立的國家就完全沒有機會成功。這些想法最終導致了美國憲法的誕生。

 【延伸閱讀】威士忌暴亂

威士忌暴亂，是一場在1791年─1794年間發生於美國賓夕法尼亞州西部的抗稅運動。抗議運動在1794年達到了高潮。大衛·倫諾克斯到賓夕法尼亞州西部給拒絕納稅的釀酒商發傳票，導致大量武裝民兵襲擊了稅官約翰·耐維爾將軍的住宅。最後有二十名嫌疑人被捕受審，其中只有兩人被判刑，總統隨後便赦免了他們。傑佛遜就任總統後，就和國會一起迅速將該稅取消了。

千呼萬喚始出來的憲法

想要瞭解美國，首先要瞭解美國的憲法。這份政治檔規定了美國的政府體制，保證了公民的權利。憲法的權力高於總統、法院和國會。從醞釀到最終出爐，美國憲法經歷了從印第安納波利斯到費城的艱辛之旅。

在憲法制定之前，美國一直實行著邦聯制，這樣的制度存在著很大的問題，對於美國來說，它遠非最理想的形式。

圍繞著邦聯制的存廢問題，美利堅的統治者們形成了兩大陣營：一方是國家主義者或者說聯邦黨人，以漢彌爾頓、約翰·亞當斯和麥迪遜等人為代表。他們秉持統一的觀念，認為應該廢除軟弱的邦聯制，加強中央政府的權利。

另一方是州權主義者，以山繆·亞當斯和派翠克·亨利為代表。與

明朝

哥倫布發現新大陸
— 1500

— 1600
清朝 五月花公約
— 1700

美國獨立
— 1800
門羅主義

美墨戰爭
— 1850
日本黑船世界
中美天津條約
南北戰爭
購買阿拉斯加

美西戰爭
「門戶開放」政策
— 1900

中華民國

經濟大蕭條

日本偷襲珍珠港
— 1950 韓戰

甘迺迪遇刺

911事件
— 2000

歐洲文藝復興運動

拜占廷帝國滅亡
1500—

1600—

1700—
工業革命
法蘭大革命
1800—

共產黨宣言
1850—

日本明治維新
普法戰爭

1900—

中華民國
第一次世界大戰

第二次世界大戰

1950—

越戰爆發

兩伊戰爭

東西德統一

2000—

聯邦黨人相比，他們的力量顯得較為薄弱。雖然在理念上，他們堅持各州為獨立國家，但在現實上卻為邦聯制的種種問題所困擾。

1786年9月，在印第安納波利斯召開了討論貿易問題的會議，該會議在其他方面沒能取得實質性的進展，但是通過了漢彌爾頓論邦聯制缺陷的報告，呼籲各州召開一次會議討論邦聯制的缺陷並尋找解決辦法。

最開始，漢彌爾頓的報告並未引起足夠的重視，但在謝斯起義之後，無論是聯邦黨人還是州權主義者，都意識到了「過分民主」帶來的衝擊和危害。這樣的共識使得討論實質性問題的費城會議「千呼萬喚始出來」。

1787年5月，除了羅德島以外，剩餘十二個州的代表共五十五人齊聚費城。採取何種政權組織形式來保證私有財產神聖不可侵犯，成為了代表們最關心的議題。

首先，國家主義者陣營中的藍道夫有備而來，提出了著名的「維吉尼亞議案」。該議案的最大意義就在於打破了以往聯邦黨人們在邦聯條例內部進行小修小補的慣例，否認了各州是獨立國家這一核心概念，使得以後的討論都被納入了聯邦制的框架之中進行，這就為美國憲法的制定鋪出了第一步路。

在具體問題上，「維吉尼亞議案」的一大貢獻是提出了比例代表制，即不再使用原有的一州一票制，而是按照每個州的人數比例決定各州在中央政府中的代表人數。這就限制了州權主義者的權利，使得中央的權利得到加強。

這一議案經過仔細討論後達成了共識，只是在代表制的問題上，州權主義者無法讓步。與聯邦黨人的高度團結不同，州權主義者內部原本存在著分歧，但對這一問題的關注，使得他們迅速地凝聚在一起。在這樣的情況下，他們提出了「紐澤西方案」。該方案在其他問題上都對中央政府採取了妥協態度，譬如賦予中央政府更高的稅權、法權等等，但

在最為關鍵的代表制上，這一議案堅持了一州一票制。

爭論雙方互不讓步，會議因此而陷入僵局。

「康乃狄克妥協案」的提出成功地擱置了雙方矛盾，使得代表制問題得到了解決。該方案提出實行兩院制，在參議院實行一州一票制，在眾議院實行比例代表制，這最大限度地平衡了聯邦黨人和州權主義者之間的利益衝突。在這一基礎上，雙方都作出妥協，達成共識，憲法的制定得以繼續。

這一最大爭議解決之後，隨後的爭議也都逐個得到了解決。於是在經過將近四個月的討論之後，憲法草案正式制定。四十二名代表中的三十九名簽署了草案，但這對憲法的通過來說已經足夠。

這次費城會議的最初目的只是修改邦聯條例，但在與會代表的努力和妥協之下，卻突破了原有條例的框架，制定了新的憲法。因此，這次會議史稱為「制憲會議」，這部憲法又被稱為「1787年憲法」。

這部憲法的序言只有一句話，由52個字構成。

「我們合眾國人民，為建立更完善的聯邦，樹立正義，保障國內安寧，提供共同防務，促進公共福利，並使我們自己和後代得享自由的幸福，特為美利堅合眾國制定本憲法。」

這篇序言並沒有賦予或者限制任何主體的權力，僅僅闡明了制定美國憲法的理論基礎和目的。儘管如此，這篇序言尤其是最開頭的「我們合眾國人民」卻成為美國憲法中被引用頻率最高的部分。

與此同時，《權利法案》的修訂最終完成了美國的法律建構，形成了聯邦主義的國家形式。在憲法發佈之後，關於憲法的接受又經歷了一個過程。派翠克‧亨利認為這是「一場激烈程度不亞於脫離英國的革命」。

總的來看，這一系列憲法、法案的制定，以及美國聯邦制的成立，都是聯邦黨人和州權主義者互相妥協的產物。但無論如何，美國廢除了

明朝

哥倫布發現新大陸
— 1500

— 1600
清朝　　五月花公約
— 1700

美國獨立
— 1800

門羅主義

美墨戰爭
— 1850
日本黑船世界

中美天津條約

南北戰爭

購買阿拉斯加

美西戰爭
「門戶開放」政策
— 1900

中華民國

經濟大蕭條

日本偷襲珍珠港

— 1950　　韓戰

甘迺迪遇刺

911事件

— 2000

軟弱鬆散的邦聯制，建立了聯邦制，北美洲的大片土地都被真正地納入了美利堅合眾國這一名稱之中，美國的國運由此又發生了一大轉折，資本主義的發展由此開闢出了一條新的道路。

 【延伸閱讀】美國獨立日

　　每年的7月4日，美國會舉辦許多活動，以紀念1776年7月4日大陸會議在費城正式通過《獨立宣言》。這一天，其中最重要的就是敲響位於費城的自由鐘，各地居民自發地進行慶祝遊行，像放煙火、花車遊行、節日遊行、燒烤、野餐、舉辦音樂會、棒球賽、以及家庭聚會等。政客會發表演說以頌揚美國傳統的自由觀念。

高人一籌的漢彌爾頓

　　歷史每時每刻都在製造一些偉人，以便讓後人的崇敬。在美國初創時期，可以和華盛頓相媲美的人是亞歷山大・漢彌爾頓。他是美國第一任財政部長，10美元的正面就印有他的畫像。

　　這位偉人的一生極具戲劇性，他在世的時候並沒有贏得世人的讚譽，但他死後留下的政治遺產為美國的發展壯大奠定了堅實的基礎。「美國功臣」四個字，漢彌爾頓受之無愧。

　　1757年出生於英屬西印度群島的漢彌爾頓不曾體驗童年的快樂，很早的時候他便承擔起了生活的重任。漢彌爾頓的生父不詳，母親蕾切爾・萊溫於他13歲的時候便過世了。成為孤兒的漢彌爾頓靠當學徒謀生，早早累積了不少商業經驗和經濟知識。不過，生活的艱辛並沒有讓小小年紀的漢彌爾頓喪失理想，他立志要成為北美殖民地領袖，讓自己成就一番事業。

歐洲文藝復興運動

拜占廷帝國滅亡
1500—

1600—

1700—
工業革命
法蘭大革命
1800—

共產黨宣言
1850—

日本明治維新

普法戰爭

1900—

中華民國
第一次世界大戰

第二次世界大戰

1950—

越戰爆發

兩伊戰爭

東西德統一

2000—

後來，漢彌爾頓憑藉一篇發表於《皇家丹麥美國公報》引人入勝的文章贏得了朋友的資助，藉此機會來到紐約，開始了曲折的學習生活。漢彌爾頓經過一年的努力學習，進入了國王學院（現在的哥倫比亞大學）。

敏捷的才智、清晰的思維和表達能力讓他在國王學院中初露鋒芒。美國獨立戰爭爆發後，關心時事政治的漢彌爾頓把握機遇，入伍參軍。憑藉著在長島戰役、白平原戰役的出色表現，漢彌爾頓成為喬治·華盛頓參謀部的副官。

接下來的四年軍旅生活為漢彌爾頓的政治生涯打下堅實的基礎，他結識了大批社會名流，並娶紐約望族舒勒將軍之女伊莉莎白為妻，成為特權階級中的一員。後來，年輕氣盛的漢彌爾頓因所求升遷未果負氣離開了華盛頓的參謀部。同年被任命為步兵營指揮的漢彌爾頓憑藉約克鎮的出色指揮而聲名遠播。

獨立戰爭中的經歷讓漢彌爾頓意識到，想要結束邦聯時期的混亂，美國必須建立一個強有力的中央政府和穩固的諸州聯盟。戰爭結束後，漢彌爾頓回到紐約學習法律，成為當時最著名的律師之一。他參與了美國憲法的制定，為新憲法的通過傾注了心血。

立憲期間，漢彌爾頓、約翰·傑伊和詹姆斯·麥迪遜寫出了許多宣揚和解釋新憲法的文章，這些文章被後人彙編為《聯邦黨人文集》。《聯邦黨人文集》是美國政治文獻中地位僅次於《獨立宣言》和《憲法》的政治理論經典著作。

1789年漢彌爾頓被華盛頓提名為財政部長，四年任期內他為新生的美利堅合眾國構建了一個龐大完整的金融貨幣體系。這一體系也是他一生最重要的成就。漢彌爾頓提出的經濟政策，將中央政府和資產階級用經濟作為紐帶捆綁成一體，建立了穩定的國家金融秩序。

他提出的《公共信用報告》在國會通過，成功挽救了美國的信譽危

明朝

哥倫布發現新大陸
— 1500

— 1600
清朝　五月花公約
— 1700

美國獨立
— 1800

門羅主義

美墨戰爭
— 1850
日本黑船世界

中美天津條約

南北戰爭

購買阿拉斯加

美西戰爭
「門戶開放」政策
— 1900

中華民國

經濟大蕭條

日本偷襲珍珠港

— 1950　韓戰

甘迺迪遇刺

911事件

— 2000

歐洲文藝復興運動

拜占廷帝國滅亡
1500—

1600—

1700—
工業革命
法蘭大革命
1800—

共產黨宣言
1850—

日本明治維新
普法戰爭

1900—

中華民國
第一次世界大戰

第二次世界大戰

1950—

越戰爆發

兩伊戰爭

東西德統一

2000—

機。在他的推動下，成立了合眾國第一銀行（美聯儲的前身）。在制定經濟政策的同時，漢彌爾頓還積極參與外交政策的制定，他主張無論何時都要將國家利益作為外交原則，這一主張奠定了美國孤立主義外交路線的思想基礎。

因為傑佛遜與漢密斯頓的政見相左，美國政壇也因此成立了政見對立的兩個黨派——傑佛遜為首的民主共和黨和漢密斯頓為首的聯邦黨。兩黨之間的爭辯開創了美國黨派之爭的先河。

隨著美國第二任總統亞當斯的上任，同樣出身於聯邦黨的漢彌爾頓與他就當時陸軍改組問題產生分歧，導致聯邦黨走向分裂。1800年總統大選，漢彌爾頓和亞當斯相爭，漢彌爾頓直接抨擊亞當斯的做法使他與亞當斯兩敗俱傷。漢彌爾頓失去良好聲譽，民主黨派漁翁得利，傑佛遜獲選總統。選舉總統失敗後，步入晚年的漢密斯頓皈依基督教，1804年他在與政敵亞倫‧伯爾的決鬥中結束了一生。

這位智者一生也未能實現兒時志願成為美國總統，但其政治上的建樹，尤其是在金融哲學方面建立的功績隨著時間的推移愈發顯現出價值。漢密斯頓創造的金融體系如一把鑰匙開啟了美國的財富之門，拯救了當時陷入困境的美國經濟。

 【延伸閱讀】美聯儲

1913年，美國國會通過《聯邦儲備法案》，根據法案成立了美國聯邦準備理事會，也就是人們所說的「聯準會」，由伍德羅‧威爾遜總統12月23日簽字。美國最早具有中央銀行職能的機構是1791年批准的美國第一銀行和美國第二銀行。1837年至1862年間的「自由銀行時代」美國並沒有正式的中央銀行，而自1862年至1913年間，一個私營的國家銀行系統行使這項功能。

《傑伊條約》：美國人心中的疤

　　歐洲政治形勢的變化也牽連到了美國，英法戰爭的爆發讓美國處在了兩難的境地，最終這場外交博弈以美國的中立態度而結束。作為中立國的美國需要給海上力量較弱的法國輸送貨物，然而，英國為了封鎖法國的軍事供給，命令海軍扣留所有開往法國的中立國船隻，其中包括美國的300艘商船。

　　年底，美國公使又接到了英國政府的通知，表示英國將無限期佔據在美國西北部的據點，並聲稱他們拒絕撤走是因為美國至今還沒有按照和約要求賠償托利黨人戰爭損失。

　　1794年，加拿大總督多切斯特勳爵鼓動那些與美國政府敵對的印第安部落，希望他們能夠向英國國王請求援助。邊界問題和劫奪商船問題關聯在一起迅速激化了英美兩國之間的矛盾，戰爭一觸即發。

　　就在戰爭即將爆發之時，英國出於美國能提供的外交支持及巨額債款的考慮，撤銷了樞密院關於扣留船隻的命令，做出了一個和解的姿態。時任美國總統的華盛頓明白這個年輕的國家沒有做好戰爭的準備，也為了保全俄亥俄流域的安寧，他決定派出一名公使前往英國進行和談。不過這個人選並非那麼容易就選出來，華盛頓希望所派之人能夠堅定不移地為美國的權利進行辯護，並且真誠地播下和平的種子。

　　後來華盛頓將這一重要使命託付給了具有豐富談判經驗的大法官約翰·傑伊。

　　令約翰·傑伊沒有想到的是，這次談判非但沒有提高他在美國政府中的地位，反而引發了一場民眾的抗議風暴。的確，傑伊面臨的都是些棘手的問題，如：要求美國撤出西北部邊界的據點；在獨立戰爭中遺留的對英國的債務；美國與加拿大的邊界劃分及捕魚權；美國海上自由貿

明朝

哥倫布發現新大陸
— 1500

— 1600
清朝　五月花公約

— 1700

美國獨立
— 1800

門羅主義

美墨戰爭
— 1850
日本黑船世界

中美天津條約

南北戰爭

購買阿拉斯加

美西戰爭
「門戶開放」政策
— 1900

中華民國

經濟大蕭條

日本偷襲珍珠港

— 1950　韓戰

甘迺迪遇刺

911事件

— 2000

易的權利等。

11月19日，傑伊在倫敦簽下了令美國人頗感恥辱的軟弱條約。關於債務問題，條約中規定美國需以英鎊付還對英國人欠下的一切合法私人借款，總計約60萬英鎊。就西北部據點問題，英國願意在1796年6月1日前撤出據點。至於扣留的美國商船，英國政府願付出130萬英鎊賠償，並要求美國保證不歧視英國的貿易或沒收英國臣民的財產。

雖然華盛頓對傑伊所作出的這些妥協讓步感到了不滿，但是他知道這已經是最大限度的讓步，美國不可能在追求到粳稻的方案，所以華盛頓只能按照簽署的條約形式。如果否決這些條約，那麼美國將面對的可能會是災難性的戰爭。

不過出於對控制民眾情緒的考慮，華盛頓決定將這些前述的條約保密三個月，作為一個緩衝期，這樣做既可以避免出現難以控制的後果，也有利於參議院批准這些條約。

1795年3月，《傑伊條約》各項條款在費城各報紙上已經披露，立即引起了來自諸方的抗議，其中包括傑佛遜和美國各地的共和黨人，以及美國的民眾。共和黨人堅信傑伊已成為出賣國家利益的叛徒，對英國做出了令人可恥的投降。

為表示對《傑伊條約》的不滿與憤怒，美國的下層民眾用激進的方式進行抗議，甚至將矛頭直指美國政府。人們將傑伊的模擬像焚燒並送上斷頭台，不再稱呼他為「傑伊先生」，而是喊他「大賣國賊」。共和黨的報紙也將矛頭對準了華盛頓，維吉尼亞的共和黨議員約翰·藍道夫甚至在起立祝酒時說：「該死的喬治·華盛頓。」

經過數月的激辯，聯邦黨人藉助富裕階層的支持及華盛頓的威望，終於以三票的微弱優勢勝出，通過了該條約。同年10月，也就是對英合約簽訂後的第十三年，英國從最後一個邊疆據點密執利基諾撤出。

對於《傑伊條約》，漢彌爾頓及多數聯邦黨人認為這是不具備與英

歐洲文藝復興運動

拜占廷帝國滅亡
1500—

1600—

1700—
工業革命

法蘭大革命 1800—

共產黨宣言 1850—

日本明治維新

普法戰爭

1900—

中華民國
第一次世界大戰

第二次世界大戰

1950—

越戰爆發

兩伊戰爭

東西德統一

2000—

國抗衡實力的政府所作出的必要的犧牲。由於當時關稅是美國政府稅收收入的主要部分，而且美國90％的進口都受制於英國，所以不論付出什麼代價，都要保持英美之間的和平關係。

《傑伊條約》的簽訂緩和了美英關係，保全了美國和平穩定，維護了西部領土主權完整，並為美國向西擴張奠定了基礎。但與此同時，傑伊條約也加劇了聯邦黨和共和黨之間的黨派分歧，參議院內就《傑伊條約》展開的鬥爭，標誌著政黨制的具體化。

【延伸閱讀】「孤立外交」

1796年，華盛頓在離職前的《告別演說》中，提到了「孤立主義」理論。他說：「我們的政策，乃是避免同外部世界的任何部分永久結盟。」這句經驗之談，成為後來兩個世紀美國外交政策的基礎。孤立外交是一種策略，在他的指導下，美國先後退出了「門羅主義」、「中立政策」、「中立法案」等對外政策，對美國繁榮經濟，有不可磨滅的貢獻。

明朝

哥倫布發現新大陸
— 1500

— 1600
清朝　五月花公約

— 1700

美國獨立
— 1800

門羅主義

美墨戰爭
— 1850
日本黑船世界

中美天津條約

南北戰爭

購買阿拉斯加

美西戰爭
「門戶開放」政策
— 1900

中華民國

經濟大蕭條

日本偷襲珍珠港

— 1950　韓戰

甘迺迪遇刺

911事件
— 2000

【專題】戰火中飛出的國歌

歐洲文藝復興運動

拜占廷帝國滅亡
1500—

1600—

1700—
工業革命
法蘭大革命
1800—

共產黨宣言
1850—

日本明治維新
普法戰爭

1900—

中華民國
第一次世界大戰

第二次世界大戰

1950—

越戰爆發

兩伊戰爭

東西德統一

2000—

1814年夏天，英軍入侵美國，火燒華盛頓，並把巴爾的摩作為下一個進攻目標。但在巴爾的摩，有五十萬居民積極備戰，在城市四周構築了堅固的防禦工事。

英軍首先對巴爾的摩發動地面攻擊。英軍統帥羅伯特‧羅斯和喬治‧科伯恩率領約四千人，在離巴爾的摩大約22公里的地方登陸，早上七點左右開始向巴爾的摩進發。一小時後，羅斯和科伯恩下令休息。他們率領部下騎馬到附近的一個農場上，要求農家為他們提供早餐。

飯後，這戶農民問羅斯將軍準備去哪裡。羅斯回答說，「巴爾的摩」。農民警告羅斯說，巴爾地摩防守嚴密，固若金湯。羅斯狂妄地說，「今天的晚飯不是在巴爾的摩吃，就是在地獄。」

羅斯和科伯恩快馬加鞭，大部隊遠遠落在了後面。誰知中途他們遭遇了一支幾百人的美軍部隊，羅斯被擊中，不久就命喪黃泉，一語成讖。

美軍有效延緩了英軍的進程。直到第二天晚上，英軍部隊才在巴爾的摩附近跟美軍交火。英軍的炮彈像雨點一樣飛來，但美國人卻沒有多少傷亡。因為英國的火炮不是在半空爆炸，就是錯過了目標，甚至還有不少沒有爆炸的啞彈。

巴爾的摩的麥克亨利堡中心有一個旗杆，上面飄揚著一面巨大的美國國旗。無論美軍還是英軍都能清楚地看到。關心這面旗幟命運的另外還有一個年輕人，他就是法蘭西斯‧史考特‧克伊。

克伊是律師、詩人和作家，他反對戰爭，但他熱愛自己的祖國，並參軍衛國。

英軍從華盛頓撤走時，帶走了美國醫生威廉・比恩斯。克伊是比恩斯的朋友，因此請麥迪遜總統出面，要求英軍統帥釋放比恩斯。

克伊同意帶著麥迪遜的親筆信去見科伯恩將軍。隨身還帶去的，還有英軍傷患的書信。其中一個傷患在信中說，他在美國醫院裡得到了很好的治療和照顧。

科伯恩瞭解情況後，同意釋放比恩斯，但是一定要等進攻結束之後。

克伊只好眼睜睜地看著炮彈夾雜著雨點飛向麥克亨利堡。後來他說，「我看到國旗在城市上空飄揚，象徵著祖國的力量和驕傲。我看到敵人準備進攻，聽到炮火聲，衝突的嘈雜充斥了我的雙耳，我知道，『自由的勇士』跟入侵者交火了。」

雨整整下了一天，英軍的進攻也沒有中斷。比恩斯醫生看不清城堡上空的旗幟，所以不斷問克伊，「星條旗」是否還在飄揚。天黑前，克伊能一直看到國旗，但夜幕降臨後，他們只能在黑暗中期盼了。從斷斷續續地美軍的炮火聲中，克伊知道，美國人並沒有投降。

最後，科伯恩下令，取消對巴爾的摩的地面進攻。

拂曉時分，英軍炮彈繼續在麥克亨利堡上空穿梭，但是彈痕累累的美國國旗，仍舊高高飄揚。

早上七點鐘，英軍終於停止了炮擊。克伊掏出口袋裡的一份舊信，即興寫出了下面這首詩。

啊！在晨曦初現時，你可看見

是什麼讓我們如此驕傲？

在黎明的最後一道曙光中歡呼，

是誰的旗幟在激戰中始終高揚！

烈火熊熊，炮聲隆隆，

我們看到要塞上那面英勇的旗幟，在黑暗過後依然聳立！

明朝

哥倫布發現新大陸
— 1500

— 1600
清朝　五月花公約

— 1700

美國獨立
— 1800

門羅主義

美墨戰爭
— 1850
日本黑船世界
中美天津條約

南北戰爭

購買阿拉斯加

美西戰爭
「門戶開放」政策
— 1900

中華民國

經濟大蕭條

日本偷襲珍珠港
— 1950　韓戰

甘迺迪遇刺

911事件

— 2000

啊！你說那星條旗是否會靜止，

在自由的土地上飄舞，在勇者的家園上飛揚？

100多年中，美國人每次唱起這首歌，都會想到這場戰爭的悲壯場面。1931年，美國國會宣佈，「星條旗」為美國國歌。

歐洲文藝復興運動

拜占廷帝國滅亡
1500—

1600—

1700—
工業革命
法蘭大革命
1800—

共產黨宣言
1850—

日本明治維新

普法戰爭

1900—

中華民國
第一次世界大戰

第二次世界大戰

1950—

越戰爆發

兩伊戰爭

東西德統一

2000—

| 第五章 | 站在巨人的肩上

　　一個正義而且被敬畏的國家制度設計，往往勝過無數善良的眼淚。只有真正的理性才會閃現出智慧的光芒。美國在探索的路上不斷前行，要知道，改變一種舊思維甚至比制定一項利國利民的政策還要困難。歐洲的文明帶來的改革，讓美國站在巨人的肩膀上，直接進入了大機器時代。

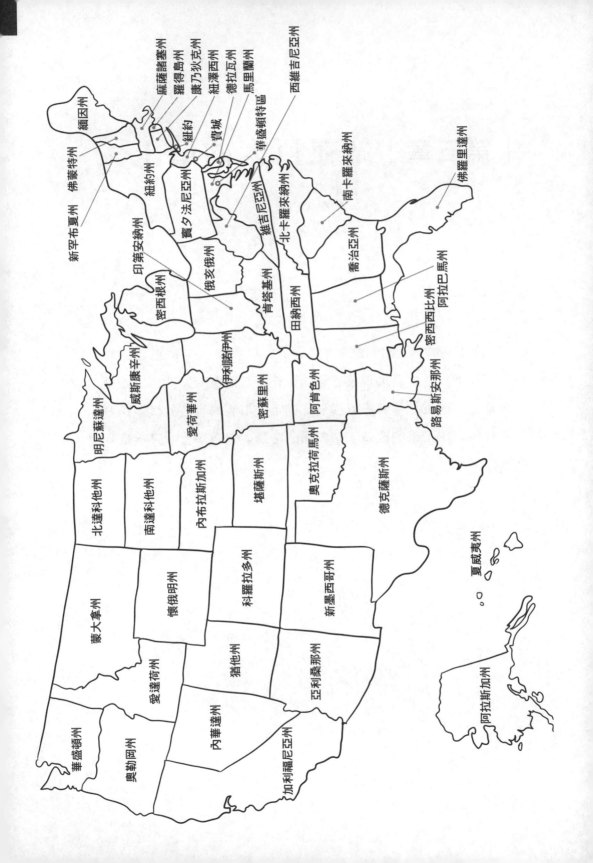

一個逃兵引起的封港令

1807年6月22日，美國驅逐艦「切薩匹克」號在前往地中海執行任務的途中遭遇到英國船艦「HMS美洲豹」號的襲擊。當時，美國驅逐艦上的船員有一位是英國的逃兵，另外還有三位是非法應徵後按照規定被釋放的船員。英國人要求歸還逃兵，卻被美國人拒絕了。遭到拒絕後的英國人對美國船艦開火，「切薩匹克」號船長投降。

這次事件是對美國國家尊嚴的踐踏，直接從本國的戰船上抓走船員為其他國家服海軍役的舉動也侵犯了國際條例。英國政府只是口頭承認其罪行，但並不予以任何實際賠償。

當時的美國有兩條路比較可行：一是加強海軍力量，在公共海域保留一支強大的艦隊，以便對前來侵犯的國家起到震懾作用；二是美國人忍氣吞聲，接受屈辱，為取得航海貿易的利潤而維持短暫的和平。

在國內輿論的壓力下，無法繼續忍氣吞聲的傑佛遜並沒有選擇兩者中的任意一條，而是選擇頒佈封港令。

傑佛遜的做法有其可行的原因。他試圖以美國市場威脅繼續拓展市場傾銷貨品的英國。以往的威脅屢試不爽，傑佛遜自認為縮小美國市場，甚至不允許英國船隻的進入，必然會對英國貿易產生壓力，到時候就可以跟英國人講條件。而美國不准許自己國家的商船出海的行為，不會產生任何國家榮譽受損的問題。

傑佛遜對航運問題的判斷構成了「封港令」的主要內容。「封港令」既是美國政府針對本國商船的禁止，也是對外國來美航船的禁止。這讓遠洋貿易佔據主要地位美國面臨巨大的經濟損失。封港令的推行也遭遇了依託航海致富的利益集團的激烈反抗。這些航海利益集團批評美

明朝

哥倫布發現新大陸
— 1500

— 1600
清朝　　五月花公約

— 1700

美國獨立
— 1800

門羅主義

美墨戰爭
— 1850
日本黑船世界

中美天津條約

南北戰爭

購買阿拉斯加

美西戰爭
「門戶開放」政策
— 1900

中華民國

經濟大蕭條

日本偷襲珍珠港

— 1950　　韓戰

甘迺迪遇刺

911事件
— 2000

歐洲文藝復興運動

拜占廷帝國滅亡
1500—

1600—

1700—
工業革命
法蘭大革命
1800—

共產黨宣言 1850—

日本明治維新

普法戰爭

1900—

中華民國
第一次世界大戰

第二次世界大戰

1950—

越戰爆發

兩伊戰爭

東西德統一

2000—

國政府的做法不僅不能解決問題，還會適得其反，殃及自身。

事實上也的確如此，自封港令的制定和實施後，美國的出口總值一年之內下降到原來的1/3，進口總值更是遠不及原先數額的一半。進出口貿易的不平衡導致美國大量貨物擠壓，原材料和一些工業製成品價格下降，直接影響到了農業和工業的發展；一時之間大量的航船閒置，造成大量船員失業。美國陷入了經濟危機。

在與政府行為提出抗議的同時，美國人尋找封港令的漏洞，繼續進行航海貿易。遠洋貿易領域中，美國船隻在執行機構插手之前就飛快地駛向公海，以種種藉口駛向貿易國家。待法令解禁時，以上的物品早已經變成了好東西。加拿大和美國東北各州之間的貿易往來，則是無視法令，進行著種種走私貨物的行為。對這一地區的人而言，政治國界沒有任何實質意義，國會的法律如同一紙空文。

面對經濟衰退、封港令無效的困境，傑佛遜不顧貿易上的巨大損失堅持封港令。他一方面加緊制定越來越嚴苛的條文，另一方面專門派人前往加拿大和美國東北部地帶進行嚴查。但搜查並沒有阻止人們穿過。封鎖令繼續進行貿易，如同陪審團的父輩拒絕裁定違法《唐森德條例》人有罪一樣，負責搜查的陪審團大多正義站閉一隻眼。

傑佛遜總統的任期快結束時，國會頒佈了「禁止貿易令」來代替原來的法案。新法令只是針對英法兩國的貿易，並沒有限制美國商人和世界其他國家進行貿易的權利。法令還規定，一旦英法兩國停止對美國人民的侵害行為，總統可以下令恢復美國與兩國之間的貿易行為。

任期結束後，傑佛遜回到蒙蒂塞洛。這時，他依然堅持自己的看法，不承認「封港令」是錯誤的。他給繼任總統麥迪遜寫信，勸誡他要用自己的判斷來管理國家。

誠然，傑佛遜頒佈的「封港令」對美國的經濟發展產生了不利的影響，但值得肯定的是，國防力量微弱的美國採取這樣的手段確實對維護

本國海上主權產生了積極的作用。

【延伸閱讀】溫和總統傑佛遜

1743年4月2日，傑佛遜出生於一富足興旺之家。九歲就開始學習拉丁文、古希臘文、以及法文。1801年當選傑佛遜美國第三任總統，是美國獨立宣言的主要起草人之一。1819年，他創辦了維吉尼亞大學。1826年7月4日，傑佛遜去世，當日為獨立宣言通過五十周年紀念日，與約翰・亞當斯同日去世。許多人都覺得他是歷任美國總統中，智慧最高的。

門羅拒絕坎寧的建議

古巴，美洲加勒比海北部的一個群島國家，墨西哥灣的「鑰匙」。這個名字為「肥沃之地」或「好地方」的國家，是美國從海上進入南美洲的跳板，戰略地位十分重要。古巴豐富的自然資源和廣大的商品市場，使其具有很高的經濟利用價值。不僅如此，美國對西屬殖民地的出口有2/3以上是流向古巴，這就更激發了美國對古巴的佔有慾。

19世紀美國和英國在拉美問題上的抗衡幾乎是歐洲地區和新興的美國在新勢力範圍內爭權的代表。隨著拉美地區局勢的變化，美英對古巴的爭奪也愈演愈烈。1822年，美國認為合併古巴的時機已經成熟，命令西印度艦隊開始進駐加勒比海和墨西哥灣，並成功控制了古巴的哈瓦那等出海港，還主動與古巴的「合併分子」進行了接觸。

但是，當一名自稱為「桑切斯」的古巴人來到美國華盛頓，聲稱要洽談古巴併入美國的事宜時，美國卻並沒有同意：因為美國當前的實力還不足以阻止英國侵佔古巴的步伐。為了不刺激英國，使其找到侵佔古

明朝

哥倫布發現新大陸
— 1500

— 1600
清朝 五月花公約
— 1700

美國獨立
— 1800
門羅主義

美墨戰爭
— 1850
日本黑船世界
中美天津條約
南北戰爭
購買阿拉斯加

美西戰爭
「門戶開放」政策
— 1900

中華民國

經濟大蕭條

日本偷襲珍珠港
— 1950 韓戰

甘迺迪遇刺

911事件
— 2000

歐洲文藝復興運動

拜占廷帝國滅亡
1500—

1600—

1700—
工業革命
法蘭大革命
1800—

共產黨宣言 1850—

日本明治維新
普法戰爭

1900—

中華民國
第一次世界大戰

第二次世界大戰

1950—

越戰爆發

兩伊戰爭

東西德統一

2000—

巴的藉口，古巴問題最好還是維持原狀，而美國方面能做的就是做好一切準備來等待時機的到來。

對「桑切斯」入美一事，時任英國外相的喬治‧坎寧十分不滿。他警告英國內閣：如果美國佔領了古巴，那麼英國將會失去拉美地區的全部經濟利益。同年，受坎寧指派的一支英國艦隊開向了西印度群島。在英國巨大的壓力面前，美國依舊不能捨棄古巴，反而更加堅定了其要吞併古巴的決心。

1823年8月16日，英國外相坎寧與美國公使理查‧拉什進行了會面。與會中，坎寧向拉什提出了兩國在拉美問題上相互合作的建議。四天後，坎寧又以書面形式向拉什提供了兩國合作的幾個要點。

坎寧稱西班牙已無力再對古巴進行殖民統治，時間和條件一旦成熟，這些殖民地的獨立地位早晚會被承認。至於殖民地與宗主國之間以和解為目的的談判，兩國均應不予反對，且兩國都不應佔有拉美的任何地區。與此同時，拉美的任何地區不能轉讓給其他國家。後來，坎寧又致信拉什，謊稱神聖同盟不日將出兵拉美，想迫使拉什儘快接受英美合作的建議。

坎寧急切地敦促美國儘早達成英美合作的建議使人們對他的動機產生了種種猜測。從本質上來看，坎寧不過是想藉合作之名約束美國在拉美地區的行動，同時提高自己在拉美獨立國家的形象，以此來增強英國在該地區的影響。

拉什也看出這是坎寧在拉美問題上所設的外交圈套，因此對他的建議十分謹慎。拉什對坎寧的催促儘量拖延，並同時將坎寧建議的有關情報逐一發回到國內。在致亞當斯的信中，拉什表示英國有侵奪墨西哥礦產的企圖，這將極大威脅到美國的利益。拉什的彙報使美國政府面臨一項重要的抉擇——是否要接受坎寧的合作建議。

在這個重大問題上，門羅總統認為應該接受坎寧建議，為此甚至可

以不惜背離傳統的孤立主義準則。但是，時任國務卿的約翰·昆西·亞當斯堅決反對。亞當斯是美國第二任總統約翰·亞當斯的兒子，年輕時就開始參加外交活動，具有極其敏銳的政治嗅覺。

亞當斯憑藉其豐富的外交經驗在內閣會議上提出了自己對坎寧建議的看法。他認為，神聖同盟是不會輕易對拉丁美洲的革命橫加干涉，因為這些國家的行動都是受利益驅使，不會為恢復毫無利益可圖的西班牙殖民體系而戰。不僅如此，神聖同盟自身在拉美地區的瓜分上本就存在分歧，其與英國在古巴的分配上也存在爭議，所以英國也不會同意神聖同盟向拉美出兵。

因此亞當斯指出，坎寧所說的神聖同盟將出兵拉美一事並不可信。亞當斯在內閣會議上據理力爭，最終使內閣採納了他的意見。在11月29日和30日兩天時間裡，亞當斯代表美國政府給拉什連續發送了兩封公函，命令他拒絕坎寧建議。

在錯綜關係的外交事務中，任何一個決定都可能改變歷史的方向。拒絕坎寧的建議，不但讓美國在古巴的問題上堅持己見，更是運用智力和機智處理了和英國的關係。不過，要是美國能預料到日後他在古巴的處境，他一定更願意接受坎寧的建議。

 【延伸閱讀】門羅主義

1823年，在第七次對國會演說的國情諮文中，詹姆斯·門羅總統第一次提出了門羅主義。這個學說最初是由約翰·昆西·亞當斯等諸人構思而成，以宣佈美利堅合眾國在道義上反對殖民主義。1836年，美國為了反對德克薩斯與英國結盟，第一次行使這個政策。因為符合美國與英國兩國的利益，英國以皇家海軍支撐這個政策長達五十年之久。

明朝

哥倫布發現新大陸
─ 1500

─ 1600
清朝　五月花公約
─ 1700

美國獨立
─ 1800

門羅主義

美墨戰爭
─ 1850
日本黑船世界
中美天津條約
南北戰爭
購買阿拉斯加

美西戰爭
「門戶開放」政策
─ 1900

中華民國

經濟大蕭條

日本偷襲珍珠港
─ 1950　韓戰

甘迺迪遇刺

911事件
─ 2000

傑克遜和卡宏的對決

歐洲文藝復興運動

拜占廷帝國滅亡
1500—

1600—

1700—
工業革命
法蘭大革命
1800—

共產黨宣言 1850—

日本明治維新

普法戰爭

1900—

中華民國
第一次世界大戰

第二次世界大戰

1950—

越戰爆發

兩伊戰爭

東西德統一

2000—

　　在美國歷史上，傑克遜和卡宏的「對決」可以說是政治交鋒的一個經典案例，至今仍被美國的一些政客津津樂道。

　　1782年3月18日，約翰·卡德威爾·卡宏出生於南卡羅來納州阿布維爾的一個農場主家庭，排行老五，是家中最小的孩子。卡宏從小就希望能繼承父業，做一個政治家，為國家的公共事務貢獻自己的一份力量。

　　二十六歲那年，卡宏入選州議會，開始了他長達四十餘年的政治生涯。門羅就任美國總統後，對卡宏在國家政務中表現出來的才幹和廣博的學識非常賞識，任命他為門羅政府的陸軍部長，並和國務卿約翰·昆西·亞當斯成為了至交好友。

　　他也曾參加過總統競選，但並未獲得成功，而是成為了亞當斯的副總統。在這期間卡宏謹小慎微，從不參與任何派系之爭。總統與副總統只有一步之遙，這也是卡宏大半生奮鬥的目標，但他卻最終未能邁出這一步。

　　在1828年的大選中，黨派鬥爭異常激烈。卡宏公開支持安德魯·傑克遜，並最終幫傑克遜登上了總統的寶座。卡宏之所以支持傑克遜，是希望能在傑克遜退位之後成為下一任總統，因為傑克遜身體狀況欠佳，這是眾所周知的事實。但傑克遜似乎並沒有卸職的意思，而卡宏的想法最終也沒有成為現實。正因如此，兩人合作後不久便在某些政見上出現分歧，並一度有劍拔弩張之勢。

　　其實傑克遜和卡宏的觀念分歧並不大。作為總統，傑克遜的態度一直非常強硬，但他不認為政府應該擁有更大的權利，也不認為有擴大國家職權範圍的必要。在其他方面，傑克遜和卡宏的觀點也都十分相似。

例如在節約政府開支、分配國家收入給各州以及狹義理解國會權利等方面，他們的意見和想法也是相當一致的。

卡宏的政治觀點隨著美國社會經濟的發展和南北矛盾的日益加劇發生了重大的變化，他從早期的國家主義者變為州權論者，保護地方主義的思想慢慢占了上風。而導致二人不和最重要的原因是由於傑克遜不像卡宏那樣主張保護南方種植園主的利益。

1830年4月，傑克遜做足了準備去參加為前總統傑佛遜舉辦的誕辰紀念宴會，而這一宴會的舉辦者正是那些州權利益的支持者。晚宴上的講話都是經過精心設計的。他們一上來，先是大力稱讚傑佛遜總統的民主理念，然後又毫無痕跡地過渡到維吉尼亞州反對聯邦政府的那段歷史。

接下來，主辦者又把話題引到了南卡羅來納州對進口關稅的反對。講話結束後，傑克遜總統率先祝酒。傑克遜站起身來，舉起酒杯，暗示歡呼聲平靜下來。他雙眼直視著副總統卡宏，一字一句地說，「我們的聯邦，永遠存在！」

卡宏隨著大家一起站起身來乾杯。他完全的想到，傑克遜會反對他的「否定原則」，他的手哆嗦了一下，酒不小心灑了出來。接著輪到卡宏祝酒了，他緩緩地站起身來說：「我們的聯邦，十分寶貴，僅次於我們的自由。」

幾分鐘後，傑克遜離席，大部分人緊隨其後。正是這次的正面衝突，拉開了兩人對壘的序幕。

傑佛遜誕辰紀念日沒過多久，傑克遜又發現了一件事。這件事要追溯到1818年，當時傑克遜深信卡宏是支持自己的。但就在他率軍進入佛羅里達期間，時任陸軍部長的卡宏竟指控他違反命令，並向門羅總統提出將其送上軍事法庭的建議。這個發現使得傑克遜對卡宏的印象大打折扣。

明朝

哥倫布發現新大陸
— 1500

— 1600
清朝
五月花公約
— 1700

美國獨立
— 1800

門羅主義

美墨戰爭
— 1850
日本黑船世界

中美天津條約

南北戰爭

購買阿拉斯加

美西戰爭
「門戶開放」政策
— 1900

中華民國

經濟大蕭條

日本偷襲珍珠港
— 1950
韓戰

甘迺迪遇刺

911事件
— 2000

歐洲文藝復興運動

拜占庭帝國滅亡
1500—

1600—

工業革命
1700—

法蘭大革命
1800—

共產黨宣言
1850—

日本明治維新
普法戰爭

1900—

中華民國
第一次世界大戰

第二次世界大戰

1950—

越戰爆發

兩伊戰爭

東西德統一

2000—

1831年，傑克遜開始推行官位輪換制，這使得卡宏手下的人從內閣中被剔除。但傑克遜和卡宏的關係徹底疏遠，卻是因為一次可笑的對立。有傳言說陸軍部長伊頓的妻子佩吉還是他人之婦時就和伊頓有曖昧關係，卡宏的妻子便藉此故意詆毀佩吉，而傑克遜十分同情佩吉，為此他極力地維護佩吉的名聲。

由於兩人關日趨惡化，1832年末，卡宏向傑克遜總統遞交了辭呈。他也成為了美國歷史上第一位主動請辭的副總統。

州對聯邦之間的衝突推遲了一代人，一直到1860年亞伯拉罕‧林肯當選總統，南方宣佈它可以宣佈任何北方施加的禁止奴隸制的法律無效，這場衝突才以南北戰爭的形式正式爆發。那時卡宏已經死了十年了。

 【延伸閱讀】《論美國的民主》

1831年，法國政府派亞歷西斯‧托克維爾和古斯塔夫‧德‧博蒙到美國研究監獄系統。他們於4月2日乘船離開法國，一個月後到達美國，在美國考察9個月零幾天。1833年，他們寫的《關於美國的監獄制度及其在法國的運用》發表，這個報告後來被譯成英、德等幾國文字。1835年，托克維爾成名作《論美國的民主》上卷問世。五年後，《論美國的民主》下卷出版。

工業航母的起航時刻

人類的發展好像一幕幕舞台劇，從最初的茹毛飲血到後來農耕文明的興起，直到此時工廠手工業向大機器時代的轉變，似乎這是安排好的劇情，等待人類來上演。在這個奔騰的年代裡，交通技術的的革新和交

通工具的變革加速了人口之間的往來。人才交流、資源分享變成了一件相對簡單的事情。

在提到美國工業革命的開端之時，有一個先決條件是繞不開的，那就是國家的獨立。可以說，美國的工業革命如果缺少了政治獨立這個大環境，是不可能成功的。在獨立戰爭之前，英國在經濟和政治上控制了北美的十三個州，且推行了種種措施試圖將這些地區變為其長期的殖民地。

在英國政府看來，這些殖民地就的一切行動都要以宗主國的利益為出發點，宗主國需要什麼原材料，他們就要提供什麼原材料；宗主國生產什麼商品，就要形成以該商品為主要需求內容的市場。在這種完全處於英國經濟附庸地位的情況下，美國的工業革命可謂是寸步難行。

直到獨立戰爭取得勝利之後，美國才卸下了英國殖民統治時期所帶的種種枷鎖，工業發展的障礙也被掃除。就是在這種情況下，美國工業革命的條件才日益成熟。

在美國工業革命史上，有一個人做出了巨大的貢獻，他就是後來被稱為「美國製造業之父」的英國移民塞繆爾·史萊特。史萊特來自英國德比郡，他幼年時期就在斯特拉特的紡織廠當學徒，後來又在這個廠參加過一段時期的管理工作，所以他不僅對紡紗機的每一個部件都瞭若指掌，而且還具有豐富的管理經驗。

當他得知美國各地都在獎勵和資助研發新式紡紗機的消息時，便決定去美國發展。1789年9月13日，他化裝成農民在倫敦登上了開往美國的船隻，並於年底抵達紐約。隨後讓與普羅威登斯的阿爾梅布朗公司簽訂了合同，開始嘗試研製新型紡紗機。

在羅德島派特基特新建的工廠裡，史萊特憑藉自己的記憶和經驗研製出了3部新型紡紗機，一共可以帶動72枚紗錠。這一天是1790年12月20日，自此，美國的紡織業開始進入了機器生產的時代。但要強調的一點

明朝

哥倫布發現新大陸
— 1500

— 1600
清朝　　五月花公約
— 1700

美國獨立
— 1800

門羅主義

美墨戰爭
— 1850
日本黑船世界

中美天津條約

南北戰爭

購買阿拉斯加

美西戰爭
「門戶開放」政策
— 1900

中華民國

經濟大蕭條

日本偷襲珍珠港
— 1950　　韓戰

甘迺迪遇刺

911事件
— 2000

歐洲文藝復興運動

拜占庭帝國滅亡
1500—

1600—

1700—
工業革命
法蘭大革命
1800—

共產黨宣言
1850—

日本明治維新

普法戰爭

1900—

中華民國
第一次世界大戰

第二次世界大戰

1950—

越戰爆發

兩伊戰爭

東西德統一

2000—

是，史萊特的工廠只是在設備上實現了機械化，但在管理制度上並不完善，還沒有形成完全意義上的現代工廠制度。就算如此，史萊特和派特基特工廠也吸引了大批的英國紡織工人向新英格蘭移民，而新英格蘭成了美國第一個紡織工業基地。

雖然海外移民為美國工業發展做出的貢獻是有目共睹的，但美國工業革命的發展不只是來自於外力的支持和推動，本土的公民也為工業革命做出了很多努力。伊萊・惠特尼發明了軋棉機，使脫棉的工作效率提高了數十倍。在此基礎上，惠特尼又設計製造了水力軋棉機，其效率是以前的100倍以上。惠特尼的這項發明，對於美國以至於全世界的紡棉工業都是一個巨大的貢獻。

波士頓商人法蘭西斯・C・洛厄爾在赴英考察兩年之後回國，成功地仿製出了卡特萊特織布機，並開辦了一家大型綜合工廠。這家工廠包辦了從梳棉紡紗到到生產布匹在內的所有工作，在美國的工業革命史有著極其重要的地位。

從某種意義上說，美國在這一時期已經超越了英國。因此也出現了這樣一種說法，即「英國奠定了工業革命的基礎，即所謂的生產工廠制，而美國則砌完了形成圓拱門的最後一塊石頭」。

 【延伸閱讀】電報的發明

1843年，塞繆爾・摩斯用國會贊助的3萬美元建起了從華盛頓到巴爾的摩之間長達64公里的電報線路。第二年5月，在華盛頓國會大廈最高法院會議廳裡，摩斯用他在1837年就發明出來的電報機，向巴爾的摩發送了世界上的第一封電報，電文內容是《聖經》中的一句話：上帝啊，你創造了何等的奇蹟！

【專題】向酒神宣戰

在美國，如果你要買酒，不管是烈性酒還是啤酒，交錢的時候店員都會要求你出示駕照或身份證。這是因為在美國買任何酒精飲料，都是要檢查顧客年齡的。美國的法律規定，不滿21歲購買和飲用酒精飲料是非法的。如果商家賣給21歲以下的顧客酒精飲料，一旦被查出，很可能會被吊銷營業執照，店主還可能會吃官司。

1826年，美國戒酒聯合會宣告成立，這意味著一場聲勢浩大的戒酒運動拉開了帷幕。聯合會通過各種途徑告誡大家要戒酒，這其中包括：派發傳單、召開群眾大會、徵文比賽、演講、發起簽名戒酒的活動等。聯合會曾對戒酒運動展開過初期的調查，這有效提高了戒酒運動本身的影響力。

酒精問題在當時的美國社會已經成為十分嚴重的問題。在19世紀20年代，含有酒精的飲料數不勝數，只要進入商店，就能夠看到一個特定的地方整齊地擺放著不同種類的酒精飲品。當時最受歡迎的酒類是蘭姆酒和烈性蘋果酒，這些酒的價格十分便宜，只要有一些閒錢就可以在商店、酒館買到。

當時聯邦政府的高層和宗教界有影響力的人物都不認為飲酒有什麼不好，就連醫生也認為適當飲酒對身體大有好處。美國總統約翰·昆西·亞當斯認為，酒是宴會上不可缺少的物品，如果缺少了酒，就像一整套的禮節缺少了至關重要的一環。所以他在每天早上都會飲一大杯烈性蘋果酒，然後再去工作。

不過，當時已經有人對過度飲酒提出了質疑，比如班傑明·拉什博士在《烈性酒的影響之研究》中，就對醫生所說的飲酒可以有助於身體

明朝

哥倫布發現新大陸
— 1500

— 1600
清朝　五月花公約

— 1700

美國獨立
— 1800

門羅主義

美墨戰爭
— 1850
日本黑船世界

中美天津條約

南北戰爭

購買阿拉斯加

美西戰爭
「門戶開放」政策
— 1900

中華民國

經濟大蕭條

日本偷襲珍珠港
— 1950　韓戰

甘迺迪遇刺

911事件
— 2000

歐洲文藝復興運動

拜占廷帝國滅亡
1500—

1600—

1700—
工業革命

法蘭大革命
1800—

共產黨宣言
1850—

日本明治維新

普法戰爭

1900—

中華民國
第一次世界大戰

第二次世界大戰

1950—

越戰爆發

兩伊戰爭

東西德統一

2000—

健康的論斷表示過懷疑，但是他的論斷對當時「嗜酒如命」的美國人來說顯然不能決定什麼。

造成美國酒類價格便宜的原因是當時的穀類供給充足，這些穀物主要是來自田納西州和肯塔基州的廉價穀物。19世紀20年代，美國的烈酒人均消費量達到每人5加侖，現如今美國的人均酒類消費量是人均2.5加侖，可見當時美國人的飲酒量之大。

很多政治人物也對飲酒有濃厚的興趣，像剛才所說的亞當斯，還有包括克雷和韋伯斯特等政府要員都大量地飲酒。相傳韋伯斯特家中的地窖收藏了幾千瓶品種不同的酒，包括葡萄酒、威士忌等。

1829年，陸軍部長約翰·伊頓對美國人的飲酒量作出粗略估算，他得出的結論是美國有3/4的工人每天會喝掉最少4盎司的蒸餾烈酒。到了1840年，由一些被改造過來的酒鬼組成了「華盛頓市人戒酒會社」，通過他們戒酒的經歷來感化其他仍然酗酒的人。

第二次大覺醒運動時期的查理斯·格蘭迪森·芬尼認為，酒精是影響人們加入宗教的阻礙之一。以覺醒運動最為活躍的尤蒂卡地區為例，它在一年之中就成立了4個解救社團。這時，許多企業的老闆也加入了戒酒的行列，戒酒運動的支持者很快就達到了將近100萬人，這其中包括曾經也經常飲酒的家庭婦女們。

到了19世紀40年代，許多改革者成功地促成了許多立法，以法律的形式規定了賣酒的許可證制度，並對酒類產品收取高額的稅費，有些城鎮和鄉村甚至完全禁止銷售酒類產品。

1851年，緬因州便通過了一項禁止酒類飲料生產和銷售的法律，宣導實施這項法律的是波特蘭市的市長尼爾·道。他原先是一名商人，有一次在看到工廠的工人因為飲酒造成傷害事件之後，他就極力宣導戒酒。到1855年，其他十幾個州也紛紛效仿緬因州的做法頒佈禁酒法令，這些法令讓當時的美國人均飲酒量下降到了2加侖。

| 第六章 | 青年人，到西部去

　　歷史沒有如果，但有公正的評價。如果不是路易斯安那購地和西部擴張，美國能變成現在這樣嗎？有時候領導人的眼光和膽識，真的能決定一個國家的前途。德克薩斯、奧勒岡、加利福尼亞以及後來和「鄰居」墨西哥之間爆發的戰爭，這些都是美國領土擴張欲望的集中體現。隨著國家版圖的重新劃分，新的領域似乎刺激了人們開發的熱情，大批的人開始去西部拓荒，「淘金熱」也在這時候興起。

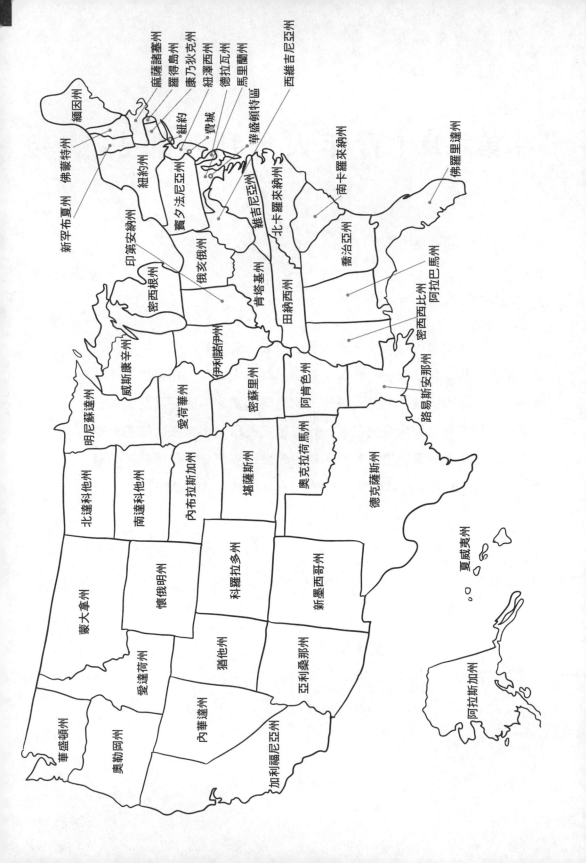

德克薩斯的麻煩

1776年7月4日，美國剛脫離英國時，它的領土只限於十三個州，面積只有94萬平方公里。獨立戰爭結束後，英國宣佈放棄密西西比河以東的其他領土，美國領土達到230萬平方公里，約占現在美國本土面積的30%。

聯邦政府成立後，美國很快就走上了領土擴張的道路。在不到一個世紀的時間裡，美國的領土擴大了10倍，面積已達936.3萬多平方公里，成為美洲大陸的第二大國，僅次於加拿大，在世界上占第四位。

十九世紀初期，美國最大的兩次領土擴張便是從法國人手中購買路易斯安那，以及從西班牙手中奪來佛羅里達。美國將這些舉動美其名曰「天定命運」，認為領土的擴大有助於將民主傳播到更遠的地方，使更多的人受益。

路易斯安那和佛羅里達的擴張使美國嘗到了甜頭，接著，美國把目光瞄準了德克薩斯。

1821年，墨西哥獨立後，原為西班牙殖民地的德克薩斯成為了墨西哥的一個省。早在1800年前，德克薩斯優厚的資源便吸引了大批的美國人前往，但卻遭到西班牙殖民統治者的強烈反對。西班牙殖民政權或以武力驅逐，或以利益相逼，使進入德克薩斯的美國人苦不堪言。無奈之餘美國人只好暫時離開這片土地。

然而美國人並沒有放棄征服這片土地的夢想，他們先後兩次趁機踏入德克薩斯，企圖霸佔這片領土。以美國軍醫詹姆斯・朗為首的團隊妄想策劃德克薩斯獨立，但卻遭到西班牙人民的對抗。行動最後以失敗而告終，詹姆斯・朗也在這過程中犧牲了。

明朝

哥倫布發現新大陸
— 1500

— 1600
清朝　　五月花公約

— 1700

美國獨立
— 1800

門羅主義

美墨戰爭
— 1850
日本黑船世界

中美天津條約

南北戰爭

購買阿拉斯加

美西戰爭
「門戶開放」政策
— 1900

中華民國

經濟大蕭條

日本偷襲珍珠港

— 1950　韓戰

甘迺迪遇刺

911事件

— 2000

同年，摩西・奧斯丁家族率領300戶美國人遷到德克薩斯。後來，黑登・愛德華與當地墨西哥人發生衝突，導致其土地被沒收，心懷怒氣的愛德華為了報復墨西哥政府，號召同黨新設了一個政府，準備起義。

儘管起義很快被鎮壓，但卻造成十分惡劣的影響。為了限制美國人的進入，墨西哥政府下令拒絕美國人以任何理由踏上德克薩斯，同時在邊界地區加強軍事部署，以防不備。

1832年，在尖銳矛盾的刺激下，德克薩斯當地人與墨西哥駐軍發生了衝突，美國趁機派出使者提議以500萬美元的價錢購買這片土地，但是由於美國政府談判代表的行事不當，導致談判失敗。

但是德克薩斯與墨西哥駐軍間的矛盾並沒有隨著談判的結束而告終，問題的起因往往是由於利益的衝突所導致，這次也不例外。墨西哥制定的關稅政策，已經超過德克薩斯的承受能力，壓迫之下必有反抗，當鬧事的消息傳到墨西哥政府時，政權統治者在極為憤怒之下急忙調集大量墨西哥軍隊前往鎮壓。

這一事件使雙方的矛盾進一步加深。為了擺脫墨西哥的統治，德克薩斯宣佈獨立，並與墨西哥正式開戰。但此時的德克薩斯力量薄弱，根本不是墨西哥的對手，獨立運動進展得相當不順。

德克薩斯起義的消息傳到美國，引起了美國統治者的高度重視，不少議員紛紛建議美國應當抓住機會助德克薩斯一臂之力，再趁機將德克薩斯納為己有。為了出師有名，美國政府大肆宣揚墨西哥的殘暴統治，並開始聯合德克薩斯，以正義之名打擊墨西哥。

在美國的援助下，德克薩斯極力反撲，很快便取得了戰爭的勝利。在山姆・休斯頓的提議下，將德克薩斯合併在美國本土，但當時的美國由於南北雙方的矛盾一直未能妥善處理此事。

是否合併德克薩斯在美國政黨中一直存在著不少意見，在後來「天定命運說」的影響下，擴張派明顯佔據有力地位。那些極力擴張分子以

「天定命運說」為指導理論，宣稱墨西哥也是上天賜予美利堅的家園，如果拒絕接納，將辜負了上帝的美意，而且還會導致美國失去許多同盟國，不利於美國的本土安全。擴張分子的這一說法得到美國政府廣泛的支持，政府隨即派出使者到歐洲各國瞭解他們對美國合併德克薩斯的態度，並極力促進合併事項的完成。

與此同時，美國本土也在此事上儘量協調各方意見，確定最終的方案。1844年，美國總統大選，詹姆斯·K·波爾克以合併德克薩斯為競選提綱，深得人心，成功出任美國第十五任總統。第二年年底，美國最終通過兩會決議，將德克薩斯納入自己的版圖。

隨著國家版圖的重新劃分，新的領域似乎刺激了人們開發的熱情，大批的人開始去西部拓荒，「淘金熱」也在這時候興起。

 【延伸閱讀】詹姆斯·K·波爾克

波爾克出生於北卡羅來納州梅克倫堡縣的派恩維爾，他是安德魯·傑克遜的忠實門徒，有小山核桃之稱，今天美國領土的四分之一是他取得的。1824年，波爾克擊敗傑克遜成為美國第十一任總統，任期自1845年日至1849年。他是美國第一位沒有追求連任而直接退休的總統，在任期結束三個月後，他因染霍亂去世。

奧勒岡邊界之爭

位於太平洋沿岸的奧勒岡，不僅地大物博，物產豐富，而且素有皮毛之鄉的美稱，是一塊難得的寶地。優厚的資源勾起了眾多國家霸佔它的野心，包括英美俄在內的諸多國家都曾想盡方法將其納為已有。

關於奧勒岡的歸屬權紛爭，一直存在於英美等國家中。1818年，英

明朝

哥倫布發現新大陸
— 1500

— 1600
清朝　五月花公約
— 1700

美國獨立
— 1800
門羅主義

美墨戰爭
— 1850
日本黑船世界
中美天津條約
南北戰爭
購買阿拉斯加

美西戰爭
「門戶開放」政策
— 1900

中華民國

經濟大蕭條

日本偷襲珍珠港
— 1950　韓戰

甘迺迪遇刺

911事件
— 2000

美經過協商，通過《英美條約》，最終確定以北緯49度來劃分伍茲湖至洛磯山的美加邊界，但奧勒岡應由兩國共同管理。儘管有了這個條約，但奧勒岡的最終歸屬權仍沒有得到解決，爭論依然四面湧起。

自從奧勒岡這片土地被探險家發掘以後，吸引了不少美國的皮毛商人，風雲一時的「太平洋皮毛公司」也在這時成立，並一度控制這個地區的皮毛貿易，繁盛一時。眼紅的英國自然不肯放棄這次發財的機會，它在奧勒岡強行施政，發展貿易。美國商人的利益因此嚴重受損，連太平洋皮毛公司也不得不出售給英國。

利益受到損害的美國自然不肯善罷甘休，況且奧勒岡的貿易往來還是美國經濟發展的重要動力。在人民的支持下，美國政府開始制定策略，使美國在奧勒岡的貿易不僅要有一片立足之地，還要成為奧勒岡經濟的重要樞紐。

1820年12月9日，在約翰・佛洛德的建議下，美國國會正式成立專門的委員會，負責調查近些年來太平洋沿岸的活動情況，並藉機佔領哥倫比亞。這一動議得到回應，佛洛德被任命為該委員會的主席。然而雖然他做足了準備工作，但他提出的合併問題最後卻沒有得到眾議院的同意。

十一年後，美國人再一次踏上奧勒岡。在霍爾・凱利的帶領下，美國人在該地成立了美國促進殖民奧勒岡領地協會，但由於沒有得到美國政府的大力支持，這個協會很快便夭折了。不肯善罷甘休的商人納旦尼爾・韋思先後在奧勒岡成立了貿易公司，但他並沒有認清奧勒岡的現狀，也沒有獲得強力的後援，孤軍奮戰的他很快宣佈破產。

雖然美國人遭到接二連三的失利，但卻絲毫沒有減少他們對奧勒岡的嚮往。相反的，奧勒岡豐富的資源，怡人的環境，激起了更多美國人對奧勒岡的喜愛，而美國政府也越來越意識到是時候採取行動了，否則這塊寶地遲早會落入英國之手。

在政府的號召下，美國商人大力對奧勒岡開展貿易往來。不僅如此，很多移民在政府的美好描述下，大舉遷移奧勒岡，不少傳教士也欣然嚮往，開展宗教學說。一時間，入駐奧勒岡運動在美國變得沸騰起來。

1834年7月5日，美國成立奧勒岡臨時政府，進一步宣佈對其的所有權。此舉引來了無數美國人，據統計，居住在奧勒岡的美國人已達6000名，相比之下，英國則寥寥無幾。

美國在奧勒岡的繁榮發展，引起英國的猜忌，兩國的矛盾再次顯現出來。1842年，雙方再次簽訂協議《韋伯斯特——艾士伯頓條約》，規定雙方在奧勒岡享有的權利，希望能暫時緩解雙方的矛盾，並為奧勒岡的歸屬問題爭取一定的處理時間。

卡宏奉命與英國公使亞伯丁談判，美國仍希望以北緯49度來劃分奧勒岡。這一提議遭到英國的拒絕，奧勒岡的問題再次被擱置。

一直奉行擴張主義的波爾克在就職後立刻致信國會，要求國會在奧勒岡建立政府，宣佈對奧勒岡的所有權，同時廢除英美兩國共同治理奧勒岡的相關條約。波爾克的強硬態度已經表明美國對奧勒岡勢在必得，同時也意味著英美關係將因奧勒岡問題而破裂。

就在波爾克傷神費腦時，局勢發生了變化。曾經繁盛一時的皮毛貿易漸漸走向衰落，英國在奧勒岡的貿易對本國並沒有起到關鍵性的作用，英國國會經過再三思慮，認為實在沒有大動干戈。在權衡利弊後，波爾克接受了英國的談判，就奧勒岡的歸屬問題做最後的裁決。英國接受了以北緯49度為分界線的建議，並簽訂了《奧勒岡條約》。幾經波折，這塊神聖的領土最終落入美國之手。

 【延伸閱讀】奧勒岡州立大學

1858年，在奧勒岡州的科瓦利斯市，當時的美國總統亞伯拉罕‧林

明朝

哥倫布發現新大陸
— 1500

— 1600
清朝　五月花公約
— 1700

美國獨立
— 1800
門羅主義

美墨戰爭
— 1850
日本黑船世界
中美天津條約
南北戰爭
購買阿拉斯加

美西戰爭
「門戶開放」政策
— 1900

中華民國

經濟大蕭條

日本偷襲珍珠港
— 1950　韓戰

甘迺迪遇刺

911事件
— 2000

肯親自主持建立奧勒岡州立大學，是美國歷史最悠久的高等學府之一。作為美國歷史最悠久的大學之一，奧勒岡州立大學為美國和全世界培養了大批領袖和精英人才，參與並見證了世界以及美國歷史上的許多重大事件。

垂涎加利福尼亞

加利福尼亞原屬西班牙，墨西哥獨立後，它便成為了墨西哥的重要組成部分。加利福尼亞常年陽光普照，土壤肥沃，風調雨順，是農作物生長的極佳環境，而且它地域遼闊，無論是對內發展經濟，還是對外發展貿易都有著十分重要的戰略意義。因而自從加利福尼亞被探險家發現之後，便引來歐美各國的垂涎。

早在18世紀末，美國人就對加利福尼亞產生了濃厚的興趣。1821年，美國與墨西哥的貿易往來隨著加利福尼亞港口的開放而逐漸興盛，很多商販組織起了販賣獸皮獸脂等貿易活動。不少美國人為了能更好地同墨西哥進行貿易往來，學會了使用西班牙語；有的人甚至加入墨西哥籍，並在加利福尼亞落地生根，成為名副其實的墨西哥公民。

加利福尼亞的繁盛吸引了很多美國移民，但他們並沒有得到加利福尼亞人民的真心歡迎。隨著大量美國移民的到來，加利福尼亞的經濟的確得到前所未有的快速發展，但移民們同時也給當地人帶來了巨大的壓力。

儘管美國移民的行為已經引起墨西哥人的不滿，但這仍然阻止不了移民的增加。隨著美墨之間貿易的頻繁，美國對加利福尼亞的關注度也越來越高。1836年，美國趁調停墨西哥與德克薩斯的機會向墨西哥政府提出，願以350萬美元的高價購買加利福尼亞38度線以北的地區。美國這

歐洲文藝復興運動

拜占廷帝國滅亡
1500—

1600—

1700—
工業革命
法蘭大革命
1800—

共產黨宣言
1850—

日本明治維新
普法戰爭

1900—

中華民國
第一次世界大戰

第二次世界大戰

1950—

越戰爆發

兩伊戰爭

東西德統一

2000—

麼做是想伺機奪取整個加利福尼亞，只可惜功敗垂成，美國的計畫很快便被墨西哥看破。

加利福尼亞不僅僅只對美國有著巨大的誘惑力，對英國也具有極大的吸引力。1839年，英國亞歷山大・福布發表了《加利福尼亞》一書。此書發表之後，引起了無數英國人對加利福尼亞的嚮往，英國政府此時也趁機要求墨西哥將加利福尼亞割讓給英國，以此來抵消墨西哥欠下的鉅款。

英國的做法讓美國大為驚恐，在美國眼中，這是英國在與它搶奪加利福尼亞。眼見英國的目的即將達到，美國並不肯坐以待斃。它大力對外宣揚英國的暴行，希望藉助各種力量來阻止英國。

1845年，英國和墨西哥的關係開始變得密切。英國向墨西哥提供大量的財政援助，要求墨西哥利用部分資金來好好安頓遷往加利福尼亞的英國移民，另外的部分則作為支援墨西哥的戰爭費用。英國的行動傳到美國，在美國輿論界引起軒然大波，有些擴張分子便趁機加以炒作，宣稱英國已經和墨西哥聯合，秘密策劃反美運動，一時間民怨沸騰。

美國總統波爾克知道這些流言多半並不可信，但同樣主張擴張領土的他，並沒有站出來澄清事實，反而協助擴張分子繼續宣揚這種反美輿論，以期能激起人們的戰爭之心，為順利征服加利福尼亞聚集人心。

墨西哥目睹德克薩斯的下場後，一直都對美國心存戒心，擔心有一天也會被美國弄得支離破碎，最後成為美國的領土。為了安全著想，墨西哥政府決定捨棄與美國的貿易往來，不讓美國有機可乘。

墨西哥的這一做法雖然是基於對自身安全的考慮，卻為美國發動實戰提供了藉口。1842年，美國海軍在湯瑪斯・A・C・瓊斯的指揮下，佔領了加利福尼亞的蒙特雷，宣佈加利福尼亞為美國所有。

1845年11月，約翰・斯萊德爾應邀前往墨西哥。在他動身之前，波爾克擬定了幾個方案，讓斯萊德爾想盡辦法，無論如何也要墨西哥讓出

明朝

哥倫布發現新大陸
— 1500

— 1600
清朝　五月花公約
— 1700

美國獨立
— 1800

門羅主義

美墨戰爭
— 1850
日本黑船世界

中美天津條約

南北戰爭

購買阿拉斯加

美西戰爭
「門戶開放」政策
— 1900

中華民國

經濟大蕭條

日本偷襲珍珠港

— 1950　韓戰

甘迺迪遇刺

911事件
— 2000

歐洲文藝復興運動

拜占廷帝國滅亡
1500—

1600—

1700—
工業革命

法蘭大革命
1800—

共產黨宣言
1850—

日本明治維新

普法戰爭

1900—

中華民國
第一次世界大戰

第二次世界大戰

1950—

越戰爆發

兩伊戰爭

東西德統一

2000—

加利福尼亞。誰知消息不脛而走，很快便傳到墨西哥政府的耳中，這樣一來更加引起了墨西哥的猜忌和抵觸，雙方的談判因此取消。

波爾克非常惱火，他讓泰勒召集軍隊，準備以武力相逼。美國的挑釁讓墨西哥再也無法保持沉默，終於下定決心與美國進行武力對抗。

這次戰爭，讓墨西哥喪失了一半國土，美國則獲取了加利福尼亞、內華達、猶他的全部地區，科羅拉多、亞利桑那、新墨西哥和懷俄明部分地區。而美國今天對這些土地主權的合法性，就來源於它這段並不光彩的歷史。

墨西哥在與美國開戰之前，擁有的領土超過了美國，當時美國才二十多個州，而占美國領土很大面積的加州、德州等都還在墨西哥的範圍之內，特別是黃金海岸的加州的丟失，使得墨西哥失去了世界大國的資格。

 【延伸閱讀】阿拉斯加——世界上最賺錢的土地交易

1867年3月，美國以絕對低廉的價格從俄國手裡買到了面積達150多萬平方公里的巨大半島及其周邊的阿留申群島——平均1英畝僅2美分，創造了歷史上空前絕後的土地賺錢交易。購買阿拉斯加協議後，立即在國內引起一陣反對聲，說阿拉斯加是「西沃德的冰箱」，批評這是「一筆糟糕的交易」，「一個異乎尋常的錯誤。」現在看來，美國人的確應該感謝這次交易。據估計，阿拉斯加地下埋藏著5.7萬億立方米的天然氣和300億桶原油，價值超過2兆美元！

充滿血淚的西進之路

美國歷史上的西進運動，是指其東部移民向西部國土遷移的運動，

是一個長期和持續發展的過程。早在美國獨立之前，美利堅民族就開始向北美大陸西部擴張，但直到美國獨立之後，美國的西進運動才變得更加積極和有計劃，而且一直持續到現在。

這裡重點介紹的是19世紀中後期的西進運動。這個時期，西部地區發現了儲量豐富的黃金礦，人們向西遷移主要是為了淘金。其中，跟著詹姆斯・W・馬歇爾1848年在新黑爾維舍附近發現的金礦去的人，被稱為「四九年人」；1859年越過內布拉斯加來到科羅拉多的10萬人被稱為「五九年人」。

在這一場大規模的西部遷徙運動中，拓荒者們只能攜帶種子、農具、槍支、口糧、牲口等基本必需品，他們歷盡艱苦，流血流汗，在中意的或走累了時停留的地方建立起自己的家園。男人固然擔負了最多的勞動，但女人們也不輕鬆，她們同樣要下地幹活、餵養牲口，這絕不輕鬆。很多婦女在書信和日記中抱怨她們「極端的疲倦」。她們背井離鄉，來到這塊完全陌生的土地，很多人都開始懷念早已失去的朋友圈子。不過也有人認為，只要能夠忍受孤獨，就能看到日落的美景和生機勃發的萬物，更能為自己擁有宅地而自豪高興。

過度勞累、蚊蟲叮咬、營養不良、飲水不潔，還有印第安人虎視眈眈在旁窺伺，都是西進人群要面對的問題。然而，他們唯一能做的就是勇敢面對。剛開始在陌生的土地上紮根的人們需要面對的最大問題便是饑餓。雖然莊稼種下了，但距離收穫還有一段時間，而他們帶的口糧通常在收穫糧食之前都已吃盡。

進入俄亥俄州的遷徙者是比較幸運的，因為那裡森林密佈，雖然砍樹開荒十分費力，但那裡提供的大量木材可用來建造房子和傢俱，燒火取暖也不成問題，森林裡面的食物相對來說也較為豐富。

西進運動使美國的耕地面積大大增加，從1790年的3000萬畝增加到1860年的4億畝，從此美國的農業中心西移，到現在中西部大農場的滾滾

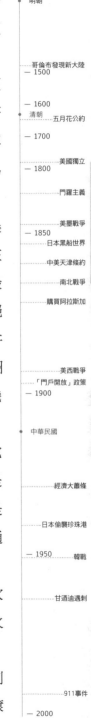

明朝

哥倫布發現新大陸
— 1500

— 1600
清朝　　五月花公約

— 1700

美國獨立
— 1800

門羅主義

美墨戰爭
— 1850
日本黑船世界

中美天津條約

南北戰爭

購買阿拉斯加

美西戰爭
「門戶開放」政策
— 1900

中華民國

經濟大蕭條

日本偷襲珍珠港

— 1950　韓戰

甘迺迪遇刺

911事件

— 2000

歐洲文藝復興運動

拜占廷帝國滅亡
1500—

1600—

1700—
工業革命
法蘭大革命
1800—

共產黨宣言 1850—

日本明治維新

普法戰爭

1900—

中華民國
第一次世界大戰

第二次世界大戰

1950—

越戰爆發

兩伊戰爭

東西德統一

2000—

麥浪仍是一道獨特的亮麗風景。當時的移民主要通過購買來獲得土地，這些土地的來源有州政府的土地、土地投機商購買的土地、鐵路公司的土地和軍人贈地。其中，州政府的土地、鐵路公司的土地、軍人贈地都來自聯邦政府的無償贈送。

土地的開發為將來的繁榮打下了堅實的基礎。農業、林業開始興盛起來，隨之而來的是交通運輸業的發展，緊接著的就是城市的出現和大規模城市化的開始。現在一般發展中國家的城市化一般是由工業化所導致，但當時的美國中西部的城市化卻是商業和交通業發展的結果：1860年美國工業革命尚未普遍開始，一般居民中工人比例不到1％。

如匹茲堡，1800年仍是一個只有1500人的小鎮，但幾年後人口大大增加，匹茲堡也成為那一帶的商業中心，它的麵粉加工業和造船業非常有名，後來採煤業和冶鐵業也隨之興起，匹茲堡因而被稱為是「美國的伯明罕」。

這一時期美國的城市化速度非常之快，城市人口占全國人口的比例從1810年的7％上升到1860年的20％。城市的數量大大增加，規模也越發龐大。芝加哥、聖路易斯是其中的佼佼者。19世紀初，他們不過是兩個不起眼的小鎮，但19世紀中期，已經成為面積為10平方公里和14平方公里的超級大城。

不過城市化也帶來一系列的問題，比如貧富差距拉大，治安環境的惡劣和道德水準的下降。印第安人、墨西哥人在礦區城市飽受歧視和虐待，死人事件和暴力糾紛此起彼伏……各種社會運動也不斷發生。

不過，西進運動畢竟為美國農業的發展帶來了很大的助力，使西部從蠻荒變得繁榮，推進了工業的進步，美國人勇往直前的闖勁和無所畏懼的精神在這場西部拓荒運動中展現得淋漓盡致。

【延伸閱讀】西進之門

　　為了紀念當年的西進拓荒精神，美國政府特地在聖路易斯市密西西比河畔修建了舉世聞名的西進紀念碑：西進之門。它是聖路易斯最負盛名的建築物，是美國三大地標之一。由著名設計師伊洛・沙里文花了16年時間精心設計，1963年開始動工建造，兩年多之後完成了這個偉大的工程。拱門全身不銹鋼鋼製，呈圓弧形，高度和跨度都恰好為630英尺（約190米）。

明朝

哥倫布發現新大陸
— 1500

— 1600
清朝　五月花公約
— 1700

美國獨立
— 1800

門羅主義

美墨戰爭
— 1850
日本黑船世界

中美天津條約

南北戰爭

購買阿拉斯加

美西戰爭
「門戶開放」政策
— 1900

中華民國

經濟大蕭條

日本偷襲珍珠港

— 1950　韓戰

甘迺迪遇刺

911事件
— 2000

【專題】黃金！黃金！

歐洲文藝復興運動

拜占廷帝國滅亡
1500—

1600—

工業革命 1700—

法蘭大革命 1800—

共產黨宣言 1850—

日本明治維新

普法戰爭

1900—

中華民國
第一次世界大戰

第二次世界大戰

1950—

越戰爆發

兩伊戰爭

東西德統一

2000—

　　一個拐杖，一頂圓高帽，舊西裝、破皮鞋，走路八字腳，打扮像個紳士，但實際卻是個貧窮的人。這個獨特的電影經典形象，相信大家都不會陌生。卓別林在《淘金熱》中的誇張表演，總是讓我們忍不住捧腹大笑。然而在大笑之餘，又不能不對這個時代的淘金熱感到驚訝。

　　曾經，有人在加利福尼亞地區發現金子。不過人們多半把它當成一個笑話，並不當真：自詹姆士敦建成，早有無數開荒者帶著熱切的希望來這裡尋找傳說中的黃金，不過最後他們雙臂抱著的只是空蕩蕩的失落。偶爾也有人聲稱挖到金礦，不過最後證明那裡埋著的不過是一堆黃銅。

　　1848年，司考特將軍贏得了對墨西哥戰爭的勝利，正帶著他的士兵在「征服地」休整放鬆，全然不知道他的北面正在發生著一件小事：機械師詹姆斯・W・馬歇爾在美利堅河發現了黃金。在歷史長河中，這件事本身確實微不足道，但由它開啟的移民淘金時代巨流改變了整個美國歷史。

　　美利堅河位於聖法蘭西斯科東面的薩克拉門托河谷，馬歇爾在這兒修建了一座鋸木廠。有一天，他去加深水車水溝的工地監督探查，無意間發現河床上有些金色的微粒在閃耀，於是生出好奇心，將這些微粒收了起來送去檢驗，最後發現自己得到的竟是黃金。

　　這回馬歇爾發現的是真金，不是「臭名昭著」的黃銅。後來的開採證明，這裡的黃金埋藏量非常巨大——4年內已經發掘了價值2億美元的黃金。消息很快傳到整個美國，所有人都對此深信不疑。於是不可避免的，那些不滿足於目前生活、做著一夜暴富美夢的人們從四面八方趕了

過來。

有人說，黃金的發現才是支持領土擴張「天定命運」說的真意。1848年年底，波爾克總統在國情諮文裡說，發現金礦有著「非凡的意義」，但這時他可沒想到摩拳擦掌的淘金者。

加利福尼亞很快被來自全國的淘金者大軍填滿。舊金山人去樓空、靜如鬼蜮；奧勒岡州2/3的成年男子起身南下：他們都到南面的金礦去搶金子了。

如果穿越到1849年的美國，就會發現那時最受嚮往的地方不是肉眼可見的、已經出現繁華徵兆的紐約，而是在人們夢中閃耀著金光的加利福尼亞金礦。

人們很快在地圖上劃定了掘金區的大體範圍，然後拿起他們的鋤頭、鐵鍬、盤子，甚至小刀和湯匙，奔赴淘金的第一線。任何溪流、峽谷都被看成是被灰塵遮掩了的金山，任何古代沙礫層都有可能是塊金、片金、金粉的藏身之地。人們或多或少都有收穫，這更刺激了其他人淘金的熱情。

加利福尼亞的人口中，原來比例最大的是西班牙人，但淘金熱潮很快改變了一切，西班牙人變成了「少數民族」。1849年到1860年10年間，約有200萬人來到加利福尼亞。這些「美國」的淘金者仇視一切非美國本土的淘金者，對他們前來搶奪「自己財產」的行為十分憤怒，對之進行大力打壓排擠，其中受害最嚴重的就是墨西哥人。印第安人同時也遭到了滅頂之災——10年間，他們的人口從155萬人下降到不足3.5萬人。美國人似乎忘了，印第安人才是真正的美國本土人。武力和法律都是他們反對墨西哥人和印第安人的工具。

種族衝突不過是冰山一角，「美國人社會」內部的治安狀況也十分堪憂。男人們背井離鄉來這裡掘金，可能在一夜之間暴富，但他們也可能在幾杯酒下肚後輸光辛苦得來的一切，如果那些金子還沒有被搶劫或

明朝

哥倫布發現新大陸
— 1500

— 1600
清朝   五月花公約
— 1700

美國獨立
— 1800

門羅主義

美墨戰爭
— 1850
日本黑船世界

中美天津條約

南北戰爭

購買阿拉斯加

美西戰爭
「門戶開放」政策
— 1900

中華民國

經濟大蕭條

日本偷襲珍珠港

— 1950   韓戰

甘迺迪遇刺

911事件

— 2000

偷走的話。

　　很多人的發財夢，開始破滅。但有一些人，另闢蹊徑，開始了另類的發財夢。其中，最著名的當屬李維‧史特勞斯，牛仔褲的發明者。

　　其實，在加利福尼亞，遍地都是機會，只要有一技之長，你就不會餓肚子。在這裡，一個賣烤肉的婦女可以短時間內賺到18000美元；給別人洗褲子，12條就可掙8美元。更有趣的是，由於採金區少有女性，一個小夥子在結婚時發佈廣告，聲稱交納5美元便可來「參觀」他的新娘，居然也賺了600美元。

　　淘金潮揭開了美國西部開發的序幕，同時使得採礦業成為西部開發的主要行業。採礦業帶動了鑄造、機械和木材、農牧業、交通運輸業等相關產業的發展。淘金熱對於美國歷史而言，比南北戰爭更為關鍵，由此導致自十字軍東征以來最為震驚的巨大人口移動，開啟了美國現代經濟發展之進程。

歐洲文藝復興運動

拜占廷帝國滅亡
1500—

1600—

1700—
工業革命
法蘭大革命
1800—

共產黨宣言
1850—

日本明治維新
普法戰爭

1900—

中華民國
第一次世界大戰

第二次世界大戰

1950—

越戰爆發

兩伊戰爭

東西德統一

2000—

｜第七章｜內戰來臨

　　美國的南部和北部似乎是兩個世界，北方的資本主義工商業蓬勃發展，南方的大莊園種植經濟穩步前行。經濟地域性發展不平衡造成南北雙方矛盾激增，二者的關係越來越變幻莫測，不可調和的矛盾最終演化成大大小小的流血事件，甚至出現了民眾起義的動亂。隨著奴隸制問題越來越尖銳，南北的矛盾也圍繞這一紛爭逐漸升級，並且誘發了其他諸多問題。美國第一次面臨著分裂的困境。

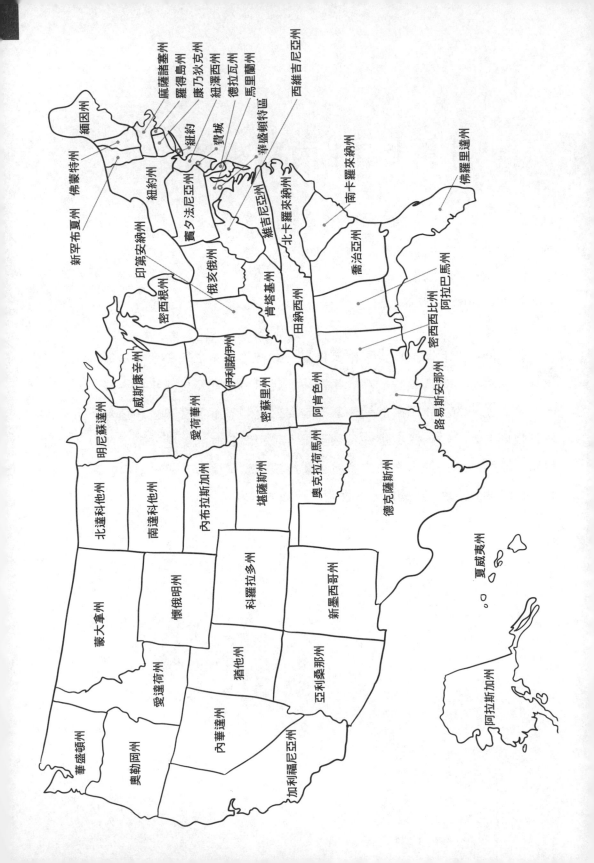

流血的堪薩斯

美國南北的關係越來越變幻莫測，雙方針對蓄奴州的問題你來我往，不可調和的矛盾最終演化成大大小小的流血事件，甚至出現了民眾起義的動亂。堪薩斯流血事件，就是其中之一。

堪薩斯在北緯36.5度以北。根據密蘇里妥協案，堪薩斯必須嚴格禁止蓄奴。但新出來的堪薩斯——內布拉斯加法案裡又規定了所謂的「人民主權原則」，堪薩斯又是前路未明，最終究竟採取自由制度還是奴隸制度就要看南北雙方的努力了。

南方奴隸主得寸進尺，將密蘇里妥協案裡的界限——北緯36.5度——向北推到北緯40度。他們聲稱，40度以北（內布拉斯加）歸廢奴派，以南（堪薩斯）則歸他們自己。毫無意外地，北方人拒絕了這個提議。

於是雙方爭相向堪薩斯輸送移民，爭奪堪薩斯的行動迅速展開。南方人成立了「南部之子」、「自衛會」、「密蘇里人聯防會」等幾個組織，而北方人針鋒相對地成立了「麻塞諸塞移民援助協會」、「聯邦移民公司」、「堪薩斯移民協會」等組織。沒過多久，堪薩斯已經出現了一批小鎮：其中萊文沃斯和艾奇遜採取蓄奴制，托彼卡和勞倫斯則採取自由制。

到了1855年3月，堪薩斯已有1萬人定居。不過所謂的堪薩斯政府並不存在，只有南北雙方的移民協會負責組織各自轄區的生活。這畢竟不是長久之計，領地立法會議的選舉迫在眉睫。選舉前夕，5000名暴徒進入堪薩斯，他們通過暴力蠻橫的手段脅迫人們選出了奴隸主控制的立法會議，接著又組建了領地政府，訂出了維護奴隸制度的法律。

明朝

哥倫布發現新大陸
— 1500

— 1600
清朝　　　五月花公約
— 1700

美國獨立
— 1800

門羅主義

美墨戰爭
— 1850
日本黑船世界

中美天津條約

南北戰爭

購買阿拉斯加

美西戰爭
「門戶開放」政策
— 1900

中華民國

經濟大蕭條

日本偷襲珍珠港
— 1950　　韓戰

甘迺迪遇刺

911事件
— 2000

歐洲文藝復興運動

拜占廷帝國滅亡
1500—

1600—

1700—
工業革命
法蘭西大革命
1800—

共產黨宣言
1850—

日本明治維新
普法戰爭

1900—

中華民國
第一次世界大戰

第二次世界大戰

1950—

越戰爆發

兩伊戰爭

東西德統一

2000—

北方人自然不承認這個非法政權，他們在托彼卡成立了自己的政府，並制定了一部反對蓄奴的州憲法。兩個政府的對峙局面就此形成。不可避免的零零碎碎的小摩擦，像竄來竄去的火星一樣時刻有點燃大規模衝突的可能。

1856年5月，蓄奴的密蘇里州的750名暴徒襲擊了「自由的」勞倫斯鎮。報館被搗毀了，商店給搶劫空了，旅社被大炮擊成碎片，自由移民的領袖也給綁架……這都是暴徒們明火執仗犯下的累累罪行。幾天後，主張廢奴的約翰・布朗帶著6個人來到波塔瓦托米，殺死了5名無惡不作的奴隸主歹徒。

你來我往之下，廢奴主義者和蓄奴派的遊擊戰正式拉開序幕。據統計，在這些戰鬥中，共有超過200人喪生，而財產損失也超過了200萬元。

1857年，奴隸主在勒康普頓制定了擁護奴隸制的州憲法，但這部憲法在第二年的全民公投中被否決了。北方人在向堪薩斯移民一事上做得更成功。隨著自由移民人數的不斷增加，堪薩斯的自由色彩越發濃烈，蓄奴制在那裡已經變得越發不可能實現。但堪薩斯仍不能作為自由州併入聯邦，因為國會不批准。直到1861年，南北戰爭爆發，堪薩斯才正式成為聯邦的第三十四個州。

堪薩斯流血事件，是南北雙方第一次爆發武力衝突，這只是一個開始或序幕，更大的痛苦正在不遠處等著美國人邁過和消化。

 【延伸閱讀】密蘇里妥協案

1818年，密蘇里居民人數達到6.6萬人，符合建立新州的條件。當地政府申請建州加入聯邦。但當時美國自由州和蓄奴州各半，密蘇里作為自由州或者蓄奴州加入聯邦，將直接影響雙方力量的對比。為此，南部奴隸主和北部資產階級經過激烈的爭論，於1820年在國會中通過妥協議

案。該協議規定，在原路易斯安那領地土地上新建的各州中，除密蘇里州外，禁止北緯36.5°線以北各州蓄奴。為防止蓄奴州在參議院中佔據多數，又允許成立緬因州，恢復蓄奴州與自由州在數目上的平衡。

引起紛爭的憲法

　　歷史總是在螺旋式的前進，有時候看似倒退的行為，或許正是為了向前邁出一大步。《萊康普頓憲法》在美國歷史上，可能算是一種倒退，但它的出現，推進了美國的廢奴運動。

　　布坎南最初在堪薩斯州的奴隸制問題上處理得卓有成效。他任命羅伯特‧沃爾克擔任州長。這位個頭只有5英尺的密西西比人曾經是參議員與內閣成員，他敢做敢當，有著堅定無比的信仰和意志。他認為發展奴隸制會違背當地人的意願，因此並不主張將奴隸制帶入堪薩斯州。

　　然而，堪薩斯州親奴隸制的領導人卻試圖在萊康普頓召開立憲會議，並在自由黨人拒絕參與會議代表選舉的情況下，草擬出了一份支持奴隸制的憲法。憲法還沒有得到當地居民投票表決便提交了上去。沃爾克對此表示了譴責，並匆匆趕往白宮加以解釋。

　　此時，布坎南仍不顧現實情況，固執己見地堅持自己的觀點，並在南方顧問「拯救堪薩斯」的煽動之下接受了這份《萊康普頓憲法》。他命令國會將堪薩斯納入聯邦之中，並以《萊康普頓憲法》作為州政府的組織基礎。

　　布坎南的這一決定遭到了史蒂芬‧道格拉斯的不滿。二人的矛盾對民主黨內部產生了極大的影響。如果道格拉斯對此不加干涉，憲法一旦得到國會承認，就意味著他徹底放棄了人民主權；而當時的輿論也呈現出一邊倒的狀況：除了伊利諾州外，其餘55家報紙都發表社論批評《萊

明朝

哥倫布發現新大陸
— 1500

— 1600
清朝　　五月花公約
— 1700

美國獨立
— 1800
門羅主義

美墨戰爭
— 1850
日本黑船世界

中美天津條約

南北戰爭

購買阿拉斯加

美西戰爭
「門戶開放」政策
— 1900

中華民國

經濟大蕭條

日本偷襲珍珠港
— 1950　韓戰

甘迺迪遇刺

911事件
— 2000

歐洲文藝復興運動

拜占廷帝國滅亡
1500—

1600—

工業革命
法蘭大革命 1700—
1800—

共產黨宣言 1850—

日本明治維新

普法戰爭

1900—

中華民國
第一次世界大戰

第二次世界大戰

1950—

越戰爆發

兩伊戰爭

東西德統一

2000—

康普頓憲法》，如果道格拉斯在此時表示支持無疑是政治自殺。因此，出於原則和自身利益，道格拉斯必須站出來反對他的領導人。

布坎南試圖說服道格拉斯站到自己的陣營中來。二人曾在白宮進行了激烈的爭論，不愉快的氣氛達到了頂點。最後，布坎南盛氣淩人地威脅道格拉斯：「希望你能記住，道格拉斯先生，沒有人能夠在與政府作對的情況下還可以全身而退！」道格拉斯毫不畏懼地予以反駁：「我也希望你能記住，傑克遜將軍已經死了！」兩個人不歡而散。

布坎南開始向道格拉斯施壓，但道格拉斯不但沒有因此退縮，反而與共和黨站在統一戰線，對布坎南表示公開對立。局勢開始對布坎南越來越不利。1857年10月，反奴隸制者參加投票選舉出了新的立法機構，該機構要求在1858年1月對《萊康普頓憲法》進行民主投票表決。在反對奴隸制的浪潮聲中，該憲法以比例懸殊的結果遭到了否決。

支持奴隸制的居民對投票結果進行了抵制。同時，布坎南向國會施壓，要求其對在憲法基礎上成立的堪薩斯州表示認可。於是，國會決定發起新一輪的投票公決。為了能動員更多的支持者，有利於堪薩斯州能夠在《萊康普頓法》的基礎上建立起來，國會議員動議，如果憲法一旦遭到否決，那麼堪薩斯州就必須只能在人口達到9萬的時候才被允許進入聯邦。

但這一施壓並沒有改變一邊倒的局勢。除了對奴隸制的反對，大部分堪薩斯人對民主黨在公共土地管理也頗為不滿。特別是在1858年布坎南突然決定拍賣800萬英畝的土地，導致擅自占地的居民不得不面臨破產的風險，因為他們可能將失去對土地的投資。而購買約160英畝土地的最低價格也需要200美元，許多人堅信，這是布坎南對他們反對《萊康普頓憲法》的變相報復。

最終，該憲法以六比一的投票比例再次被否決，反對奴隸制的堪薩斯人民獲得了最後勝利。廢奴主義者的再一次勝利，表明自由與平等在美國人的根深蒂固。

【延伸閱讀】亞伯拉罕・林肯

1809年2月12日黎明，林肯來自西部一個貧困的家庭。用他自己的話說，他的童年是「一部貧窮的簡明編年史」。小時候，他幫助家裡做農活等。長大的林肯開始獨立謀生，他當過農場雇工、石匠、船夫等，並在伊利諾州自學成才成為律師。在1860年的選舉中，南部幾乎沒有一個州支持他，但他仍然當選美國第十六任總統。他那敏銳的洞察力和深厚的人道主義精神，使他成了美國歷史上最偉大的總統。

南部七州的叛離

1861年3月一個寒氣逼人、烏雲密佈的日子，亞伯拉罕・林肯成為美國第十六任總統。林肯在就職講話中宣佈了他對脫離聯邦的南方各州的政策。這一結果迅速傳遍美國的每一個角落，並在南部地區引起了兩種不同的反應。

對於大部分的南部奴隸主來說，這樣的消息無疑是致命的，因為林肯的上台意味著在是否廢止奴隸制度的鬥爭中北方占了優勢。同時，對於其他分裂分子和好戰人士來說，這未嘗不是一個好消息。對他們而言，這是煽動南方奴隸主起來鬥爭的絕佳機會。

南卡羅來納州首先對此有了反應。同年12月，它宣佈脫離聯邦。緊接著，在南卡羅來納州的帶領下，其他南部六個州——路易斯安那、佛羅里達、密西西比、德克薩斯、喬治亞、阿拉巴馬州也紛紛召開代表大會。各個州都傾向於保留奴隸制度，所以毫無懸念地通過了脫離聯邦法令的決議。

之後，在南卡羅來納州的建議下，六州代表又「齊聚一堂」商討

明朝

哥倫布發現新大陸
— 1500

— 1600
清朝　　五月花公約

— 1700

美國獨立
— 1800

門羅主義

美墨戰爭
— 1850
日本黑船世界

中美天津條約

南北戰爭

購買阿拉斯加

美西戰爭
「門戶開放」政策
— 1900

中華民國

經濟大蕭條

日本偷襲珍珠港
— 1950　　韓戰

甘迺迪遇刺

911事件

— 2000

歐洲文藝復興運動

拜占廷帝國滅亡
1500—

1600—

1700—
工業革命

法蘭大革命
1800—

共產黨宣言 1850—

日本明治維新

普法戰爭

1900—

中華民國
第一次世界大戰

第二次世界大戰

1950—

越戰爆發

兩伊戰爭

東西德統一

2000—

脫離聯邦的事宜，最後他們結成了「美利堅諸州同盟」，也稱「南部同盟」。會議起草了一份臨時憲法，該憲法仍然堅持奴隸制度，甚至主張擴張領土以便使奴隸制度到達其他地方。

對於南部七州脫離聯邦這一局面，北部各方的反應十分複雜。民主黨人在很大程度上同情南方的叛黨。而其中一些激進者和反叛者開始進一步煽動南方的分裂情緒，他們希望南部的叛亂早一點到來，最後引發戰爭，使國家分裂。

但同屬民主黨的各邊界蓄奴州則採取觀望的態度，他們想要置身事外，既不大力支持反叛和分裂，也不贊成廢除奴隸制度。他們的觀點是：只要讓南部自然而然地脫離聯邦，那麼奴隸制度的廢立問題便可以順理成章地解決。

共和黨激進派、堅定的奴隸制反對者以及自由黑人則堅決要求對南部各州的分裂行為進行暴力鎮壓。在他們看來，南部諸州此舉是侵犯國家主權的叛國行為，與聯邦憲法完全對立，所以一定要嚴厲打擊。

共和黨的保守派由於剛剛獲得了統治地位，他們眼中只有經濟、政治上的利益，對於奴隸制度是否應該繼續存在以及南部地區對聯邦的脫離關注度較少。但是，由於南部的奴隸主曾欠下共和黨保守派巨額債務，所以他們不得不出於對利益的維護而向南部妥協，以便使自己能夠順利地收回欠款。

此時的南部奴隸主仍在為自己的分裂行為進行辯護。他們聲稱自己的所作所為完全是合法的，因為憲法賦予了各州不服從違憲行為的權利。他們鼓吹聯邦是各州之間簽訂契約的產物，而他們是合法的裁判人，一旦權利被侵犯，便有權選擇是否脫離聯邦。

由此可見，共和黨與民主黨幾乎處於對立狀態，而兩黨的激進派和保守派的意向又各有分歧。林肯就是在這種複雜的形勢下出任美國總統的。面對這種狀況，他的看法是堅決不能向南部妥協。

他承認，1787年憲法不可避免地存在著一些漏洞和模糊之處，這給南方的分裂主義者以可乘之機。但是有缺陷的憲法也是聯邦憲法，它體現著國家的主權。因此聯邦憲法雖然承認各州享有一系列的權利，政府也無權干涉這些權利，但是使用權利、不干涉使用權利的前提是不侵犯國家的利益。而南部的這些奴隸主聲稱州具有主權性，完全是他們為了維護自身利益而編造的一派胡言，這從根本上就違背了聯邦憲法。

憲法規定，在未經過國會同意的情況下，任何州都不可與其他州或者外國簽訂條約或聯盟，更不能夠發起戰爭。各州的脫離聯邦、建立同盟、私立憲法都是非法行為，南部諸州雖名義上脫離聯邦，但仍然是非主權性的。

林肯在發表就職演講時強調，聯邦政府無意干涉各州的奴隸制度，各州採取何種制度都是其自願行為，政府不加以控制和左右。另外，他還強調，只要南部地區不發動武力進行抗爭，聯邦政府便不會使用武力攻擊他們。很顯然，林肯的中心思想是維護聯邦的統一與和平，他採用了妥協和折衷的方法解決這一難題。

林肯對南部地區奴隸主的遷就表明了他政策的折衷色彩，但是，這雖然能夠暫時緩衝南北衝突，給北方一個喘息的機會，但也絕對不能從根本上解決問題。南北方的矛盾還在繼續，而這需要聯邦政府和林肯進一步的政策和方案。

 【延伸閱讀】德雷德·史考特決議

德雷德·史考特是一個奴隸，他被奴隸主帶到了路易斯安那州的北部。兩年後，史考特重新回到了密蘇里州。到了那裡之後，史考特向州政府請求人身自由。案件在密蘇里州最高法院和聯邦法院被駁回後，史考特上訴到美國最高法院。經過兩次法庭辯論，最終9位大法官以7：2的票數維持原判。

明朝

哥倫布發現新大陸
— 1500

— 1600
清朝　　五月花公約

— 1700

美國獨立
— 1800

門羅主義

美墨戰爭
— 1850
日本黑船世界

中美天津條約

南北戰爭

購買阿拉斯加

美西戰爭
「門戶開放」政策
— 1900

中華民國

經濟大蕭條

日本偷襲珍珠港

— 1950　　韓戰

甘迺迪遇刺

911事件

— 2000

歐洲文藝復興運動

拜占廷帝國滅亡
1500—

1600—

1700—
工業革命
法蘭大革命
1800—

共產黨宣言
1850—

日本明治維新
普法戰爭

1900—

中華民國
第一次世界大戰

第二次世界大戰

1950—

越戰爆發

兩伊戰爭

東西德統一

2000—

【專題】四海之內，有誰要讀美國文學作品？

19世紀英國作家錫德尼・史密斯曾有一句辛辣的名言：「四海之內，有誰要讀美國文學作品？」言下之意，美國的文學缺乏深厚的歷史、文化底蘊，遠遠不能在世界文壇佔有一席之地。

可是經過幾次「文藝復興」運動，美國文學在世界文學格局中的地位大為改觀，不但出現了一大批具有國際聲譽的作家和諾貝爾文學獎獲得者，而且還大有超過英國文學的趨勢。

美國內戰爆發前，愛默生、梭羅、艾倫・坡、霍桑和梅爾維爾、惠特曼等令後人敬仰的文學巨擘們就已經出現。他們的作品都是在美國人自己的身上尋找創作的來源和靈感，擺脫了歐洲作家的思想束縛，創立了真正的美國文學。除了這些聞名遐邇的美國文學巨匠，同一時代還有許多出色的作家及其作品促進了美國文藝的繁榮。

博學多識的亨利・沃茲沃斯・朗費羅就是這一時期美國文壇上的弄潮兒之一。1835年，不到30歲的朗費羅成為哈佛大學的現代語言教授。他精通多國語言，還翻譯出版了但丁的《神曲》。但使朗費羅聲名鵲起的是他的詩作，《鄉村鐵匠》、《保爾・里維爾的馬背之旅》等詩廣受好評，《哈瓦沙之歌》是其中廣為流傳的經典之作。朗費羅的詩被翻譯成多種語言，並多次再版。

朗費羅的詩語言精緻、有韻律、形象生動，卻缺乏深度與力量，文藝價值遠不及惠特曼。其成功在於掌握了時代精神的脈搏，真實準確地表達了同時代人們的心聲。

熱衷於廢除奴隸制的約翰・格林里夫・惠蒂爾也是當時較受歡迎的作家之一。他的詩作《赤腳男孩》描寫了他在鄉村的童年生活，至今

仍感動著許多人的心靈。作為波士頓《大西洋月刊》創刊後的第一任主編，詹姆斯‧羅素‧洛厄爾採用新英格蘭方言來創作幽默小說，對美國本土文學進行全新的嘗試，獲得了較大的成就與反響。哈佛大學的醫學教授奧利佛‧溫德爾‧霍姆斯在業餘時間進行詩歌與散文的創作，他的作品《住在螺殼裡的鸚鵡螺》和《老鐵甲軍》等成為美國浪漫主義詩歌的代表作品之一。

這個時代的文學家可能存在自滿與狹隘等思想上的缺陷，但他們勤奮認真的創作態度，以及從美國本土發掘素材的努力，促進了美國文化的繁榮。他們積極進取的精神也激勵著讀者們向著美好的未來前行。同一時代的美國歷史學家們也在作著積極地努力，同為新英格蘭人的他們與那些作家們有著幾乎相同的秉性，那就是認真刻苦和積極向上的精神。

1834年，美國著名的歷史學家喬治‧班克羅福特開始陸續出版共8卷木的《美國通史》，這是美國第一部通史，被譽為美國歷史學的奠基之作。同時，班克羅福特還有幸成為第一位赴德國學習的美國人。歷史學家約翰‧羅普‧莫特利亦是在德國接受的教育，他的代表作《荷蘭共和國的興起》於1856年出版。歷史學家法蘭西斯‧帕克曼則於1851年開始創作《龐帝亞克之陰謀》一書，該書講述了英法兩國在北美進行殖民地爭奪的歷史。

與新英格蘭的文學風格相比，南方文學更具浪漫主義色彩。約翰‧彭德爾頓‧甘迺迪生活在巴爾的摩，他的幾部以地方歷史為題材的小說，風格上與英國著名文學家華特‧司考特十分相似。在南方更具影響力的作家是南卡羅來納的威廉‧吉爾摩‧西姆斯，他的作品在19世紀30年代暢銷一時。西姆斯著述豐碩，他創作的小說有20餘部，此外還有幾部詩集和一些傳記，但他的作品也存在一些片面、誇張的問題。

在南北戰爭爆發之前，美國的文化發展取得了一定的成就，但也

明朝

哥倫布發掘新大陸
— 1500

— 1600
清朝
五月花公約

— 1700

美國獨立
— 1800

門羅主義

美墨戰爭
— 1850
日本黑船世界

中美天津條約

南北戰爭

購買阿拉斯加

美西戰爭
「門戶開放」政策
— 1900

中華民國

經濟大蕭條

日本偷襲珍珠港

— 1950
韓戰

甘迺迪遇刺

911事件

— 2000

存在一些問題。通過南北文學特點的差異，可以揣摩出其文學作品內蘊涵的意識形態上的衝突。但不可否認，這一時期文學上的發展促成了美國本土文化的崛起和民族精神的勃發，使美國走上了富有特色的文藝道路。

歐洲文藝復興運動

拜占廷帝國滅亡
1500—

1600—

1700—
工業革命
法蘭大革命
1800—

共產黨宣言 1850—

日本明治維新

普法戰爭

1900—

中華民國
第一次世界大戰

第二次世界大戰

1950—

越戰爆發

兩伊戰爭

東西德統一

2000—

| 第八章 | 國家不可分

　　南方與北方劍拔弩張的態勢讓美國再一次陷入了戰爭的深淵，對於這個正在成長的國家來說，似乎需要這樣的陣痛來鞭策自己。武力對抗的結果讓人們看到了南北經濟形式差異的弊端。就在美國將因為不可調和的矛盾分裂成為兩個國家的時候，林肯發表了偉大的《解放黑人奴隸宣言》，為北方取得戰爭最後的勝利注入了一針強心劑，同時也為北方得了廣泛黑人的支持。可以說維護美國的統一，亞伯拉罕‧林肯居功至偉。

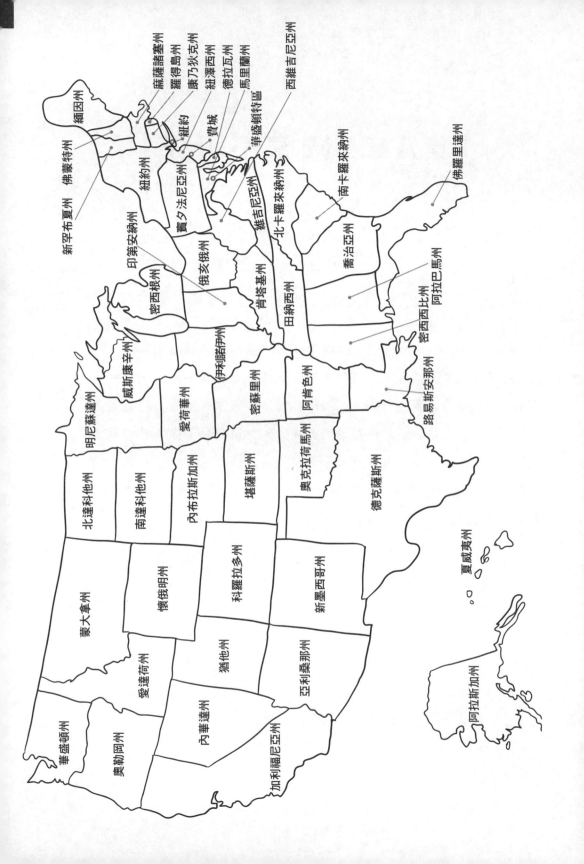

桑特堡打響了第一槍

明朝

哥倫布發現新大陸
— 1500

— 1600
清朝　五月花公約
— 1700

美國獨立
— 1800

門羅主義

美墨戰爭
— 1850
日本黑船世界

中美天津條約

南北戰爭

購買阿拉斯加

美西戰爭
「門戶開放」政策
— 1900

中華民國

經濟大蕭條

日本偷襲珍珠港
— 1950　韓戰

甘迺迪遇刺

911事件
— 2000

1861年，林肯在他的就職演說中說到：「一個丈夫與妻子也許可以離婚，但是我們國家的不同部分卻不能……無論是友善的還是敵對的交流都必須進行。」他的演說雖充滿和解意味，但其堅定的語氣表明了他認為南方脫離聯邦是「非法的」，而聯邦是「永久的」。

儘管如此，林肯仍試圖用溫和的方式來對待脫離聯邦的行為。他承認不會試圖奪回邦聯所奪取的西南地區絕大多數財產。不過，位於佛羅里達州彭薩柯拉城的皮肯斯堡和查爾斯頓港一個小島上的桑特堡仍然歸屬於聯邦軍所有，大多數共和黨人都不願意就此放棄抵抗，乖乖交出這兩個要塞。「如果投降的話，美國就會從一隻雄鷹變成輕易投降的『怯懦的小鳥』」有人這樣寫道。

早在林肯宣誓就職的當天，山姆特要塞的聯邦駐軍總司令羅伯特・安德森少校就向林肯政府緊急報告，叛軍已經把他們層層包圍，當地糧食儲備不足，因此他們急需政府的支援，否則山姆特要塞將被攻佔。雖然山姆特的戰略價值不高，但如果就此被南部叛軍所佔據，聯邦原則勢必會受到嚴重損害。

針對這一問題，林肯召開了第一次會議，商討對付叛軍的策略。會上，反對的聲音很大，與會的七人中竟然有五人反對支援要塞。後來，林肯就此又連續召開兩次會議，然而還是未能達成統一意見。

但林肯此時仍不願意為此造成流血衝突。他在思索了幾個星期之後，決定先派出一支海軍先遣隊，給正處於被圍攻狀態的桑特堡送去食物。林肯這樣做是想先進行一番試探。然而，強硬的邦聯在海軍到達之前就提前一步派遣軍隊對桑特堡發動了進攻。

歐洲文藝復興運動

拜占廷帝國滅亡
1500—

1600—

1700—
工業革命
法蘭大革命
1800—

共產黨宣言
1850—

日本明治維新

普法戰爭

1900—

中華民國
第一次世界大戰

第二次世界大戰

1950—

越戰爆發

兩伊戰爭

東西德統一

2000—

4月12日上午4時30分，邦聯軍向桑特堡射出了內戰的第一顆炮彈。在持續猛烈的炮擊下，海軍少校羅伯特‧安德森和他所帶領的部隊在抵抗了三十四個小時之後，終於不得不繳械投降。歷時四年的美國內戰由此拉開序幕。

遭到邦聯軍這一先發制人的攻擊後，北方軍的怒火一觸即發，為此林肯不得不選擇放棄妥協的立場，轉而訴諸武力。三天後，他下令徵召志願兵75000名，然而命令下達之後，維吉尼亞州、阿肯色州、北卡羅來納州和田納西州相繼宣佈退出聯邦。南方人把林肯這一舉動看作北方準備發起武力攻擊的開始。

第一支聯邦軍在試圖經過巴爾的摩時遭到邦聯支持者的襲擊，親南方軍的警察局長立即通知馬里蘭州檢察長，要求他馬上派兵，警察局長還聲稱「新的進攻明天就要開始」。隨後，警察局長與市長一同命令破壞連接北方與巴爾的摩的鐵路橋。這場暴亂直到聯邦軍前往市中心控制了局面之後才平息下來。

南方人認為，既然南方各州多數人口願意脫離聯邦，北方就無權干涉，他們只是在執行被後來人稱為「自決權」的權力。他們認為脫離聯邦是他們的自由，也是民主的表現，林肯則堅信南方人的做法恰恰違背了民主精神，他認為「脫離聯邦的核心思想是無政府的本質」，南方這種拒絕遵守自由參加的選舉結果的行為，反而為當初反對共和的其他保守主義者和君主主義者宣稱這種國家形式缺乏穩定性提供了理由。

南方人的觀點與林肯的立場如此相悖，那麼，這場內戰發動的根本原因到底是什麼？

林肯強調，發動戰爭是為了整個國家的人民對聯邦的承諾，為了國家主義原因，而不是單純為了解放奴隸。大部分北方人都不會支持反奴隸制的戰爭，也不會因為奴隸制而反對脫離聯邦的行為。

當賀瑞斯‧格里利發表文章主張立即解放奴隸時，林肯回應道：

「如果我能通過不解放一個奴隸就可以拯救聯邦，我會去做的；如果我能通過解放所有奴隸來拯救聯邦，我也會去做的；如果我能通過釋放一部分人但無法顧及其他人來拯救聯邦，我還是會去做的。」不過他依然希望「所有地方的所有人都應該自由。」

 【延伸閱讀】安提塔姆戰役

1862年9月17日，南北戰爭進行一年零五個月，在美國馬里蘭的北邊有個叫安提塔姆的地方，發生過一場整個南北戰爭中日傷亡最大的戰役。聯邦軍隊重創了邦聯軍隊，也是聯邦軍隊在「七天會戰」失敗後取得的第一次勝利。林肯為了鼓舞北軍士氣，摧毀南軍士氣，專門到安提塔姆視察。

最血腥的戰鬥

蓋茨堡本是賓夕法尼亞州南部的一個村鎮，在戰爭爆發前，它是一個水果產地和加工地，隨著戰局的轉變，蓋茨堡逐漸演變成南北雙方的戰場，往日的和平消失得無影無蹤。1863年7月初，南軍司令羅伯特·李與聯邦軍隊在此進行了三天三夜的激戰，這場戰鬥最終以聯邦軍的勝利而告終。這是美國歷史上規模最大、傷亡最嚴重的一場戰鬥。

7月1日，南軍將領希爾和尤爾成功指揮軍隊率先抵達蓋茨堡，並佔據有利位置。面對在兵力上佔據優勢的同盟軍，北軍將領漢考克迅速調整軍隊，重整旗鼓，修築防禦工事，準備從正面抵禦希爾的進攻。

漢考克經過考察發現，他們所處的公墓嶺易守難攻，於是便讓趕來支援的北軍沿嶺佈局，以占盡地利。在接下來的攻克戰鬥中，北軍依據險要的山勢，接二連三地粉碎了盟軍的襲擊。在部下的建議下，羅伯

明朝

哥倫布發現新大陸
— 1500

— 1600
清朝　五月花公約
— 1700

美國獨立
— 1800

門羅主義

美墨戰爭
— 1850
日本黑船世界
中美天津條約
南北戰爭

購買阿拉斯加

美西戰爭
「門戶開放」政策
— 1900

中華民國

經濟大蕭條

日本偷襲珍珠港
— 1950　韓戰

甘迺迪遇刺

911事件
— 2000

歐洲文藝復興運動

拜占廷帝國滅亡
1500—

1600—

1700—
工業革命
法蘭大革命
1800—

共產黨宣言
1850—

日本明治維新
普法戰爭

1900—

中華民國
第一次世界大戰

第二次世界大戰

1950—

越戰爆發

兩伊戰爭

東西德統一

2000—

特‧李暫且收兵，決定重新制定計劃，待明日再戰。

羅伯特‧李經過分析發現，北軍左翼依託山勢，如果強行攻下，只會耗損兵力，所以他派尤爾帶領軍隊突襲聯邦軍隊右翼，北軍措手不及，被逼下普斯山。回過神後的北軍，立即發動反撲，尤爾的進攻再次被擊退。

兩天後，羅伯特‧李捲土重來，炮轟公墓嶺，鎮守的北軍將士以大炮反擊，炮戰持續了一個多小時，空氣中彌漫著濃厚的火藥味。停止對擊後，羅伯特‧李召集部下，命令皮科特率領突襲隊，越過草叢，強行突入聯邦軍隊的中央。

由於雙方陣地中間隔著一公里的開闊地，所以儘管南軍的隱蔽措施做得相當好，還是被聯邦軍隊發現了。此時的南軍士兵成了暴露在外的活靶子，在北軍密集的射擊下傷亡慘重，待剩餘部隊趕到公墓嶺時，北軍在將領的指揮下早已做好迎敵的準備。

長時間的炮火對擊，使雙方軍火所剩無幾，雖然到達公墓嶺的南軍幾乎只剩下一半，但北軍的傷亡也很大，雙方就此展開一場肉搏戰。在阿米斯特德的帶領下，南軍很快從北軍的防守陣線中突破出一個缺口，但這一缺口很快又被堵上了。聯邦軍將阿米斯特德及他的部下全部包圍起來，公墓嶺守衛戰最後以北軍的勝利而告終。

7月4日夜間下了一場大雨，波托馬河水位上漲，羅伯特‧李的軍隊無法涉水過河，聯邦軍隊本可趁此機會消滅敵軍，但指揮官米德卻無視這一良機，反而召開一夜的作戰會議，使羅伯特‧李得以趁河水水位退落後成功率殘部撤退。米德雖然造成了這一失誤，但他在蓋茨堡戰役中的貢獻仍然得到了林肯的肯定。

蓋茨堡戰役堪稱美國歷史上最血腥的戰鬥，南北雙方投入了不下十六萬的兵力，其中有五萬一千多名士兵犧牲。北軍在米德將軍的指揮下，成功取得戰鬥的勝利，並瓦解羅伯特‧李的攻擊，為最終決戰的勝

利奠定了基礎。此次戰役之後，南北雙方的軍事力量難以再保持平衡，同盟軍的戰鬥力幾乎被消耗殆盡，再也無力對北方發動攻擊。

至此，北方擺脫被動地位，在戰場上擁有了主動權。蓋茨堡的勝利也給北方軍民樹立了更加堅定的信心，為聯邦軍隊最終奪得勝利提供了動力。

在此之後，雙方又展開了本斯波羅之役、曼納薩斯峽谷之役，北軍在南山和曼納斯峽谷對羅伯特‧李的軍隊進行進一步打擊，雖然羅伯特‧李最後成功逃脫聯邦軍隊的攻擊，但他對北軍已再無招架之力，同盟軍大勢已去。

四個月後，政府在蓋茨堡戰場為殉難的勇士們舉行葬禮，林肯發表了不朽的演說，稱頌這些英雄們的偉大功績，號召人民學習他們英勇獻身的精神，並維護他們用生命換來的和平與統一。

在蓋茨堡戰役中，南軍的失敗一部分原因在於羅伯特‧李的指揮失誤。在無往而不勝的盲目樂觀情緒的支配下，羅伯特‧李認為聯邦軍隊不堪一擊，這使得他很快自食惡果。

而對於北方來說，能夠取得蓋茨堡戰役的勝利，米德將軍功不可沒。較之以前的軍事將領，他多了一份頑強和勇氣，在指揮各路軍隊時，他能夠擺出拼死抵抗的氣勢，而不是慌忙撤退，這一點為戰鬥的勝利做出了很大的貢獻，是他終結了李將軍第二次，也是最後一次入侵美國北方各州。

 【延伸閱讀】蓋茨堡國家公墓

為了紀念蓋茨堡戰場犧牲的戰士，蓋茨堡國家公墓於1862年11月19日舉行落成典禮。當天，至少有一萬五千人參加了典禮，很多人前一天晚上因沒有住處而唱著鬧著過了一夜。埃弗雷特首先做了將近兩個小時的演講，然後由林肯總統上台。林肯的演講只花了三分鐘的時間，以致

明朝

哥倫布發現新大陸
— 1500

— 1600
清朝　　五月花公約
— 1700

美國獨立
— 1800

門羅主義

美墨戰爭
— 1850
日本黑船世界

中美天津條約

南北戰爭

購買阿拉斯加

美西戰爭
「門戶開放」政策
— 1900

中華民國

經濟大蕭條

日本偷襲珍珠港

— 1950　　韓戰

甘迺迪遇刺

911事件
— 2000

一個攝影記者甚至沒來得及調整好三角架，但當他的演講剛結束，聽眾個個眼中都噙滿淚水，同時報以熱烈的掌聲。

改變歷史的驚天謀殺

1865年，南北戰爭逐漸進入尾聲。深知大勢已去的羅伯特‧李向格蘭特投降，奴隸主手上的軍隊越來越少，再無翻身的機會。

就在羅伯特‧李投降後的第三天，林肯進行了一次公開演講。包括他自己在內，誰也沒有意識到這將是林肯生命中的最後一次公開演說。林肯重申對南方各州的寬大政策，他提出南部只要有10％的白人舉行忠誠宣誓並組成州政府，就可以重新加入聯邦。

「勿以怨恨對待任何人，要把慈愛加給所有人。」這是林肯的名言，在他看來，戰爭已經給人民帶來了太多的苦難和分離，他希望戰爭結束後，不要再有殘殺。但林肯的寬容並沒有換來反對者的感激，他們對總統的仇恨仍像蔓草一樣滋長。

1865年4月14日，林肯召開內閣會議，決定取消對南部的封鎖。一切進展順利，一直心情抑鬱的總統終於展開了笑顏。在夫人瑪麗‧林肯的建議下，他們決定晚上到福特劇院看戲，放鬆放鬆心情。報紙和劇院的海報對此大肆宣揚，演員約翰‧威爾克斯‧布斯也在劇院海報上看到了這個消息。

布斯出身戲劇名門，演技高超，外表俊朗，深受女戲迷的追捧和青睞。但是布斯還有另外一個駭人聽聞的身份——南部聯邦的極力支持者。

布斯是一個受歡迎的著名演員。這樣的身份為他出入劇院提供了便利條件——保護總統的警衛沒有提防他。當天晚上十點，布斯佯裝平靜

歐洲文藝復興運動

拜占廷帝國滅亡
1500—

1600—

1700—
工業革命
法蘭大革命
1800—

共產黨宣言 1850—

日本明治維新

普法戰爭

1900—

中華民國
第一次世界大戰

第二次世界大戰

1950—

越戰爆發

兩伊戰爭

東西德統一

2000—

地朝總統的包廂走去。員警約翰‧派克本來應該守在通往包廂的必經之路上，但他對看戲毫無興趣，便躲到另一個房間喝酒去了。

包廂的門本來有鎖，但這個鎖已經壞了幾天，卻沒有人注意。警衛的疏忽大意和員警的擅離職守，再加上門鎖失靈，這三個重大紕漏讓布斯順利地進入了總統的包廂。

進入包廂後，布斯將槍口瞄準了林肯總統，罪惡的子彈射進了總統的左耳和背脊之間。雖然在場的觀眾有一千多名，但在悲劇發生的一瞬間，卻很少人聽見槍聲。因為狡猾的暗殺者選擇在戲劇的高潮部分開槍，這時觀眾全神貫注地觀看演出，槍聲混雜在觀眾的掌聲和笑聲中，很難辨別。

刺殺行動成功後，布斯從包廂跳到舞台上，轉身向觀眾喊了一句：「一切暴君都是這個下場」。一切發生得太快太突然了，觀眾甚至不知道這是戲劇情節還是現實。所有人都驚呆了，布斯藉此機會逃之夭夭。

第二天清晨，林肯在劇院附近的一家私人寓所永遠地閉上了雙眼。

林肯被刺一事，在國內外引起了巨大的震動。林肯的逝世讓人們悲痛不已。美國著名的詩人惠特曼以《啊，船長！我的船長！》一詩道出了人們的心聲：

啊，船長！我的船長！

我們可怕的航程已經終了，

我們的船已安然度過所有的難關，

我們所追求的錦標已經得到。

港口就在前面，我已聽見人們的歡呼，

千萬隻眼睛都在望著我們的船安穩前進，

它是這樣的威嚴和勇敢。

可是，啊，心喲！心喲！心喲！

啊，鮮紅的血滴，就在那甲板上，我的船長躺下了，

明朝

哥倫布發現新大陸
— 1500

— 1600
清朝　五月花公約
— 1700

美國獨立
— 1800

門羅主義

美墨戰爭
— 1850
日本黑船世界

中美天津條約

南北戰爭

購買阿拉斯加

美西戰爭
「門戶開放」政策
— 1900

中華民國

經濟大蕭條

日本偷襲珍珠港

— 1950　韓戰

甘迺迪遇刺

911事件
— 2000

他已渾身冰冷，心臟停止了跳動。

啊，船長！我的船長！起來聽聽這鐘聲，起來吧！

旌旗為你招展，號角為你長鳴。

為你，岸上擠滿了人群，

為你，人們準備了無數的花束和花環，

為你，這雀躍的人群在歡呼，他們殷切的臉正對著，你看！

這裡，船長，親愛的父親！

讓你的頭枕著我的手臂，

真像是夢，躺在甲板上，

你已渾身冰冷，心臟停止了跳動。

我的船長沒有回答，他的嘴唇慘白，一動不動。

我的父親沒有感覺到我的手臂，他已經沒有脈搏，也沒有意志。

我們的船已安全地下錨，它的航程已經終了。

從可怕的航程歸來，這勝利的船，目的已經達到。

啊，海岸歡呼，鐘聲長鳴！

可我卻以悲痛的步履，

漫步在甲板上，那裡躺著我的船長，

他已渾身冰冷，心臟停止了跳動。

　　林肯被比作美國這艘大船的船長，形象貼切，至實名歸。他在美國自由勞動制度與奴隸制度生死決戰的關鍵時刻，帶領著美國人民進行了一場維護進步與統一的鬥爭，平息了奴隸主的叛亂，消滅了奴隸制度，為美國的發展建下了不朽的功勳。

　　他身上的人格魅力閃閃發光。他意志堅定，勤奮好學，謙虛誠實；他文辭優美，能言善辯，機智勇敢；他熱愛人民，推崇正義，克己奉公，平易近人。

歐洲文藝復興運動

拜占廷帝國滅亡
1500—

1600—

1700—
工業革命
法蘭大革命
1800—

共產黨宣言
1850—

日本明治維新

普法戰爭

1900—

中華民國
第一次世界大戰

第二次世界大戰

1950—

越戰爆發

兩伊戰爭

東西德統一

2000—

林肯是一個偉人，更是一座豐碑。在美國發展的歷史上，他的貢獻足以與開國元勳喬治・華盛頓比肩。

 【延伸閱讀】華特・惠特曼

1819年，華特・惠特曼出生於長島，他是美國詩人、散文家、新聞工作者及人文主義者。人們讚譽他是美國文壇中最偉大的詩人之一，有自由詩之父的美譽。他的文作在當時實具爭議性，尤其是他的著名於1855年自費出版的詩集《草葉集》，曾因其對性的大膽描述而被歸為淫穢。1873年，惠特曼不幸患上半身不遂症，1892年病重去世。

非法組織「3K黨」

南北戰爭以北方勝利告終，但這不代表天下太平。冰凍三尺非一日之寒，黑人並未獲得與白人一樣的平等地位。戰後，逃走的種植園主們紛紛回到故地，代表他們利益的南方民主黨重新上台掌權，對黑人實施充滿種族壓迫和種族歧視的強權統治。

為了重新控制黑人，繼續奴役黑人，南方的民主黨人重新上台後，使用他們慣用的伎倆制定限制黑人自由、權利、地位的法律，將黑人牢牢地捆縛在種植園。他們仿照戰前的奴隸法典，換湯不換藥地草擬所謂的「黑人法典」。

南部各州先後制訂這樣的法律。根據「黑人法典」，黑人幾乎無政治地位可言，他們被剝奪了選舉權、參政權、陪審權；不得自由選擇居住場所；不僅不得擁有土地，而且不能自由選擇職業；禁止黑人與白人通婚等等。

南方各州在制定「黑人法典」的同時，還縱容白人種族主義者建立

明朝

哥倫布發現新大陸
— 1500

— 1600
清朝　五月花公約
— 1700

美國獨立
— 1800
門羅主義

美墨戰爭
— 1850
日本黑船世界
中美天津條約
南北戰爭
購買阿拉斯加

美西戰爭
「門戶開放」政策
— 1900

中華民國

經濟大蕭條

日本偷襲珍珠港
— 1950　韓戰

甘迺迪遇刺

911事件
— 2000

歐洲文藝復興運動

拜占廷帝國滅亡
1500—

1600—

1700—
工業革命

法蘭大革命
1800—

共產黨宣言 1850—

日本明治維新

普法戰爭

1900—

中華民國
第一次世界大戰

第二次世界大戰

1950—

越戰爆發

兩伊戰爭

東西德統一

2000—

各種恐怖組織，其中勢力範圍最廣，手段最殘酷、社會危害最大的是３Ｋ黨。

３Ｋ黨是奉行白人至上主義的暴力組織，也是美國種族主義的代表性組織。它的標誌性服裝是白色長袍和只露出眼睛的尖頭帽。它始創於1866年的田納西州普拉斯基，由六名原來服役南方軍隊的退伍軍官共同建立。

當時南北戰爭結束不久，南方的黑奴得到解放，南方各州在社會經濟各方面都經歷著劇烈的變革。很多南方白人，特別是代表種植園利益的南方民主黨，認為這是對白人優勢地位和種植園經濟的巨大威脅。３Ｋ黨是民主黨所支援的半軍事組織，它的建立就是為了消除這種威脅。在發展初期，３Ｋ黨的主要目標是恢復美國南方民主黨的勢力，反對黑人獲得平等地位。由於３Ｋ黨的骨幹分子大多是前南方同盟的官兵，所以他們往往通過暴力來實現其目標。

３Ｋ黨建立後，得到諸多白人種族主義者的回應，不斷發展壯大，勢力擴展到其它州，並很快發展成一個全國性的組織。1867年，３Ｋ黨在納許維爾召開大會，發表了由前南方軍隊的喬治‧高登起草的組織章程。

幾周以後，前聯邦軍隊將軍佛雷斯被推選為首任全國領袖。佛雷斯非常支援這個組織，但奇怪的是，佛雷斯卻對外自己宣稱不屬於這個組織。但有人認為這是佛雷斯特逃避法律制裁的方法。

至於這個組織的規模，佛雷斯在一次報紙採訪中提到，３Ｋ黨在全國擁有55萬男性成員，他能夠在五天內召集四萬名３Ｋ黨黨員。但必須注意到的是，３Ｋ黨雖然有統一的章程和全國領袖，但各組織之間缺乏可信的交流管道，它分散在各地的成員卻有很強的自治性，所以當1869年，佛雷斯特對外宣稱，該組織的活動已經超出控制，變成危害公眾安全的犯罪行為，下令解散３Ｋ黨時，３Ｋ黨依然活躍如初。

3Ｋ黨的迫害對象主要是黑人，他們妄圖通過暴力，威逼恐嚇黑人，迫使他們遵從新訂立的黑人法典，乖乖地回到種植園。他們破壞黑人的祈禱活動，襲擊黑人的居民區，搶劫黑人的財物，屠殺黑人的生命。最糟糕的是詹森政府對此放任不管，南方頻頻發生殘殺黑人的流血事件。

1866年四月，孟菲斯的黑人與當地員警發生衝突。

3Ｋ黨以此為藉口，瘋狂襲擊黑人居民區，在那裡持續進行了長達三天的燒殺搶掠，46名黑人喪命，80多名黑人受傷，多處住房和學校被毀。

同年七月，發生了一起更駭人聽聞的事件，新奧爾良的黑人和激進派舉行反對黑人法典的集會，3Ｋ黨突然襲擊，與會人員「像獵物一樣遭到屠殺」。但3Ｋ黨的暴行還不止於此，內戰結束後遷居到南方的北方人和南方的共和黨白人也是他們的目標。其中部分戰前積極的廢奴論者，更是遭到了3Ｋ黨的殺害。

直到1871年，尤利西斯・格蘭特總統簽發了《3Ｋ黨和執行法案》，宣佈3Ｋ黨為非法組織，授權政府強行取締該組織的活動，數百名3Ｋ黨成員鋃鐺入獄。這項舉措取得了明顯的成效，3Ｋ黨在南卡羅來納幾乎消聲匿跡。

1882年，關於3Ｋ黨的這項法案才被判為違憲行為。但為時已晚，此時的3Ｋ黨大勢已去，威風不再了。

這個奉行白人至上的組織，一直視黑人為眼中釘，但是美國歷史中，誰也無法否定黑人在國家建設中的重要作用。許多黑人在自己的工作崗位上勤勤懇懇，任勞任怨，漸漸贏得了別人信任和好評。但黑人擁有和白人一樣的地位、權力在這一時期來說還是一個遙遠的夢想。

明朝

哥倫布發現新大陸
— 1500

— 1600
清朝　五月花公約
— 1700

美國獨立
— 1800

門羅主義

美墨戰爭
— 1850
日本黑船世界

中美天津條約

南北戰爭

購買阿拉斯加

美西戰爭
「門戶開放」政策
— 1900

中華民國

經濟大蕭條

日本偷襲珍珠港

— 1950　韓戰

甘迺迪遇刺

911事件

— 2000

歐洲文藝復興運動

拜占廷帝國滅亡
1500—

1600—

1700—
工業革命

法蘭大革命
1800—

共產黨宣言
1850—

日本明治維新

普法戰爭

1900—

中華民國
第一次世界大戰

第二次世界大戰

1950—

越戰爆發

兩伊戰爭

東西德統一

2000—

【延伸閱讀】吉姆・克勞法

　　初期的黑人法典後來逐漸演變成臭名昭著的吉姆・克勞法。吉姆・克勞原本是美國劇作家T・D賴斯在1828年創作的一個劇碼裡的黑人角色，後來逐漸成為貶抑黑人和黑人遭受種族隔離的代名詞。因此吉姆・克勞法通常被意譯為種族隔離法，泛指1876至1965年間美國南部各州對有色人種，主要是黑人，實行種族隔離的一系列法律和政策。

【專題】你自由了！

美國南北戰爭爆發後，奴隸制的存廢問題就一直困擾著聯邦政府。一部分人認為應當廢除奴隸制，讓美利堅健康自由地發展；可是對於一部分厭惡了戰爭的保守派而言，與其讓國家陷入一片戰亂，不如同南部達成協定，要求南部奴隸主放寬政策，善待黑奴，南北雙方達成友好合作。

而如何處置及安頓獲得解放的黑奴，對於聯邦政府來說也是一個急需解決的難題。少部分的執法黨認為，應當將這些逃亡的黑奴遣送回南部；但自由主義者卻認為，應當給予這些人自由，給他們設立專門的收容場所。

解放黑奴的提議得到林肯的讚許。為了號召人民加入解放黑奴的運動中，他曾多次發表演講，宣稱自己一定會為解放黑奴運動竭盡所能，甚至不惜付出自己的生命。

1862年7月，林肯開始與內閣討論解放黑奴宣言的相關事宜。為了保證宣言的順利發佈，從戰局角度出發，林肯認為聯邦需要一次勝利的戰鬥作為鋪墊。

在取得安提塔姆戰役的勝利後，林肯覺得發佈宣言的時機終於來臨了。1862年9月22日，林肯發佈了一份準備宣言，並公之於眾。

1863年1月1日，林肯政府正式發表了《解放奴隸宣言》，北方人因此受到極大鼓舞。南方黑奴得知北部解放宣言的發表後，紛紛逃往北方，爭取自由。雖然解放奴隸宣言贏得了反對奴隸制的領袖和工人階級們的一片讚譽，但引發了南方奴隸主的強烈不滿，甚至連歐洲列強也在嘲笑「美國的政治錯誤」。

明朝

哥倫布發現新大陸
— 1500

— 1600
清朝　　五月花公約

— 1700

美國獨立
— 1800

門羅主義

美墨戰爭
— 1850
日本黑船世界

中美天津條約

南北戰爭

購買阿拉斯加

美西戰爭
「門戶開放」政策
— 1900

中華民國

經濟大蕭條

日本偷襲珍珠港
— 1950　韓戰

甘迺迪遇刺

911事件
— 2000

歐洲文藝復興運動

拜占廷帝國滅亡
　　　1500—

　　　1600—

　　　1700—
工業革命

法蘭大革命
　　　1800—

共產黨宣言 1850—

日本明治維新

普法戰爭

　　　1900—

中華民國
第一次世界大戰

第二次世界大戰

　　　1950—

越戰爆發

兩伊戰爭

東西德統一

　　　2000—

解放宣言發表後，大部分黑人奴隸仿佛看到了自由的曙光，紛紛報名參軍，支持聯邦政府。這些得到解放的奴隸戰鬥意志頑強，為了反抗曾經壓迫他們的奴隸主，日夜訓練，成為一支勢不可擋的力量，為北方戰鬥的勝利作出了很大貢獻。有些無法奔赴前線的人，則留在後方為北軍隊生產糧食、修築鐵路、製造運輸船隻等，為前方部隊準備好充分的戰鬥物資。

得到解放奴隸的大力支持後，北部的武裝力量大大提升，再加上戰略上日漸成熟的指揮，南北雙方的戰場形勢逐漸發生了變化，優勢越來越向北部靠近。尤其是1863年爆發的蓋茨堡大會戰，雖然南北雙方傷亡都很慘重，但此次戰役成為內戰的轉捩點。這場戰役後，南部的武裝戰鬥力大大削弱，不得不從進攻戰略轉向防守戰略。

戰爭末期，北方戰鬥的勝利已成定局，許多廢除奴隸制的擁護者擔心，《解放奴隸宣言》將被視為違憲法令，黑奴自由將仍得不到保障，這也正是林肯所擔心的問題。為了能更好地貫徹宣言的內容，林肯在連任總統後，要求國會通過憲法修改法案，禁止美國本土上的任何蓄奴行為。這一項法案後來得到通過。

《解放奴隸宣言》是一座里程碑。除了對黑奴的立即效果外，此宣言也象徵著重整聯邦不再是戰爭唯一的目的。同時，它也代表了一個邁向廢除全聯邦奴隸制度的重要階段。無論對於黑人、白人，還是整個南北戰爭的局勢，甚至是日後美國的政治格局，都帶來了巨大變化，因而它具有深遠的影響。

| 第九章 | 戰後重生

　　戰爭的創傷並非一朝一夕就能磨滅，當人民的英雄林肯倒在敵對者的槍口下時，人們從彼此的眼神中人們看到的是對國家未來的迷茫。不過美國註定是一個被上帝「疼愛」的國家，正當美國人無法看清對未來的預知時，歐洲的工業革命讓這個國家從南北戰爭帶來的陣痛慣性中解脫出來，獲得了第二次新生。在這個人類發展最為迅猛的時期，美國人憑藉自己的聰明才智，打破了原有的生產模式，擴大了生產規模。工業革命帶來的資本擴張，同時也加速了美國佔領全球市場的腳步，此時的美國已經從一個歷經洗禮的青少年，成長到了充滿活力與勇氣的壯年。

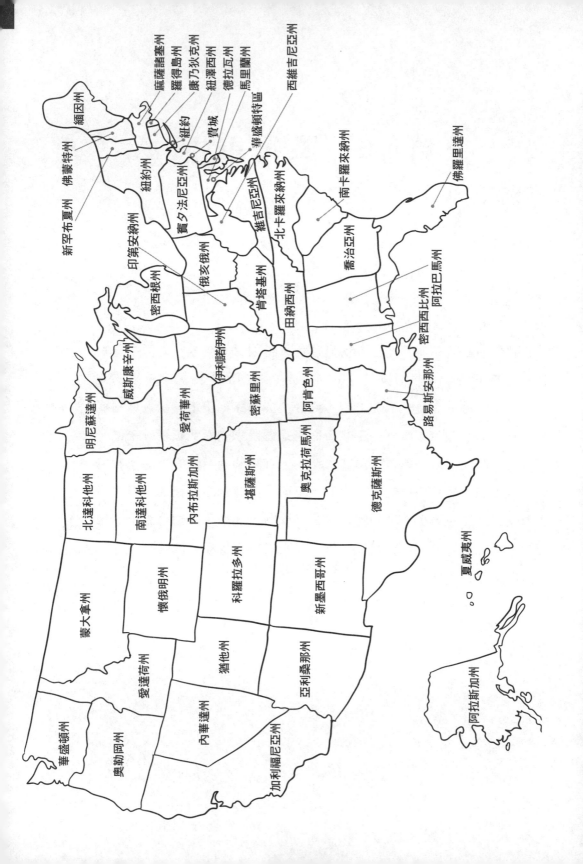

麻薩諸塞州
羅得島州
康乃狄克州
紐澤西州
德拉瓦州
馬里蘭州
西維吉尼亞州

緬因州

佛蒙特州

新罕布夏州

紐約州

紐約

賓夕法尼亞州

賓城

華盛頓特區

維吉尼亞州

北卡羅來納州

南卡羅來納州

喬治亞州

佛羅里達州

印第安納州

俄亥俄州

肯塔基州

田納西州

密西西比州

阿拉巴馬州

密西根州

威斯康辛州

伊利諾伊州

密蘇里州

阿肯色州

路易斯安那州

明尼蘇達州

愛荷華州

內布拉斯加州

堪薩斯州

奧克拉荷馬州

德克薩斯州

北達科他州

南達科他州

蒙大拿州

懷俄明州

科羅拉多州

新墨西哥州

夏威夷州

華盛頓州

奧勒岡州

愛達荷州

猶他州

內華達州

亞利桑那州

加利福尼亞州

阿拉斯加州

南方重建的艱辛

　　林肯被刺後，詹森成了總統，這個以前鮮為人知的小裁縫，如今卻要肩負起重建南方、重建美國的重任。國家重建更容易還是更艱難，取決於詹森，而不是林肯。詹森還要決定對南方叛州是嚴厲懲罰，還是予以寬恕。

　　詹森的重建政策相當溫和，他宣佈，凡是保證支持聯邦政府、遵守取締奴隸制度的法律的前南方邦聯居民，一律可以獲得特赦。他還允許前邦聯官員參加自己州內的新選舉，結果很多人都當選了。

　　但南部社會政治出現的混亂局面讓人們不得不重新審視詹森的重建政策，此時國會共和黨人中關於重建的態度分成了三個派別：保守派、溫和派、激進派。

　　保守派的代表主要是那些商業金融資產階級，他們與南部種植園經濟有著千絲萬縷的聯繫。他們主張和南部的種植園主進行和解，完全支持詹森的南部重建計畫，因為他們擔心民主運動的深入發展會使他們在南方的利益蒙受損失。

　　溫和派是當時國會當中最大的一個派別，他們的主張比較折衷、調和的立場，一方面他們不願意和詹森總統的關係搞得很僵，另一方面他們又擔心北方的民主黨人和南方的民主黨人進行聯合，從而獲得國會當中的大多數席位。而國會中一些決議的通過，溫和派有著十分重要的作用。

　　激進派是以北方的新興工業資產階級為代表，在政治上他們要求保證共和黨在國會當中的優勢地位。在經濟上他們主張貿易保護政策和貨幣緊縮政策，保護製造商和公債持有者的利益。激進派清醒地認識到，

明朝

哥倫布發現新大陸
— 1500

— 1600
清朝　五月花公約
— 1700

美國獨立
— 1800

門羅主義

美墨戰爭
— 1850
日本黑船世界

中美天津條約

南北戰爭

購買阿拉斯加

美西戰爭
「門戶開放」政策
— 1900

中華民國

經濟大蕭條

日本偷襲珍珠港

— 1950　韓戰

甘迺迪遇刺

911事件
— 2000

歐洲文藝復興運動

拜占廷帝國滅亡
1500—

1600—

1700—
工業革命

法蘭大革命
1800—

共產黨宣言
1850—

日本明治維新

普法戰爭

1900—

中華民國
第一次世界大戰

第二次世界大戰

1950—

越戰爆發

兩伊戰爭

東西德統一

2000—

只有獲得南方黑人的支持，才能使共和黨獲得大多數選票，從而削弱民主黨在國會當中的地位，更好地保證共和黨能夠行使聯邦權力為工業資產階級謀利。

在詹森剛剛開始推動重建政策的時候，激進派的力量還非常薄弱，大多數的共和黨人對總統詹森還抱有幻想，在激進派和總統進行鬥爭的時候，他們持觀望的態度。

為了緩和激進派和總統詹森的矛盾，溫和派領袖卡爾·舒爾茨在勸誡激進派人士不要和總統決裂的同時，又建議詹森認同黑人的選舉權利。連激進派內部的約翰·富比士也表示出要相信總統詹森，認為詹森是反對寡頭政治的人，並且仇恨奴隸主的貴族統治。

以上問題說明這一時期，國會內部共和黨的激進派力量還很有限，對於重建問題的干預，還沒有達到他們希望的效果。這種狀況一直持續到了1866年2月，詹森否決了關於延長自由民局存在期限的法案時，國會的內部還不能取得2/3的多數票來駁回總統的議案。

但是，詹森的重建計畫改變了南方的政治形勢，例如「黑人法典」的制定、3K黨活動的猖獗和否決憲法第13條修正案，這些惡性事件的出現讓國會內部的一些人對詹森失去了信任，紛紛開始向激進派進行靠近，國會力量對比開始發生了變化。

這些改變立場的人認識到南部各州新組建的州政府和之前並無二致，這些民主黨州政府根本就不承認戰爭的結果和黑人的解放。與此同時，詹森的重建綱領具有很明顯的妥協性，它加劇了南部形勢的惡化，進而導致民主黨人重新在聯邦內獲得了優勢。

就詹森本人而言，他的剛愎自用，聽不進別人看法的性格也招致了溫和派的反感，政策上狹隘短視也讓一些溫和派內比較有影響力的人認為詹森背叛了他們。

面對不利的局面，詹森不但沒有反思，反而開始對激進派進行了倡

狂地「進攻」，結果卻沒有為他挽回頹勢，詹森漸漸處於孤立無援的境地。1866年的選舉中，激進派終於取得了決定性的勝利，獲得了參眾兩院2/3的多數票。在和總統詹森的鬥爭中，激進派取得了完勝，也預示著南方重建困難重重。

【延伸閱讀】總統彈劾案

詹森和國會之間的意見衝突引起了諸多矛盾。激進派最後決定，必須把總統趕下台，他們對詹森提出11項罪名。這場彈劾總統案1868年3月5號開庭，詹森拒絕出庭，由律師代他出庭辯護。投票結果顯示，35人認為罪名成立，19人認為無罪，激進派以一票之差彈劾失敗，詹森被宣告無罪。

五一罷工，雄起的工人

19世紀80年代中葉，美國和歐洲的許多國家一樣，處於工業革命的後期階段，已經逐步完成了從資本主義到帝國主義的轉變。工業在生產生活中的作用日益增強，與此同時工人階級也開始登上歷史的舞台。資本家以謀取最高利潤為目的，通過延長工作時間、壓低工資等方法對工人進行剝削、壓榨。工人的生活苦不堪言。

勞動的是工人，享福的卻是資本家。為了反抗資本家的剝削，他們經常聚集在一起進行示威遊行，以此來給資本家們壓力。生活境遇長期無法改變，工人們開始摒棄之前的烏托邦改良主義，不再對資產階級抱有任何希望。他們不再奢望資本家們能夠為他們的利益著想，決定由之前的委曲求全徹底轉向正面對抗。

在多年的對抗過程中，工人們逐漸形成了強烈的階級意識，開始

明朝

哥倫布發現新大陸
— 1500

— 1600
清朝　五月花公約
— 1700
　　　美國獨立
— 1800
　　　門羅主義
　　　美墨戰爭
— 1850
日本黑船世界
中美天津條約
南北戰爭
購買阿拉斯加

美西戰爭
「門戶開放」政策
— 1900

中華民國

經濟大蕭條

日本偷襲珍珠港
— 1950　韓戰

甘迺迪遇刺

911事件
— 2000

歐洲文藝復興運動

拜占廷帝國滅亡
　　　　1500—

　　　　1600—

　　　1700—
工業革命
法蘭大革命　1800—

共產黨宣言
　　　　1850—

日本明治維新

普法戰爭

　　1900—
中華民國
第一次世界大戰

第二次世界大戰

　　1950—
越戰爆發

兩伊戰爭

東西德統一

　　　2000—

有意識地維護自身的權益。也正因如此，美國工人運動在這一時期達到了鼎盛。僅1886年到1890年的4年中，大大小小的罷工運動多達6000餘起，參與罷工的工人也越來越多。在這些運動中，最著名的要數1886年的五一大罷工。今天的五一勞動節就是源於這次罷工運動。

　　當時，工人們幾乎每天都要不停地勞動14個小時甚至18個小時，在聯合會的組織下，全國各地35萬工人紛紛走上街頭遊行示威，要求實現8小時工作日。罷工運動震動了美國整個社會，但由於勞動騎士團的阻撓，這場運動並沒有得到預期效果，8小時工作日的實行也沒能真正地普及全國，僅僅有18萬工人實現了這一目標。

　　這場運動雖然沒有得到完全成功，8小時工作制的目標也沒有完全達成，但是仍有很大一部分工人從中受益。有些工人的工作時間雖沒有被縮減到8個小時，但是他們的工作時間也有所減少。

　　另外，在這場聲勢浩大的工人運動影響下，另一場震驚全世界的工人運動——普爾曼罷工發生了。

　　普爾曼罷工是一個不能忽視的標誌性工人鬥爭，這是當時工人鬥爭的一個高潮。危機爆發後，普爾曼公司未與工人進行協商便私自削減了五分之一的工資，但是對工人們收取的房租等費用卻只增不減。後來，這些工人無法再繼續忍受資本家對他們的剝削和搜刮，團結起來奮起反抗，全體罷工。

　　普爾曼的工人幾乎都是尤金‧德布斯領導的鐵路工會的成員。罷工事件發生後，鐵路工會立即向普爾曼的工人進行支援。一個月後，參加罷工的西部鐵路工人多達6萬名，整個西部的交通運輸網陷入了癱瘓。

　　為了解除普爾曼公司的罷工威脅，有近8億美元的資金，產業包括全國的24條幹線的鐵路經理聯合總會對普爾曼公司進行全力支援。同是幾條鐵路的董事的聯邦司法部長理查‧奧爾尼，為了維護自己的利益決定站在普爾曼公司這一邊。他企圖利用反托拉斯法以「罷工是一種限制

貿易的陰謀」的罪名制裁罷工領袖。在他的起訴下，芝加哥聯邦地區的法院命令禁止任何人對各鐵路線業務的干涉。法令一經發表就受到了罷工工人的強烈不滿和抵制。

最後，法院只得向政府請求支援，希望政府能夠派出聯邦軍隊罷工工人進行鎮壓。但是，罷工工人們也並非是任人宰割的魚肉，政府的做法引起了他們更加強烈的反抗。一時間，硝煙四起，大大小小的暴力事件頻發，工人們常常聚集在一起阻擋交通，或對車輛和貨物進行破壞和銷毀。工人們的一次又一次地反抗以及聯邦軍隊的有力鎮壓使局勢一度陷入混亂。聯邦不斷增加鎮壓軍隊，勞聯領導卻拒絕了工人的求援。最後，布德斯等工人領袖被捕，罷工運動也宣告失敗。

普爾曼罷工雖然失敗了，但卻證明了美國鐵路工人的偉大力量，顯示了工人階級對美國新興的壟斷資本的強烈衝擊力。

從19世紀90年代罷工運動的高漲中也可以看出，在當時的社會背景下，壟斷資產階級和無產階級無法和平共存，雙方都在盡力利用各種的手段維護各自階級的利益，他們在利益上的矛盾難以調和。

 【延伸閱讀】五一勞動節

1889年，為了紀念1886年5月1日在美國舉行的約35萬人參加的大規模罷工和示威遊行，在巴黎舉行的第二國際成立大會通過決議，將5月1日定為國際勞工節，要求各國的勞工共同努力，為八小時工作日而奮鬥。美國直到1935年羅斯福總統執政時，八小時工作制定於法律中才予以確立。

明朝

哥倫布發現新大陸
— 1500

— 1600
清朝 ————五月花公約
— 1700

美國獨立
— 1800
門羅主義

美墨戰爭
— 1850
日本黑船世界

中美天津條約

南北戰爭

購買阿拉斯加

美西戰爭
「門戶開放」政策
— 1900

中華民國

經濟大蕭條

日本偷襲珍珠港
— 1950 ————韓戰

甘迺迪遇刺

911事件
— 2000

壓倒海上霸主的最後一根稻草

歐洲文藝復興運動

拜占廷帝國滅亡
1500—

1600—

1700—
工業革命
法蘭大革命 1800—

共產黨宣言 1850—

日本明治維新
普法戰爭

1900—

中華民國
第一次世界大戰

第二次世界大戰

1950—

越戰爆發

兩伊戰爭

東西德統一

2000—

在外爭的路上，美國遭遇的第一個對手是西班牙。西班牙是個沒落的老牌殖民帝國，它曾經幾乎佔據了整個南美大陸。現在美國要南下擴張勢力，於是在古巴與西班牙狹路相逢。

美西戰爭打響的時候，西班牙早已日薄西山、今非昔比，在國際上也顯得非常孤立，它已經不再是曾經那個龐大的帝國，如今它的殖民地只剩下古巴、波多黎各和菲律賓。這其中，菲律賓和古巴先後發動了反對西班牙殖民統治的武裝起義，解放了全國部分地區，這些鬥爭分散了西班牙的注意力。

為了應對這場對西班牙的戰爭，美國政府在全國徵兵二十萬，建立了一支號稱世界第三的強大艦隊，部署在世界各戰略要點上，並給軍隊配備了速戰野炮、電報和電話等先進的裝備。與美國的精心準備相比，西班牙在各殖民地的軍隊，絕大部分都是老弱殘軍，只有一些舊式軍艦，根本沒有什麼作戰準備。

在對西班牙的殖民地菲律賓的爭奪上，美國海軍部長助理狄奧多‧羅斯福任命喬治‧杜威準將為美國亞洲分艦隊的總司令。杜威曾參加美國內戰，是一位身經百戰、威名遠揚的軍事領導者，他對戰局有著獨到的慧眼和深入細微的分析。在進入菲律賓之前，他閱讀了大量和菲律賓有關的材料，詳細研究了菲律賓的海域圖。

1898年初，已正式擔任指揮的杜威指揮艦隊南下香港，直逼馬尼拉。他積極為戰爭準備著，購買了一艘運煤船和一艘補給船，並要求艦艇人員每天操練，所有機器都做好戰鬥準備。後來，美國海軍部長狄奧多‧羅斯福發來電報，要求杜威速往菲律賓，俘獲或摧毀西班牙艦隊。

總噸位、航速、火炮以及戰備訓練水平均占很大優勢的美國艦隊

進入馬尼拉灣之後，與西班牙艦隊相遇並在短時間內將其殲滅。而與此同時菲律賓境內的起義軍也積極發起軍事行動，佔領了很多重要島嶼和城鎮，還建立了自己的民族政府。1898年8月，在美國海軍和陸軍的攻擊，以及菲律賓起義軍的打擊下，馬尼拉城裡的西班牙軍隊象徵性地抵抗了一下之後就停火投降，西班牙在亞洲菲律賓的殖民統治正式被廢除。

古巴和菲律賓群島不僅擁有很重要的經濟價值，而且是美國向南美洲和亞洲擴張的戰略基地。美國和西班牙之間的戰爭，儘管首先在亞洲的菲律賓爆發，但是古巴才是美西戰爭的主戰場。

1895年古巴起義爆發時，起義者在對西班牙殖民者訴諸武力的同時，對身在古巴的美國人同樣很不客氣，他們制定了許以掠奪的政策，規定如果美國人不向他們繳納保護金，那麼他們在古巴的財產就不會受到保護。這些保護金被用於支援暴亂和擴大宣傳。

1896年，西班牙政府派陸軍上將巴萊里亞諾‧維萊爾到哈瓦那，採取果斷措施以結束古巴起義。維萊爾決定將平民趕到集中區，使他們無法援助叛亂。這導致了很多婦女和兒童在集中區惡劣的衛生條件下喪生。古巴的叛亂政權則利用這些在美國進行煽動，譴責維萊爾不人道的行為，激起美國人的同情。

為回應公眾的呼聲，美國國會通過了一項決議，承認古巴政權。1898年2月，美國藉「緬因號」的爆炸，發動對西班牙的戰爭。

在進攻馬尼拉後不久，美國派往古巴的艦隊也進入了聖地牙哥港。駐紮在聖地牙哥港的西班牙軍隊在奉命撤退的時候，被港外的美軍艦隊殲滅。在古巴起義軍和美國軍隊的圍困下，聖地牙哥城內外的西班牙軍隊投降。1898年8月，西班牙政府求和，美國同意停止軍事行動。同年，美國和西班牙雙方在法國巴黎簽訂合約。通過合約的規定，美國成為古巴的保護國，並獲得了波多黎各、關島和菲律賓。

明朝

哥倫布發現新大陸
— 1500

— 1600
清朝　　五月花公約
— 1700

美國獨立
— 1800
門羅主義

美墨戰爭
— 1850
日本黑船世界
中美天津條約
南北戰爭
購買阿拉斯加

美西戰爭
「門戶開放」政策
— 1900

中華民國

經濟大蕭條

日本偷襲珍珠港
— 1950　　韓戰

甘迺迪遇刺

911事件
— 2000

歐洲文藝復興運動

拜占廷帝國滅亡
1500—

1600—

1700—
工業革命

法蘭大革命
1800—

共產黨宣言
1850—

日本明治維新

普法戰爭

1900—

中華民國
第一次世界大戰

第二次世界大戰

1950—

越戰爆發

兩伊戰爭

東西德統一

2000—

西班牙的一份文獻資料對這個協定感到不滿，並哀傷地指出，它奪走了對西班牙輝煌歷史的最後一點記憶：「這份和平協定把我們趕出了西半球，而西半球變成今天的繁榮和文明社會，靠的正是我們西班牙父輩們的艱苦努力。」

美西戰爭是列強重新瓜分殖民地的第一次帝國主義戰爭，美國的勝利也標誌著美國作為一個主要軍事力量的崛起。

【延伸閱讀】羅斯福勇猛騎士

1898年，美西戰爭開始時，前總統狄奧多‧羅斯福辭去了海軍助理部長的職務。他組建了一支騎兵隊，其大多數成員是來自美國西南部的牛仔。他們能騎善射。還有一些成員是紐約的富家子弟，他們加入騎兵只是因為和羅斯福一樣喜愛追求刺激。這支騎兵後來成為赫赫有名的「羅斯福勇猛騎士」。

爭奪國中之國

作為世界上最具戰略意義的人工河道之一，巴拿馬運河由美國修建而成，全長81.3公里，水深十三到十五公尺，可通航七萬六千噸級的輪船。自1914年通航直至1979年期間一直由美國掌控。事實上，美國得到巴拿馬運河的所有權以及取得通航後的控制權，也經歷了不少周折。

十九世紀，在巴拿馬運河開鑿之前，巴拿馬地峽一直處於哥倫比亞共和國的管轄之下，哥倫比亞共和國在一段時間內曾改名為新格拉納達。新格拉納達是個年輕的小國，他希望巴拿馬運河能夠被劃入它的版圖之內，但是進行如此浩大的工程所需的巨大財力物資，新格拉納達根本無法承擔，因此只有藉助其他的力量。

美國曾與新格拉納達就開鑿巴拿馬運河一事進行過磋商，但是雙方沒有達成共識。1843年，新格拉納達政府向英國、法國、荷蘭、西班牙、美國等國家發出照會，提議由各國合建巴拿馬運河，並希望他們能夠保證巴拿馬運河未來的中立地位。但這次發出的照會除了美國以外，其他國家都沒有作出回應。

美國與新格拉納達再次就運河開鑿一事進行商討，經過一年的談判，雙方簽署了《美國、新格拉納達和平、友好、航海及通商條約》，條約共三十六條，有效期為二十年。

依據美國政府與新格拉納達簽訂的條約，很多美國遊客自由穿過巴拿馬地峽，這為當地的經濟發展帶來很大的促進作用，但也帶來了一場血鬥。一些美國遊客與巴拿馬商人在做交易時發生爭執，接而爆發衝突，造成雙方民眾的死傷。美國政府藉此派兵占領事發地，並和新格拉納達政府展開談判。

1861年，新格拉納達政府正式改名為哥倫比亞。哥倫比亞政府與美國通過持久的談判，最終達成協議，規定哥倫比亞政府同意美國承建巴拿馬運河，提供修建運河的地區，對未來運河的中立，由兩國實行共同防禦。即哥倫比亞將巴拿馬運河開鑿權及運河地區租讓給美國，但是哥倫比亞國會否決了這個協議。

正好在此時，由法國控制的洋際運河工程國際公民協會在1876年成立，並在不久後與哥倫比亞政府達成協議，哥倫比亞政府同意由法國來承建巴拿馬運河。

法國洋際運河公司經過數年的準備，制定了多套施工方案，在1883年正式動工開鑿巴拿馬運河。領導這次巴拿馬運河開鑿的整個工程的是法國著名外交官費爾南德·德·雷賽布。雷賽布曾經成功地主持修築了蘇伊士運河，在修建巴拿馬運河的時候，他照搬蘇伊士運河的成功經驗，忽略了巴拿馬地峽的特殊地形，草率制定施工方案，結果導致巴拿

明朝

哥倫布發現新大陸
— 1500

— 1600
清朝　　五月花公約
— 1700
美國獨立
— 1800
門羅主義

美墨戰爭
— 1850
日本黑船世界
中美天津條約
南北戰爭
購買阿拉斯加

美西戰爭
「門戶開放」政策
— 1900

中華民國

經濟大蕭條

日本偷襲珍珠港
— 1950　韓戰

甘迺迪遇刺

911事件
— 2000

歐洲文藝復興運動

拜占庭帝國滅亡
1500—

1600—

1700—
工業革命

法蘭大革命
1800—

共產黨宣言
1850—

日本明治維新

普法戰爭

1900—

中華民國
第一次世界大戰

第二次世界大戰

1950—

越戰爆發

兩伊戰爭

東西德統一

2000—

馬運河修築工程的慘敗。由於氣候環境極其惡劣，很多工人和技術人員得病而死，加上在附近擁有鐵路的美國人根本不配合法國人的運輸需要，最終導致法國在巴拿馬的修築工程無法繼續進行。

法國在開鑿巴拿馬運河上的慘烈失敗，給了一直對巴拿馬運河虎視眈眈的美國一個很好的機會。但哥倫比亞政府的不斷阻撓使美國感到極為不耐煩，於是美國轉而策動巴拿馬獨立。

1903年的11月4日，巴拿馬宣佈獨立。巴拿馬一獨立，美國就不必再和哥倫比亞政府糾纏，運河開鑿一事也可以直接和巴拿馬政府談判了。巴拿馬獨立之後四天，美國就與巴拿馬共和國政府簽訂了《美國與巴拿馬共和國關於修建一條連接大西洋和太平洋的通航運河的專約》，規定了美國擁有對巴拿馬運河和鐵路公司全部財產的永久壟斷權、巴拿馬共和國不得在運河區執行國家主權等內容。

巴拿馬運河工程在美國的介入之後，預算得到控制，工期也提前完成，1920年6月，巴拿馬運河正式通航。通過巴拿馬運河的交通流量是世界貿易的晴雨錶，世界經濟繁榮時交通量就會上升，經濟不景氣時就會下降。

 【延伸閱讀】美國進步主義運動

19世紀末20世紀初，美國歷史上出現了一股很有影響的社會運動和思潮。由貪婪和腐敗的盛行引發，它包括政治、經濟政策、社會公正和促進道德水準普遍提高等方面的改革。在這場進步主義運動中，總統狄奧多·羅斯福扮演了重要角色，使美國得以重新煥發活力，進而躋身世界強國。

【專題】電燈只是一個小小的開始

　　美國的技術發明，在很長時間內落後於英國和法國。但19世紀後期，美國的新技術突然得到了很大的發展。很多新技術的在這時候出現，並對後來的世界發展產生了深刻的影響。在這次發明新技術的高潮中，湯瑪斯‧愛迪生是人們印象深刻的美國發明家之一。

　　愛迪生是世界皆知的發明大王，但他的童年並不是一帆風順。他出生在美國俄亥俄州的米蘭，年少的愛迪生經歷了很多困難，流浪過很多地方，為了生存他也換過很過工作。直到來到紐約，愛迪生憑藉對機械的瞭解和優秀的維修技術，成立了屬於自己的一個工程公司，逐漸闖出了一片小天地。

　　工程公司主要製造和改良機器，同時研發、承製各種科學儀器。1876年愛迪生遷居到了紐澤西州，並在那裡建造了第一所「發明工廠」。在那兒愛迪生配置了精密的設備儀器，並聚集了一大批才華橫溢的各個領域專家。

　　1877年，愛迪生對貝爾發明的早期電話進行改進，並將其投入實際使用；留聲機作為改變人們生活的三大發明之一，也在這個時候由愛迪生發明出來。因為在紐澤西州的門洛帕克建立實驗室，他被稱為「門洛帕克的奇才」。

　　愛迪生的很多發明誕生在這個實驗室裡。它是世上第一個設立以專門用於技術革新和改善現有技術為目的的機構。雖然許多雇員按照他們的專業方向開展研究工作，也取得輝煌的成果，但法律上這些發明專利歸都愛迪生本人。

　　1879年，在經歷了無數次的失敗之後，愛迪生的電燈研究終於取得

明朝

哥倫布發現新大陸
— 1500

— 1600
清朝　　五月花公約
— 1700

美國獨立
— 1800

門羅主義

美墨戰爭
— 1850
日本黑船世界

中美天津條約

南北戰爭

購買阿拉斯加

美西戰爭
「門戶開放」政策
— 1900

中華民國

經濟大蕭條

日本偷襲珍珠港
— 1950　　韓戰

甘迺迪遇刺

911事件
— 2000

歐洲文藝復興運動

拜占廷帝國滅亡
1500—

1600—

1700—
工業革命
法蘭大革命
1800—

共產黨宣言
1850—

日本明治維新
普法戰爭

1900—

中華民國
第一次世界大戰

第二次世界大戰

1950—

越戰爆發

兩伊戰爭

東西德統一

2000—

了突破進展，他發明了能夠真正廣泛用於實際生活的第一盞電燈。為了延長電燈燈絲的壽命，經過試用幾千種纖維材料，終於找到了日本竹絲作為發光體，這可使燈泡的使用可持續上千個小時，方便而耐用。愛迪生的這項發明，可以說是他一生中以及當時世界各國中一項最為矚目的成就。

除了電燈、電話，打字機也被發明出來；熱離子管的出現，也使得無線電通訊成為可能；新的農具也不斷出現；電以及電的使用、汽車和飛機的出現，都是在科學世界具有革命性的成果。所有這些在美國內戰之後的40年間出現的新發明、新產品，深刻改變了人們的生活和促進了世界的發展。

新機器也不斷被改進和組裝，並發揮著重要的作用，大大提高了各行各業的生產效率。塞繆爾·柯特發明的手槍聞名全球，得到世人的無限喜愛，這不僅僅是因為它超群的品質，另一個重要的原因是塞繆爾·柯特的手槍是當時超乎人們想像的先進流水線上，用可以互換的部件組裝而成。有人聲稱，沒有什麼東西，是新機器做不出來的。

| 第十章 | 威爾遜與意外的大戰

　　越是高速的發展越容易被繁榮的局面迷惑了雙眼，這正如一個身強力壯的人往往會忽視身體的小病一樣，如果長時間的忽略，這種小毛病往往會造成很大的麻煩。二十世紀初的美國乃至整個資本主義世界正處於這樣的狀態之中，第一次世界大戰正是這樣的小毛病所引發的頑疾。當大戰的雙方處於膠著狀態時，美國成了制勝的籌碼，它傾向於哪一方，勝利就屬於哪一方。

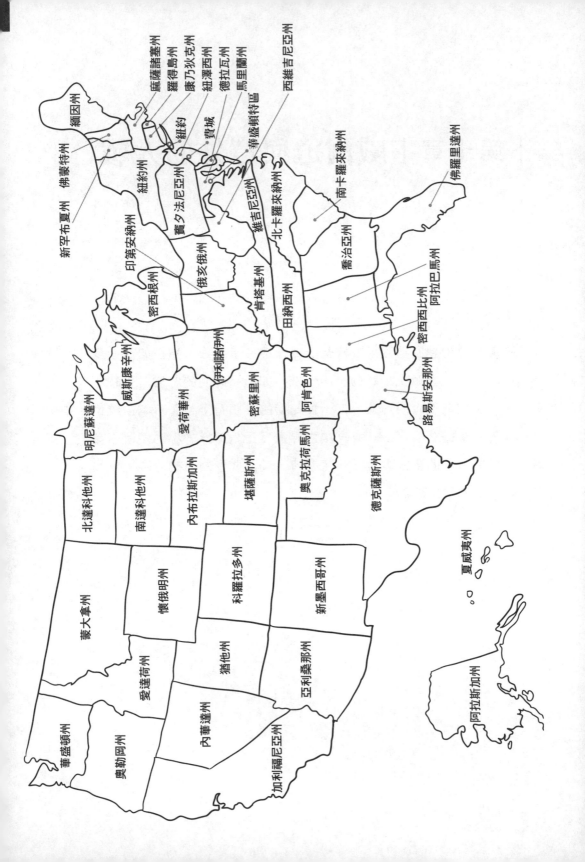

塞拉耶佛青年引爆的一場世界大戰

　　對於第一次世界大戰的爆發，美國人心裡一點準備也沒有，沒有人能預估到它所帶來的影響，包括總統伍德羅‧威爾遜在內，誰也不會想到一個塞拉耶佛的青年會引爆一場世界大戰。沒有一個國家真的希望打這場戰爭，但是也沒有任何國家能阻止戰爭的爆發。

　　1914年6月28日，在奧匈帝國的城市塞拉耶佛，一個加入了塞爾維亞黑手黨的年輕學生加夫里洛‧普林西普開槍刺殺了帝國王儲斐迪南大公。他的目的本是為了推進在塞爾維亞的民族主義進程。但是令他自己都沒想到的是，他的莽撞行為開啟了一場世界大戰。

　　一個又一個國家為了保護自己的盟國或遵守盟國之間的協定而參戰。不到一個星期，歐洲絕大多數國家都捲入了戰爭。歐洲各國之間的政治對抗和斡旋層出不窮，以德國、奧匈帝國、鄂圖曼土耳其帝國為首的同盟國和以英國、法國、沙皇俄國為首的協約國開始分庭抗爭，兩大政治聯盟進行了一場殘酷的戰爭，從而結束了一個舊時代，開啟了一個戰火紛飛的新時代。

　　戰爭一開始，美國總統威爾遜就提出聲明，說美國將在戰爭中不偏不倚，保持中立。他說：「這次戰爭與美國完全無關，戰爭的是是非非跟美國不沾邊。」

　　當時，伍德羅‧威爾遜和其他美國人一樣，在震驚之餘，都認為這場遠在大西洋彼岸的戰爭不會和自己有半點關係。但是美國人想錯了，很快這場戰爭就演變為一場世界性的戰爭，美國作為與歐洲貿易最頻繁的國家，不可能不受一點影響。

　　除了沒有預判到這場戰爭的影響和規模以外，美國保持中立的態度

明朝

哥倫布發現新大陸
— 1500

— 1600
清朝　　五月花公約

— 1700

美國獨立
— 1800

門羅主義

美墨戰爭
— 1850
日本黑船世界

中美天津條約

南北戰爭

購買阿拉斯加

美西戰爭
「門戶開放」政策
— 1900

中華民國

經濟大蕭條

日本偷襲珍珠港

— 1950　　韓戰

甘迺迪遇刺

911事件

— 2000

歐洲文藝復興運動

拜占廷帝國滅亡
　　　　1500—

　　　　1600—

　　　　1700—
工業革命

法蘭大革命 1800—

共產黨宣言 1850—

日本明治維新

普法戰爭

　　　　1900—

中華民國
第一次世界大戰

第二次世界大戰

　　　　1950—

越戰爆發

兩伊戰爭

東西德統一

　　　　2000—

還有另外一個原因。當時美國人口有三分之一以上的人在歐洲出生或者是歐洲移民的後裔，他們與歐洲人可能有著共同的祖先，所以這些人在感情上無法接入到歐洲的紛亂之中。與此同時，美國國內的各種社會問題造成的壓力已經非常明顯，如果自己的問題沒有處理好，又介入歐洲的戰爭，會讓聯邦政府變得焦頭爛額，美國民眾也不希望戰火給低迷的形勢火上澆油。除了那些因為保守而擔心介入歐洲戰爭的人，這些都是致使美國保持中立的有力原因。

　　雖然美國不希望自己和戰爭有一絲一縷的牽扯，但是國內民眾對於戰爭雙方還是有趨向性，國內也分成了各自的「派別」，像長居在美國的1250萬德裔和奧地利裔人、愛爾蘭裔人，他們因為憎恨英國，所以選擇支持同盟國一邊；而大多數英國裔的美國人則因為歷史和語言的原因更傾向於支持協約國，在德國穿過保持中立態度的比利時國境向法國發起猛烈攻擊的時候，英裔美國人的這種傾向性就更加明顯了。

　　隨著戰爭的深入，協約國利用英裔美國人這種傾向性故意誇大德國經過比利時時對該國民眾的暴行，並將德國士兵的「野蠻行徑」散佈開來，以博得美國對自己的支持。其中一些記者或者作家撰文將德國人描述成「冷血動物」。而同盟國此時也想拉攏美國，但是因為先前美國人對德國人的印象太差，使得同盟國的努力全都白費。

 【延伸閱讀】歐洲火藥庫

　　巴爾幹半島向來都被稱為「歐洲火藥庫」，1912年10月18日，巴爾幹同盟與土耳其爆發第一次巴爾幹戰爭。結果土耳其大敗，與巴爾幹同盟簽訂《倫敦條約》。1913年6月29日，第二次巴爾幹戰爭爆發，保加利亞戰敗，各參戰國簽訂《布加勒斯特條約》。兩次巴爾幹戰爭，並使得奧匈和俄國的衝突加深，為第一次世界大戰埋下伏線。

橫空出現的德國潛艇

1916年，美國迎來新一輪總統大選。這次大選的主要議題就是戰爭。正在進行的第一次世界大戰，其血腥程度超過了以前的所有戰爭。絕大多數美國人不想介入這場戰爭，他們的這種厭戰情緒也正是伍德羅・威爾遜贏得連任的重要原因。

和大多數美國人一樣，威爾遜也不想參與戰爭。他擔心捲入世界大戰會使許多美國人喪命。他讀到來自歐洲戰場的報告，都是些非常可怕的消息，已經有數百萬人在戰爭中陣亡、受傷或被俘。

當美國在戰爭初期保持中立，大發戰爭財的時候，在海上「橫空出現」的德國潛艇一下子讓美國政府感到無比驚慌。第一次世界大戰開始後的1915年2月4日，德國開始了對英國各個島嶼的封鎖，宣佈「所有敵對方和中立國的船隻會不經過警告的擊沉。」之所以會包括中立國，德國宣稱「英國在戰爭期間濫用中立國旗幟。」

德國政府發言人說德國此舉是為了對抗英國對德國的食品封鎖，只要是英國先做出妥協，那麼德國也會放棄潛艇封鎖。

相比較而言，德國封鎖潛艇對美國的影響更大，以為這樣一來，德國獲得了海上貿易航線的控制權，對於想要從戰爭中牟利的美國來說，這是決不能容忍的。於是，威爾遜致電豪斯說德國的這項政策是一項「毀滅商業的特別計畫」。這也註定了美國一定會反對德國的潛艇封鎖。

1915年3月28日，一艘德國潛艇擊沉了英國的「法拉巴」號客輪，其中一名美國公民溺亡。這引起了美國民眾的強烈不滿，但是總統威爾遜此時還是希望能夠找到一些辦法，避免美德關係計畫又能平息國內民眾的不滿情緒。

明朝
哥倫布發現新大陸
— 1500
— 1600
清朝　五月花公約
— 1700
美國獨立
— 1800
門羅主義
美墨戰爭
— 1850
日本黑船世界
中美天津條約
南北戰爭
購買阿拉斯加
美西戰爭
「門戶開放」政策
— 1900
中華民國
經濟大蕭條
日本偷襲珍珠港
— 1950　韓戰
甘迺迪遇刺
911事件
— 2000

歐洲文藝復興運動

拜占廷帝國滅亡
1500—

1600—

1700—
工業革命

法蘭大革命
1800—

共產黨宣言
1850—

日本明治維新

普法戰爭

1900—

中華民國
第一次世界大戰

第二次世界大戰

1950—

越戰爆發

兩伊戰爭

東西德統一

2000—

接下來，美國一艘油輪和英國一艘名為「盧西塔尼亞號」客船被德國魚雷擊沉。這一次美德關係朝著「冰點」又邁進了一步，同時也宣佈了潛艇危機已經到達了高潮。其中，「盧西塔尼亞」遊輪被擊沉事件造成了128名美國公民死亡。

消息一經傳出在美國國內引起軒然大波，人們開始上街遊行抗議，聲討德國暴行。威爾遜總統對德國政府採取了一場頗為耐心的外交辯論。威爾遜以人權的名義就「盧西塔尼亞」事件呼籲德國政府停止針對海上船隻的攻擊行為，並且要求其進行道歉和經濟賠償，並且保證下不為例。德國外交部對威爾遜的呼籲置之不理。

接下來威爾遜再次發表聲明宣稱如果德國繼續在海上肆意不加警告擊沉船隻，那麼美國會認為其「蓄意為敵」。但是德國的回覆更為強硬，兩國關係沒有絲毫好轉。

但是當時的德國政府已經認識到如果再繼續挑釁美國，那麼美國早晚會被激怒，這對德國是十分不利的。於是政府下令不再攻擊大型客船，並且慫恿德國沙皇找準時機下令完全停止潛艇封鎖行動。

可是在8月19日，德國潛艇再一次擊沉「阿拉伯人號」郵船，造成兩名美國人喪生。這樣威爾遜總統下定決心要和德國人攤牌，但是此時德國駐美國大使保證：德國以後不會再攻擊沒有武裝的「郵船」，只要這些船隻不攻擊德國船，並且在召喚他們投降的時候不會逃走。

在德國的承諾下，美國再一次本著以和為貴的觀點接受了德國的承諾，接下來維持了七個月的和平。但是在1916年3月24日，德國違背承諾擊沉一艘名為「薩賽克斯」號的非武裝客輪，造成幾名美國人受傷，這種失信的表現終於讓美國政府忍無可忍。

接替布萊恩擔任美國國務卿的藍辛宣稱：「除非德國政府放棄他們的潛艇戰方法，不然美國政府將斷絕與德國的一切外交關係。」

德國政府接到美國的警告後，看到眼下還沒有十足把握獲得無限制

潛艇戰的勝利，所以不得不向美國屈從。

　　幾經波折的潛艇戰看似是美國取得了外交上的勝利，其實這是德國的權宜之計。德國的潛艇封鎖不僅讓美德關係薄如蟬翼，也迫使美國越來越向戰爭的邊緣靠近。

 【延伸閱讀】馬恩河會戰

　　第一次世界大戰期間，英法聯軍與德軍於1914年和1918年在馬恩河地區進行的兩次會戰。1914年9月4日德軍追擊已經撤過馬恩河英法聯軍，在這次會戰中德軍傷亡約21萬人，法軍約14萬人。1918年7月15日，德軍以3個集團軍的兵力在馬恩河突出部地區對英法聯軍發動進攻，英法聯軍向德軍發起反攻。這次會戰德軍損失12萬人；聯軍損失近6萬人。

沒有勝利的和平

　　愈演愈烈的潛艇危機已經讓美國的中立政策到了頂峰，為了維護海上權力，保證近海的和平，同時在國內輿論強調介入歐洲事務、促進戰爭結束的呼聲越來越高情況下，1915年1月，威爾遜派豪斯上校前往歐洲展開調停斡旋，但最後以失敗告終。

　　調解失敗後，威爾遜在1917年1月22日在參議員發表了一次名為「沒有勝利的和平」演說，在演說中，威爾遜強調美國對於戰爭的看法是實現「沒有失敗者和勝利者」的和平，他不希望戰爭最後的結果出現一個國家對另一個國家的兼併和經濟賠償，這樣換來的和平是不會長久的。英國方面認同威爾遜的做法，並且放緩了自己的姿態，宣佈只要德國願意走到談判桌來，英國會在一個合理的基礎上與其談判。

明朝

哥倫布發現新大陸
— 1500

— 1600
清朝　　五月花公約
— 1700

美國獨立
— 1800

門羅主義

美墨戰爭
— 1850
日本黑船世界

中美天津條約

南北戰爭

購買阿拉斯加

美西戰爭
「門戶開放」政策
— 1900

中華民國

經濟大蕭條

日本偷襲珍珠港
— 1950　韓戰

甘迺迪遇刺

911事件
— 2000

歐洲文藝復興運動

拜占廷帝國滅亡
1500—

1600—

1700—
工業革命
法蘭大革命
1800—

共產黨宣言
1850—

日本明治維新
普法戰爭

1900—

中華民國
第一次世界大戰

第二次世界大戰

1950—

越戰爆發

兩伊戰爭

東西德統一

2000—

但是德國完全無視威爾遜的呼籲和英國政府的邀請，德國政府宣佈在1917年2月1日開始繼續對英國、法國、義大利和地中海東部周圍的海域進行沒有警告的襲擊，交戰國和中立國的船隻依然不會受到保護。對此，威爾遜感覺到失望之極，他沒有了別的選擇，只能宣佈和德國解除外交關係，雖然這個時候威爾遜依然不願進捲入到戰爭當中。

1917年1月17日，德國給美國的近鄰墨西哥發了一封密電，表示一旦美國和德國之間爆發戰爭，希望墨西哥能夠和德國結成盟友，作為條件，德國會為墨西哥政府提供財政援助，並且幫助墨西哥收回在19世紀美國和墨西哥的戰爭中失去的領土。最後還提出希望墨西哥總統卡蘭薩力邀日本也加入到反對美國的同盟中來。

德國這樣做的目的顯然是想將美國困在北美大陸上，沒有心思過多參與到歐洲的戰爭中來，這樣便可以減輕對歐洲戰火中盟國的壓力。不過這份密電中途被英國情報機構截獲破譯，隨後英國將這份密電報交給了美國。威爾遜看到之後大為光火，認為這是對美國自尊的玷污和對安全的挑戰。3月1日，他將這份密電報公之於眾，美國國內一片譁然，民眾更加對德國恨之入骨，反對德國的浪潮在美國席捲開來。這份密電報也讓美國國內那些一直保持對德妥協姿態的人無地自容。

此後，情形更加嚴峻起來，德國和之前一樣，肆意向中立國船隻發射魚雷，這一次德國又擊中了一艘美國商船，造成大量人員傷亡。這讓美國國內的反德浪潮達到了頂峰，美國加入到戰爭當中已成必然。此時，俄國爆發十月革命，沙皇統治被無產階級推翻，這在另一方面也促使美國加入到一戰當中。4月2日，威爾遜再次發表演講，名為「為了美國的權力和榮譽」，必須向德國宣戰。

在會場外面，大群的人站在街道兩旁，向從國會返回白宮的威爾遜歡呼。然而，威爾遜總統坐在車中，悲傷地搖頭，他說：「想一想吧，他們所歡呼的是什麼呢？我今天所發表的演說，將把年輕的美國小夥子

們推向死亡，而他們卻在為此歡呼，這真是奇怪。」

兩天後，參議對宣戰決議進行了投票，結果以82票對6票通過，4月6日，眾議院以373對50票的絕對優勢通過了威爾遜的戰爭諮文，美國加入到協約國中，一同對抗德國。

 【延伸閱讀】索姆河會戰

第一次世界大戰中期，英、法軍隊在法國北部索姆河地區對德軍的陣地進攻戰役。戰役從1916年6月24日開始，至11月中旬結束。7月1日晨7時半英法聯軍的步兵在炮火支援下發起進攻，遭到德軍機槍和炮兵火力的嚴重殺傷，第一天即傷亡近6萬人。索姆河會戰，是第一次世界大戰中規模最大的一次戰役。

中立的巨人被迫參戰

在參戰之前，美國已經對自己的軍備進行了擴充和更新，從海軍方面來看，美國在1914年建造了排水量達到32000噸，裝有12門14英吋的大炮的「新墨西哥」號戰鬥艦，同時下水的還有「內華達」號，這是美國第一艘燃油機為動力的戰鬥艦。

1917年4月10日和11日，美國海軍部長丹尼爾斯與英國和法國的海軍將領進行了商談，劃分了協約國的職責範圍，美國主要負責西半球的巡邏和防禦工作，並且協助英國海軍在不列顛群島周圍進行巡邏。美國第一批六艘驅逐艦在隨後抵達了愛爾蘭的昆斯頓，到八月的時候，美國已經派出47艘驅逐艦鎮守歐洲水域。

為了控制德軍的潛艇，協約國制定出了一項計畫，用驅逐艦和其他軍艦為橫渡大西洋的商船護航。美國驅逐艦擊沉了一艘前來入侵的德國

明朝

哥倫布發現新大陸
— 1500

— 1600
清朝　五月花公約
— 1700

美國獨立
— 1800
門羅主義

美墨戰爭
— 1850
日本黑船世界

中美天津條約

南北戰爭

購買阿拉斯加

美西戰爭
「門戶開放」政策
— 1900

中華民國

經濟大蕭條

日本偷襲珍珠港
— 1950　韓戰

甘迺迪遇刺

911事件
— 2000

海軍建立143艘軍艦組成的巡洋和運輸部隊。在戰鬥中，美國加緊了對同盟國部隊的攻擊，一支由120艘獵潛艦艇組成的編隊在亞得里亞海與奧地利海軍進行了一場戰鬥，這場戰鬥中美國海軍還使用了水上飛機進行作戰。

1918年6月，美國成為世界第一個在海上實施橫斷北海的巨大規模水雷佈防，從而堵住了敵軍潛艇的後路。在佈設這些水雷之前，美國海軍將領林・羅德曼率領艦隊前往奧克尼群島支援在那裡的英國海軍，兩隻艦隊的結合將外洋的德國海軍堵截在了海灣之中，這樣德國的海軍士氣嚴重挫敗，也成為德國投降的一個重要因素。

與海戰相比，陸戰的形勢完全不同，1917年6月，第一支美國陸軍部隊抵達了法國，到了年底的時候，法國境內已經有將近二十萬美國軍隊。

德國在戰爭中有明顯的優勢，他們發動的進攻擊潰了義大利軍和俄國軍隊，到了十一月，因為俄國發生十月革命，宣佈退出第一次世界大戰，這讓十萬德軍能夠轉戰到西線。第二年春天，德國軍隊已經在細線有絕對優勢，面對德國人強大的活力，協約國軍隊潰不成軍，在慌忙之中，協約國組成了最高作戰委員會統一指揮抵抗。

此時美國總統威爾遜宣佈任命法軍元帥斐迪南・福煦為最高統帥，將美國四個師的軍隊交給其指揮。與此同時，美國向歐洲輸送了大量給養，新造的許多運輸艦船也投入使用，美國士兵源源不斷地來到了歐洲。

1918年5月27日，德國發起了對埃納的攻擊，法國軍隊猝不及防，連連敗退，德軍攻擊到了離巴黎只有56英里的馬恩河。法國再一次向美國提出支援，美軍的第二師和德國軍隊短兵相接，有效地阻止了德國人

歐洲文藝復興運動

拜占廷帝國滅亡
1500—

1600—

1700—
工業革命

法蘭大革命
1800—

共產黨宣言
1850—

日本明治維新

普法戰爭

1900—

中華民國
第一次世界大戰

第二次世界大戰

1950—

越戰爆發

兩伊戰爭

東西德統一

2000—

攻向巴黎。

在接下來的反攻中，第二師以及屬下的海軍陸戰隊攻破德國軍隊的層層防禦，向貝萊奧森林發起了攻擊，美國軍隊艱難的向前推進，浴血奮戰了三個多星期，將德國人趕出了貝萊奧森林。不過這場戰鬥讓美軍傷亡了9777人。

德國的形勢一天不如一天，為了挽回敗局，它們只能孤注一擲，速戰速決。六月，德國在馬恩河扇形地區發起了進攻。在美國軍隊和法國軍隊的配合下，法美聯軍在八月上旬將德國軍隊在這一地區肅清，美國第一軍開始控制聖米歇爾附近的南部戰線。

隨著協約國在這場戰爭中的勝利，再加上英法的軍隊在北部和中部戰線連戰連捷，為戰爭最後的勝利做好了準備。

這時候，德國政府已經嗅到了戰敗的味道，此時協約國在兵力上佔有了優勢，統帥福煦準備在1919年春天開始新一輪的攻勢。見到大勢已去的德國開始打算進行和談，不過協約國在外交上和德國周旋了將近一個月，最後還是決定要以武力作為最必要的方式。

戰場上連戰連敗的德國軍隊已經無力回天，而且內部已經出現了兵變，於是在11月11日雙方簽訂了停戰協定，第一次世界大戰就此結束。

這場戰爭打了四年，導致一千萬人死亡，歐洲的大片地方成了廢墟。人們把第一次世界大戰形容為「一場終結了所有戰爭的戰爭」。

 【延伸閱讀】默滋-阿爾貢戰役

9月26日，美國進行了參戰以來最大規模的一次戰鬥，這次戰鬥共進行了四十多天，雙方投入兵力120萬人，坦克324輛、飛機840架。同時美國也為此付出了慘痛的代價，傷亡11.7萬人。美國在這次戰役中，吸引了很多德軍，大大地減輕了在其他防區的盟軍的負擔。

明朝

哥倫布發現新大陸
— 1500

— 1600
清朝　五月花公約
— 1700

美國獨立
— 1800

門羅主義

美墨戰爭
— 1850
日本黑船世界

中美天津條約

南北戰爭

購買阿拉斯加

美西戰爭

「門戶開放」政策
— 1900

中華民國

經濟大蕭條

日本偷襲珍珠港

— 1950　韓戰

甘迺迪遇刺

911事件

— 2000

歐洲文藝復興運動

拜占廷帝國滅亡
1500—

1600—

1700—
工業革命

法蘭大革命
1800—

共產黨宣言
1850—

日本明治維新

普法戰爭

1900—

中華民國
第一次世界大戰

第二次世界大戰

1950—

越戰爆發

兩伊戰爭

東西德統一

2000—

【專題】為世界裝上輪子

在「柯立芝繁榮」時期，如果你問任何一個美國人：「你最喜歡的是哪一種汽車。」他一定會回答是福特公司生產的A型汽車。這款汽車是福特公司在1927年12月推出的，為了研製它，亨利・福特可以說耗盡了心血，投入了巨額的資金。在決定生產這款汽車的前一年，他關閉了原來生產T型汽車的工廠，並且毫不吝惜地將大量生產了一半的T型汽車全部廢掉。

這樣的舉動在當時汽車業界內引起了軒然大波，但人們得知福特公司為了生產一款新型汽車，花費了巨大的血本，那麼這款車究竟會是什麼樣子？民眾什麼時候才能在市場上購買到？人們充滿了好奇，想一睹其芳容！

亨利・福特清楚，想要讓這款新型汽車獲得成功，還要在車型和性能方面做出更科學更合理的設計。因為在汽車市場的競爭中，福特一直處在雪佛蘭汽車的後面，而且T型車存在很多的不足，外形難看、雜訊大、速度慢、動力不足都是它的缺陷。此時，美國民眾已經不滿足於T型車，於是把選車的目光紛紛轉向了價格更便宜的雪佛蘭汽車。這讓一向心高氣傲的亨利・福特先生不能容忍。

所有的美國人都期待著福特公司的新車上市，他們想看看福特這個機械天才能夠給他們帶來怎樣的奇蹟。雖然新車還沒有呈現在大家面前，但是許多報紙已經在頭版頭條刊載了許多有關這方面的消息，引起了人們的廣泛興趣。最後，有一則報紙作出了這樣的報導：布魯克林的一個汽車經銷商，從他弟弟亨利那裡得到了有關福特公司研製新車的最新情況。這個報導是當日的最大新聞。

密西根州的《阿爾戈斯》週刊雜誌刊載了一張圖片，上面顯示的是福特新車在野外試駕的情景，許多人就因為這一張圖片紛紛購買了這份雜誌。時間一天天地過去，萬眾矚目的福特新車終於要登場亮相了。為了給新車造勢，福特花費了130萬美元買下了200家報紙持續5天的整版廣告。很快，有關福特汽車的消息排山倒海般地襲來，美國人隨時隨地都能看到與此相關的資訊，就連對汽車不感興趣的人也不得不街邊的報刊亭瞄到，因為200家的報紙幾乎覆蓋了美國全境。

在1927年12月2日這一天，萬眾期待的福特A型車火爆登場。車展那一天，大約有100萬人湧進了紐約福特公司總部，一睹新型車的真容。同時在全國各個城市，同樣出現了萬人空巷的場面。

一系列聲勢浩大的活動讓福特公司收穫豐厚，新車發佈沒幾天，全國已經有了數千張的訂單，其中最搶手的一款車型是尼亞加拉藍色跑車和阿拉伯沙漠旅行車。當時，如果有一輛福特的新車停在路邊，一定會吸引許多人駐足觀瞧。

美國人對於汽車的愛好超過了世界上任何國家的人，所以他們非常重視福特汽車的每一款新車發佈。

一組資料清晰地表明汽車對美國家庭的重要影響：第一次世界大戰結束後的1919年，全國共有677.1萬輛小汽車，而到了1929年，這一數字已經上升到了2312.1萬輛。在1923年年底，平均每3個家庭擁有兩輛小汽車。在對60戶擁有小汽車家庭的調查中，其中有26戶家庭的房屋非常簡陋，有21戶人家甚至連浴缸都沒有，可見汽車對於美國人來說是多麼的重要。

汽車工業的迅猛發展讓美國的面貌發生了很大變化，最顯著的就是路邊上的村莊。因為農業的委靡不振，許多村莊從繁榮走向了衰敗。農民因地制宜地建立起汽車修理廠、加油站，或者提供長途司機休息的汽車旅館、飲食店、咖啡廳等，因此，一種新的繁榮景象在路邊出現。

明朝

哥倫布發現新大陸
—— 1500

—— 1600
清朝　　五月花公約

—— 1700

美國獨立
—— 1800

門羅主義

美墨戰爭
—— 1850
日本黑船世界

中美天津條約

南北戰爭

購買阿拉斯加

美西戰爭
「門戶開放」政策
—— 1900

中華民國

經濟大蕭條

日本偷襲珍珠港
—— 1950　　韓戰

甘迺迪遇刺

911事件

—— 2000

不過汽車的繁榮也帶來了新的問題，那便是道路的壅堵。每週六、週日的下午，城市主要街頭上車流湧動，有時會堵車會堵到幾個街區之外，讓駕駛者無可奈何。路況雖然如此，但是人們已經非常清楚地認識到蒸氣時代轉向汽油時代的大趨勢已經不可避免。

歐洲文藝復興運動

拜占廷帝國滅亡
1500—

1600—

1700—
工業革命
法蘭大革命
1800—

共產黨宣言
1850—

日本明治維新
普法戰爭

1900—

中華民國
第一次世界大戰

第二次世界大戰

1950—

越戰爆發

兩伊戰爭

東西德統一

2000—

| 第十一章 | 大蕭條來了

　　雖然第一次世界大戰對美國的影響並不像歐洲國家那麼巨大，但它還是讓美國人感到深深的恐懼，並且再一次對未來喪失了信心，這一系列的表現就是股市的崩盤，經濟大蕭條。美國人的生活似乎一下子從「天堂」落入了「地獄」，許多人從失望變成絕望。饑荒逼迫人們走上逃亡的道路——人們背井離鄉，衣衫襤褸，唇焦口燥，望眼欲穿，卻找不到糧食和過冬衣服。這其中固然有經濟發展的客觀因素，但是人們主觀信心的卻是也是導致這一結局的一個重要誘因。

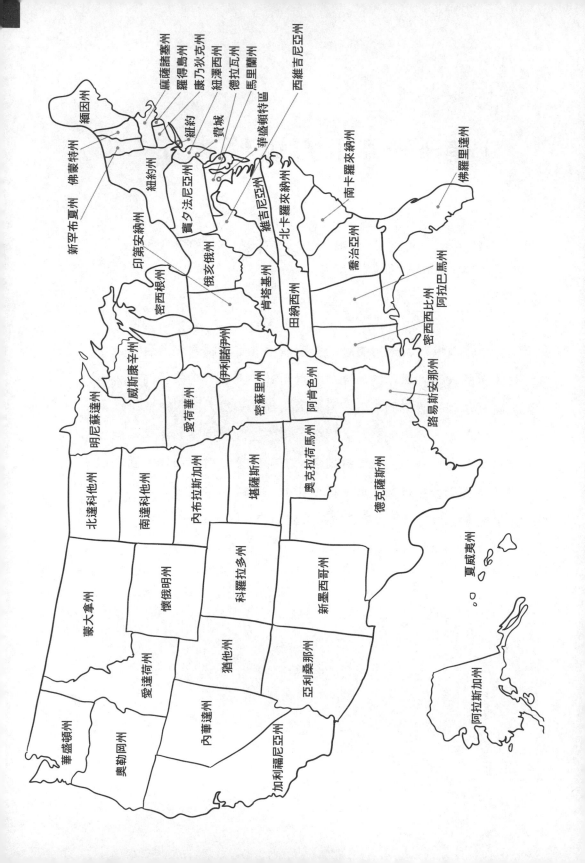

黑色星期四

　　胡佛總統的視野與眾不同，當報紙鋪天蓋地地報導經濟危機的種種危害、人民生活的種種苦狀之時，他只是優雅地抖一抖他的手絹，說：你們的擔憂持續太久了——經濟危機早就過去了。記者們不理會這一套，他們挖苦胡佛的無動於衷，還竭力提醒公眾總統和總統夫人用餐排場之奢侈。

　　1928年11月6日，赫伯特‧胡佛成為了美國第三十一任總統，就在當選的第一天，股市承接之前的牛市，再一次出現了暴漲的情形。而在此之前出現的小幅下挫只不過是短時間的股市調整。

　　其實，在1928年的6月、9月以及後來1929年的3月和5月，美國股市一直在反覆下跌，這讓一些人在不斷地捕捉時機，還有一些投機商從這種不穩定的行情中總結經驗。

　　不過任何「經驗」給投資者帶來的是慘痛的代價。股市不斷下跌，而且跌幅越來越大。其實，在大牛市的時候，金融語言家們就對當時的情勢做出了種種預測，但是他們的預言相對謹慎，因為沒有人願意看到自己的預測所帶來的悲慘後果，更沒有人願意承擔由此產生的責任。所以金融界對於1929年10月的股市持普遍看好的態度。

　　接下來的日子讓這些金融學家的預言看起來像愚人節的玩笑。股市價格完全沒有一點復甦的跡象，而且日趨惡化，悲劇正在一步步的降臨。從10月22日星期二開始，股價開始出現持續的低迷，在全天收盤前的最後一個小時，股民們一整天的收益幾乎損失殆盡。轉天，股市下跌已經到了瘋狂的狀態，人們再也按捺不住，開始不顧一切地拋售手中的股票，當天的交易總量一下子突破了六百萬股。

明朝

哥倫布發現新大陸
— 1500

— 1600
清朝　五月花公約

— 1700

美國獨立
— 1800

門羅主義

美墨戰爭
— 1850
日本黑船世界

中美天津條約

南北戰爭

購買阿拉斯加

美西戰爭
「門戶開放」政策
— 1900

中華民國

經濟大蕭條

日本偷襲珍珠港

— 1950　韓戰

甘迺迪遇刺

911事件

— 2000

歐洲文藝復興運動

拜占廷帝國滅亡
1500—

1600—

工業革命
1700—

法蘭大革命
1800—

共產黨宣言
1850—

日本明治維新

普法戰爭

1900—

中華民國
第一次世界大戰

第二次世界大戰

1950—

越戰爆發

兩伊戰爭

東西德統一

2000—

兩天後，「黑色星期四」終於到來，這在股民的記憶中是難以抹去的一天。

星期四開盤的時候股價還相對平穩，只是交易量非常大，超過了之前幾天。這一天的交易大戶是肯尼科特鋁業公司和通用汽車公司，分別達到了20000股。不過行情顯示器跳動的過程明顯滯後於現場的交易，所以在場的每一個人都在焦急地等待。不同下跌的行情趨勢，讓那些急於想把手中股票賣出去的人感到了緊張和不安，以至於他們在填寫委託單時雙手顫抖得無法下筆。

股價還在下跌，而且下跌速度異常的快。緊盯著顯示器的人們根本不明白這是怎麼回事。在當天交易快要結束的時候，人們對於股市的下跌感到了震驚。不僅紐約交易所上空「烏雲密佈」，散佈在全國各地的經紀人辦公室同樣充滿了緊張的氣氛。股市為何如此下跌嚴重，沒有人會明白，股民們只能在顯示器前看到自己的財產瞬間消失。

這確實是一個不容易解讀的疑問，事後人們的普遍看法是：之所以在交易開始後的第一個小時，股市就出現了大幅下跌，其主要原因還是人們的恐懼造成大量的賣空。

厄運還遠沒有結束，時間一分一秒的流逝，人們看到股票正在下跌，整個體系也幾乎要崩潰，人們紛紛要從這種驚恐中解脫出來。於是準備大量拋售股票的股民在11點的時候再一次湧進證券交易所。然而顯示器始終是滯後的，當報出價格的時候，股價已經跌到谷底的消息早已經通過電話、無線電廣播等途徑迅速傳到了全國各地，於是更大更為洶湧的拋售股票「洪流」在每一個證券交易所襲來。

股市崩盤毫無疑問地給人們帶來前所未有的衝擊力，無論是經濟人還是辦事專員，證券交易所的每一個工作人員都已經是精疲力竭。除了股市，其他市場也受到了波及。

「黑色星期二」嚴重地打擊了銀行業，可以說是致命的一擊。很

多公司為了能獲得8％到9％的高額利息，在此之前他們通過銀行貸款給股票經紀人。所以當股市出現危機的時候，這些公司已經把老本賠了進去，他們叫囂著讓銀行收回貸款。

通過這一次的股市崩盤，人們應該看到經濟的發展與民眾的思維應該是相輔相成的。戰後十年美國的繁榮絕不局限於經濟領域，它同時也是美國民眾的一種心理狀態。所以在大牛市時期，不僅僅標誌著商業週期達到了一個頂峰，也表明了民眾的思想和心理也達到了頂峰。

在即將過去的1929年，持續了一段時間的「柯立芝繁榮」似乎還沒有完全結束，但是整個國家已經病入膏肓。這就好比人的身體，即使表面上看起來非常健康，但是身體內部，病毒早已經侵蝕著我們的身體，美國的經濟也處於這種狀況。喜憂參半的戰後十年也隨著股市的一落千丈走到了盡頭。

 【延伸閱讀】柯立芝繁榮

1924年，喀爾文‧柯立芝擊敗了民主黨候選人戴衛斯，成功當選為總統。之後的幾年，美國渡過了一段繁榮的歷史階段，史稱「柯立芝繁榮」。柯立芝時期的市場經濟非常紅火，國民生產總值和工業總值創造了新紀錄，住宅業、電子製造業和汽車業的發展非常突出。但生產和資本進一步集中，加深了資本主義的固有矛盾，同時滋生了新的危機的「萌芽」。

蕭條下的悲慘世界

在1932年，美國的失業人口超過了15％，國家工業委員會估算是1250萬人，而美國勞工同盟估計是1300萬人，這些數字充分說明了經濟

明朝

哥倫布發現新大陸
— 1500

— 1600
清朝　五月花公約
— 1700

美國獨立
— 1800

門羅主義

美墨戰爭
— 1850
日本黑船世界

中美天津條約

南北戰爭

購買阿拉斯加

美西戰爭
「門戶開放」政策
— 1900

中華民國

經濟大蕭條

日本偷襲珍珠港

— 1950　韓戰

甘迺迪遇刺

911事件

— 2000

歐洲文藝復興運動

拜占廷帝國滅亡
1500—

1600—

1700—
工業革命

法蘭大革命
1800—

共產黨宣言
1850—

日本明治維新

普法戰爭

1900—

中華民國
第一次世界大戰

第二次世界大戰

1950—

越戰爆發

兩伊戰爭

東西德統一

2000—

大蕭條的陰影籠罩著美國。許多失業者整日奔走於各個公司之間，他們聽到最多的話就是「有合適的工作我會通知您的。」誰都知道這是善意的謊言，但是人們別無他法。

許多人因為生活窘迫，住在四處漏風的廉租房內，忍受著饑餓與寒冷。報紙和街頭上的招聘廣告成為他們全部的希望，日復一日，月復一月，職業介紹所前成天都是過來找工作的人，他們明知道希望非常渺茫，但是還抱著一絲僥倖，在介紹所前虛度時光。

人們在銀行裡已經沒有多餘的存款，只能用人壽保險做為擔保去借，或者賣掉家裡值錢的東西。人們品嘗著貧窮帶來的辛酸，到了最後只能走投無路去申請失業救濟金，可是現在哪裡還會有足夠多的失業救濟金？

此時，如果漫步在美國任何一個城市的街頭，你會發現等待出租的店鋪比比皆是，招牌和玻璃櫥窗都落滿了灰塵，這說明這家店已經很久沒有開門迎客。遠處的煙筒冒煙的也很少，沒有幾家工廠還在上班；街道上也不再像繁榮時期那樣塞滿了運貨的車，喧囂聲早已經不知所蹤。街上的乞丐和流浪漢明顯增多了。

如果乘坐火車出行，火車車廂的數量也比以前減少了，車廂裡的乘客更是寥寥無幾。此時人們的溫飽也都已經成為了難題，誰還有心情出門去欣賞風景。其他方面的事情似乎跟平常沒有多大的區別，大蕭條的主要表現一般都隱藏在更深層面，不容易從表像上面發覺。

如果想要看到大蕭條所帶來的影響，那麼許多現象便會自然而然的呈現在你面前。首先，貧民區等待領失業救濟的隊伍就會一眼望不到盡頭，城市邊緣的空地上也都是一排一排的簡陋小木屋，住在那裡的居民被有錢人冷潮熱諷的稱作「胡佛村村民」。構成這些「簡易民居」的材料有包裝盒、廢鐵、以及垃圾場裡能夠撿到的任何能用的東西。住這些房子的人甚至還有被無情的房東趕出來的整個家庭，他們有的人就睡在

了從廢車場裡抬出來的汽車墊子上面，靠著燒垃圾的油桶取暖。

那些真正無家可歸的人只能常年睡到公園的長凳上面，感覺餓了便會去餐館門前溜達，搜尋人家吃剩下的半塊餅或者任何能夠維持生命的東西。在公路旁或者火車站，經常能夠看到搭便車的流浪者，他們是一批四處漂泊的饑餓大軍，流浪的目的就是能夠找到一個可以落腳的地方。

但是從目前的形勢看，這已經變成了一種奢望。根據喬納森・諾頓・倫納德的記述：密蘇里太平洋地鐵公司住1929年「正式承認」的流動工人為13745個，到了1931年的時候，這一數字上漲到了186028個。據不完全統計，到了1933年，會有一百萬人過著流離失所的生活。

在這些人當中，有一大部分是婦女、老人或者青少年，美國兒童局證實，有二十萬名兒童每天在全國各地漂泊。

那麼，這一時期，美國的富人又是怎樣生活的呢？經濟危機讓有錢人也不得不過起節衣縮食的生活。在1931年之後，降薪已經變成了普遍的事情。於是，那些有錢人家紛紛打發自己的僕人，即使沒有辭退僕人，薪水也已經降到了最低。

不過，和那些揭不開鍋的窮人相比，這些富人也頂多是在財富上有所損失，還不至於影響到溫飽的問題，而那些窮人的財富便徹底地煙消雲散了。

城市的窘迫讓大量的居民搬到鄉下去住，但是這些人過慣了城市的生活，只有很小一部分人會開墾農田，種點莊稼。

這一次的工業大蕭條給人們最致命的傷害就是時間的持久性。那些自尊勤勞的勞動者，在失去了工作之後，只能看著家人一天一天跟著自己受苦。也許幾個禮拜、幾個月對他們來說不算什麼，但是一年、兩年的煎熬已經讓生活看不到任何希望，更無自尊可言。當你在1932年的紐約公園中看到蜷縮在長凳上的人，或者在施捨粥飯的地方排隊的陰鬱人

明朝

哥倫布發現新大陸
— 1500

— 1600
清朝　五月花公約
— 1700

美國獨立
— 1800

門羅主義

美墨戰爭
— 1850
日本黑船世界

中美天津條約

南北戰爭

購買阿拉斯加

美西戰爭
「門戶開放」政策
— 1900

中華民國

經濟大蕭條

日本偷襲珍珠港
— 1950　韓戰

甘迺迪遇刺

911事件
— 2000

歐洲文藝復興運動

拜占廷帝國滅亡
1500—

1600—

1700—
工業革命

法蘭大革命
1800—

共產黨宣言
1850—

日本明治維新

普法戰爭

1900—

中華民國
第一次世界大戰

第二次世界大戰

1950—

越戰爆發

兩伊戰爭

東西德統一

2000—

群，他們中的一些有可能在1929年的時候就已經加入其中。

這一時期對於即將畢業的中學生或大學生來說是一段古怪的日子。中學的入學人數比以往任何時候都要高。在高年級，一些能夠讓他們離開學校出去工作的崗位實在是少之又少。同樣，一些能夠支付得起上研究所的家庭，也不會讓孩子過早的進入社會，而是繼續供孩子深造。他們認為，在求職無望的情況下，上學總比在家待著強。

經濟混亂的影響無處不在，秩序失控的不僅僅是工商企業，博物館、學校、慈善組織、醫院、影視廳等地方無一倖免。捐款比以前少了，看電影的人也沒有以前那麼多，俱樂部的會員紛紛退出，人人都感覺到了蕭條的影響。

經濟危機的「洪潮」也讓一些醜聞露出了冰山一角。大蕭條出現的破產和違約，然後對該公司的檢查，隨後就是一連串醜聞的曝光。當銀行倒閉的時候，當公司瀕臨破產的時候，會計師們才發現了那些儀表堂堂、道貌岸然的人原來和歹徒惡棍為伍。這樣的事情幾乎在每一座城市，每一個城鎮都有發生，這無疑讓人們心中一絲新的希望再一次破滅。

 【延伸閱讀】道威斯計畫

第一次世界大戰結束後，協約國於1924年制定的德國賠款支付計畫。由於德國財力枯竭，加上戰勝國爭奪德國賠款的矛盾，德國按《凡爾賽和約》支付賠款問題成為20年代資本主義國際經濟與政治中難以解決的糾紛。1924年4月9日美國銀行家C.G.道威斯擬定一項解決賠款問題的計畫，史稱道威斯計畫。該計畫經同年7月16日至8月16日之倫敦會議討論並通過，同年9月1日生效。1930年被楊格計畫所取代。

補償金遠征軍的聚會

在1932年的夏天，華盛頓出現一起因為不滿情緒引發的騷動。這一年的六月份，幾千名參加過第一次世界大戰的退伍老兵進入到華盛頓特區，他們有的坐著卡車、有的坐車大篷車。這些退伍老兵來到華盛頓的目的就是希望聯邦政府能夠將拖欠他們的「調整後的補償金」支付給他們。不過這筆補償金，國會已經通過投票表決，要到1945年才會支付。

於是，情緒不滿的老兵們來到華盛頓郊區的阿納卡斯蒂亞平地，在這上面建立起房屋，也就是棚戶區。同時，老兵們還佔領了賓夕法尼亞大道上的一塊空地，住進一些廢棄的建築物裡，因為這裡離國會大廈非常近。漸漸的，三三兩兩的退伍老兵來到華盛頓，住進棚戶區，最後的人數居然達到了15000到20000人。

從總體上看，這一支「補償金遠征軍」只是一些普普通通的美國民眾，他們除了平靜的聚集那裡，並沒有做出什麼特別的舉動，畢竟他們是懂得軍紀的士兵，還有很多人是拖家帶口來到華盛頓。

隨著時間的流逝，阿納卡斯蒂亞形成了一個半軍事化管理、半家庭氛圍的營地，在簡單破陋的房屋外面，經常能夠看到晾曬的衣服，還有一些人閒來無趣進行一些休閒活動。

華盛頓的警察局長佩勒姆·D·格拉斯福特將軍將這些聚集者看作是公民，並認為他們用這種方式維護的自己的權利合情合理。但是華盛頓的另一些人視老兵為仇敵，他們認為「補償金遠征軍」的出現是一種不祥之兆，不懷好意地「入侵」到華盛頓。

幾天時間，在一名退伍老兵的帶領下，大家來到了國會大廈外進行示威抗議。與此同時，國會正在忙著商討補償金的問題；投票議案在夜裡進行，這時，老兵們已經將國會大廈門前圍得水泄不通。

明朝

哥倫布發現新大陸
— 1500

— 1600
清朝　五月花公約
— 1700

美國獨立
— 1800

門羅主義

美墨戰爭
— 1850
日本黑船世界

中美天津條約

南北戰爭

購買阿拉斯加

美西戰爭
「門戶開放」政策
— 1900

中華民國

經濟大蕭條

日本偷襲珍珠港
— 1950　韓戰

甘迺迪遇刺

911事件
— 2000

歐洲文藝復興運動

拜占廷帝國滅亡
1500—

1600—

1700—
工業革命

法蘭大革命
1800—

共產黨宣言 1850—

日本明治維新

普法戰爭

1900—

中華民國
第一次世界大戰

第二次世界大戰

1950—

越戰爆發

兩伊戰爭

東西德統一

2000—

最後，投票結果否定了補償金議案，國會議員們不清楚老兵們得知這個消息後會有怎樣的舉動。他們隔著窗戶，緊張地看著外面的人群，腦子裡想像著這群衣衫襤褸的老兵發瘋似的衝進國會大廈的場景。不過，出乎預料的是，當老兵們知道了議案被否決的消息時，他們並沒有表現出太多的不滿，有人在人群中演奏《美利堅》的樂曲，然後各自安靜地散去，混亂的情形並沒有出現。

「補償金遠征軍」中的一些老兵在接下來的幾天紛紛離開了華盛頓，但是留下來堅守陣地的人還有幾千名之多，他們在絕望之中充滿了堅強。老兵已經把這裡的棚戶區當做了自己的家，況且離開了也是去四處漂泊。

繼續駐紮在華盛頓的人讓那些政府官員們感到了不安，白宮被警衛嚴格保護起來，大門緊閉，甚至用鐵鎖鎖了起來，白宮周圍的街道也全部戒嚴。但是這樣也不能讓白宮內的當權者安心。於是聯邦政府決定將清理那些住在國會大廈附近廢棄建築物內的老兵。1932年7月28日早上，格拉斯福特將軍接到上級的通告，宣佈由他負責進行清理行動。

疏散行動悄無聲息地開始了，但是平靜並沒有持續多久，到了中午的時候，不知從哪裡飛出來的一塊磚頭讓一切變得混亂起來。退伍老兵與員警之間爆發了衝突，不過混戰沒有持續多久。但是兩個小時之後，更大的麻煩出現了，一名員警掏出手槍射向兩個正在朝他扔磚頭的老兵，還沒有等到格拉斯福特制止，子彈已經進入了兩個老兵的體內。隨後事態並沒有擴大到不可控制的地步，但是格拉斯福特想要在最短的時間內完成疏散的工作，避免不必要的麻煩。

在一個悶熱的下午，賓夕法尼亞的大街上出現了一支軍隊：四個步兵連、四個騎兵連、一個炮兵連，還有幾輛坦克。當他們靠近爭議區的時候，那些老兵高興得歡呼起來，越來越多的人跑過來湊熱鬧，仿佛看到了曾經自己在軍隊裡的樣子。

但是不一會，混亂就出現了：騎兵連的馬匹衝進了人群當中，催淚瓦斯在街道上面點燃，許多婦女和孩子被馬蹄踐踏，一群在路對面聚集的人群被衝得四散而逃，只聽見尖叫聲在國會大廈不遠的地方此起彼伏。

「補償金遠征軍」終於被驅散了，這些人後來不得不融入到更大規模的無家可歸人群當中，從此開始了漂泊的生活。美國陸軍「十分出色」的完成了驅散任務，他們沒有殺死任何人，但是受傷的人有很多。事情結束後，一系列痛苦後果只能由無辜的民眾自己承擔。

 【延伸閱讀】爐邊談話

1933年3月12日，羅斯福就職總統後的第8天，他在總統府樓下外賓接待室的壁爐前接受美國廣播公司、可倫比亞廣播公司和共同廣播公司的錄音採訪。羅斯福希望這次講話親切些，就像坐在自己的家裡，雙方隨意交談。哥倫比亞廣播公司華盛頓辦事處經理哈利·布契說：那就叫「爐邊談話」吧，於是就此定名。在羅斯福12年的總統任期內，他一共做了30次爐邊談話。

百萬富翁的兒子上台

當美國面臨南北分裂的時候，上帝賜給了它們亞伯拉罕·林肯；當美國經濟崩潰的時候，上帝又賜給了它們富蘭克林·羅斯福。

蕭條的蔓延和深化讓美國社會越來越動盪不安，人們根本看不到未來。在這種絕望的氛圍中，美國迎來了新一屆的總統選舉。胡佛想通過連任來重新證明自己，而他所要面對一個強有力的競爭對手，來自民主黨內的候選人富蘭克林·羅斯福。

明朝

哥倫布發現新大陸
— 1500

— 1600
清朝　　五月花公約

— 1700

美國獨立
— 1800

門羅主義

美墨戰爭
— 1850
日本黑船世界

中美天津條約

南北戰爭

購買阿拉斯加

美西戰爭

「門戶開放」政策
— 1900

中華民國

經濟大蕭條

日本偷襲珍珠港

— 1950　韓戰

甘迺迪遇刺

911事件

— 2000

歐洲文藝復興運動

拜占廷帝國滅亡
1500—

1600—

1700—
工業革命

法蘭大革命
1800—

共產黨宣言
1850—

日本明治維新

普法戰爭

1900—

中華民國
第一次世界大戰

第二次世界大戰

1950—

越戰爆發

兩伊戰爭

東西德統一

2000—

富蘭克林・羅斯福擁有一個非常出色的競選團隊，詹姆斯・法利、路易士・麥克亨利・豪、塞繆爾・I・羅森曼、雷蒙德・莫利都是其中的成員。羅斯福給自己的團隊起了一個名字，叫做「私人委員會」。

在競選初期，羅斯福的團隊為他提供材料時非常謹慎，當需要對某件事情表達出明確的立場時，一定會讓羅斯福小心再小心。不過羅斯福是一個魅力非凡的總統候選人，他的微笑極具吸引力，聲音聽起來也令人愉快，而作為對手的胡佛在這方面就要差很多。

作為紐約州州長，羅斯福具有豐富的政治經驗和行政管理經驗，而且，作為前海軍部助理部長，羅斯福對華盛頓就像對自己的家鄉一樣熟悉。再加上法利和豪的鼎力相助，這一切都在表明，羅斯福想贏得總統大選，只需要發揮自己的魅力就足夠了。

不過美國政論家華特・李普曼卻不認為魅力是他的優勢，他曾經這樣評價羅斯福：「富蘭克林・羅斯福是一個和藹可親的人，他的內心有很多慈善的衝動，他不會成為危險敵人，他熱衷於討好別人……富蘭克林・羅斯福還是一個十字軍戰士，他不是人民的護民官，也不是既定特權的敵人，他是一個令人愉快的人，他非常希望自己成為總統。不過羅斯福沒有勝任這一職位所需要的任何重要資質。」

在芝加哥體育館，經過了冗長的提名演說之後，通宵會議進行了第一次候選人提名投票。羅斯福獲得了多數代表的支持。幾天之後，代表們再一次集合開會，在那天夜裡的第一輪投票中，羅斯福就贏得了總統候選人的提名。

富有戲劇性的是，羅斯福拒絕了幾周之後舉行的宣佈提名儀式，而是自己租了一架飛機，來到芝加哥發表他的「接受提名演說」，並且在演說之中提出了自己的「新政」之說。這是羅斯福第一次提到「新政」這個詞，六個禮拜之前，莫利曾在一份遞交給羅斯福的備忘錄中提到了它，羅斯福便記住了這個說法。

幾週以來，羅斯福和他的智囊團一起進行了提名演說的起草工作，在飛機上，羅斯福對演說做了最後的修訂。但是飛機降落之後，豪卻將另一份稿子遞給了羅斯福，這是他自己動手寫的修訂版。演說中並沒有什麼大膽之處，內容都是羅斯福一貫原則的表現，挑不出什麼毛病。

　　後來羅斯福總統任期內的施政綱領，很多都在這篇演講中有過預示。只有一個計畫看起來很新奇：他主張讓失業者投入到自然資源保護的工作中去。而其他一些觀念，後來都被他拋棄，正如他自己所說：「政府的壓力實在太大了。」

　　1932年的夏秋兩季，洛杉磯舉行了奧林匹克運動會，而羅斯福也展開了競選攻勢，迎戰他的對手胡佛。也是在這個季節，各種各樣阻止大蕭條繼續蔓延的想法、觀念和計畫開始在人們的思想中醞釀著。

　　競選的另一方胡佛此時也沒有偃旗息鼓，他提出了一個大膽的裁軍建議，希望能結束關於歐洲武器限制的長期僵局，因為僵局使德國對美國的怨恨逐漸加深，不過英法兩國反對胡佛提出的這一計畫。

　　終於，大選的日子來臨。那一夜，紐約巴爾的摩酒店的民主黨總部的氣氛異常歡快，而帕羅奧圖市的氣氛則籠罩著一片愁苦。那一刻，羅斯福和法利還有另外兩個人在一個秘密的房間內聽到了這個好消息，而更多的民主黨人在外面慶祝勝利的到來。

　　富蘭克林‧羅斯福以472張選票擊敗了只獲得59張選票的胡佛，成為了美國新一任總統，成為美國唯一一個連任四屆的總統。

　　名滿天下，謗亦隨之。有人說羅斯福是美國歷史上最偉大的總統，也有人把他看成是陰謀家和自由體制的破壞者。羅斯福當選總統可以說是美國歷史的又一次轉折，他的沉穩老練，大度和執著的進取精神他推出新政的先前條件。

明朝

哥倫布發現新大陸
— 1500

— 1600
清朝　　五月花公約
— 1700

美國獨立
— 1800

門羅主義

美墨戰爭
— 1850
日本黑船世界

中美天津條約

南北戰爭

購買阿拉斯加

美西戰爭
「門戶開放」政策
— 1900

中華民國

經濟大蕭條

日本偷襲珍珠港

— 1950　　韓戰

甘迺迪遇刺

911事件
— 2000

1929年10月24日，美國爆發了資本主義歷史上最大的一次經濟危機。羅斯福在1932年接受民主黨總統候選人提名時，他允諾了「一項為了美國人民的新措施」。後針對當時的實際，順應廣大人民群眾的意志，羅斯福大刀闊斧地實施了一系列旨在克服危機的政策措施，使美國進入資本主義黃金時期。

歐洲文藝復興運動

拜占廷帝國滅亡
1500—

1600—

1700—
工業革命
法蘭大革命
1800—

共產黨宣言
1850—

日本明治維新
普法戰爭

1900—

中華民國
第一次世界大戰

第二次世界大戰

1950—

越戰爆發

兩伊戰爭

東西德統一

2000—

【專題】像鳥一樣飛

1903年，萊特兄弟進行了著名的飛行試驗，後來，汽油內燃機的發明使飛機的使用變成了可能，這也說明了為什麼飛機的實驗和現代汽車的製造基本出現在了同一時期。

第一次世界大戰的爆發加速了飛機產業的發展，大多數飛機的產生用在了軍事方面，而民用、商用客機長期處在了被擱置的狀態。在繁榮時期，最大的民用飛機行為也就是一些類似於馬戲團表演的巡迴演出，飛行員通過高難度的技巧表演來贏得觀眾的掌聲。

在這其中，最重要的飛行事件要數查理斯・林德伯格駕駛自己的飛機從紐約飛到巴黎。

1927年5月20日，早上7點54分，林德伯格將自己的「聖路易斯精神號」加滿了油，然後起飛。

「聖路易斯精神號」起飛的消息在第一時間傳到了美國的各個地方，無論是股票投資人還是鄉村農民、學生，所有人的心也隨著林德伯格離開地面雀躍起來。

終於，在經歷了33個小時的不間斷飛行後，林德伯格駕駛者他的「聖路易斯精神號」平穩著陸在巴黎勒布爾熱機場。這條消息傳到美國人民的耳朵裡，那一刻，所有美國民眾的自豪感和喜悅感油然而生。

關於林德伯格飛躍大西洋這件事，美國社會出現了前所未有的狂熱，各大報紙都出現了創歷史紀錄的銷售新高。《紐約世界報》對林德伯格作出了很高的評價，認為他是人類歷史上單獨一人所創造的最偉大的壯舉。

不僅民間對林德伯格給予了極高的熱情和擁戴，就連當時的美國總

明朝

哥倫布發現新大陸
— 1500

— 1600
清朝 五月花公約
— 1700

美國獨立
— 1800

門羅主義

美墨戰爭
— 1850
日本黑船世界

中美天津條約

南北戰爭

購買阿拉斯加

美西戰爭
「門戶開放」政策
— 1900

中華民國

經濟大蕭條

日本偷襲珍珠港
— 1950 韓戰

甘迺迪遇刺

911事件
— 2000

伯格連同他的「聖路易斯精神號」一同帶回了美國。不僅如此，柯立芝還為他在首都華盛頓舉辦了一場戶外慶祝活動，並且在活動期間，柯立芝還非常少有的作了長篇演講，令人印象深刻。

就在林德伯格成功飛行後的兩個月，美國人威廉·波音駕駛者自己設計製造的飛機M-40並且載有乘客，飛行於聖法蘭西斯科和芝加哥之間。1928年，他將自己的公司更名為聯合航空運輸公司。兩年之後，波音生產出了世界上第一架全金屬低翼飛機，1933年又生產出了雙引擎的247飛機。

飛機工業的發展似乎給人們帶來了一個全新的世界，同時也為這一時期的美國人注入了激情與活力，雖然當時的大多數人並不這麼認為，但是創新與守舊、希望與迷惘、舊事物與新事物之間的碰撞已經成為不可否認的事實。

歐洲文藝復興運動

拜占廷帝國滅亡
1500—

1600—

1700—
工業革命
法蘭大革命
1800—

共產黨宣言
1850—

日本明治維新

普法戰爭

1900—

中華民國
第一次世界大戰

第二次世界大戰

1950—

越戰爆發

兩伊戰爭

東西德統一

2000—

| 第十二章 | 戰爭是筆大生意

在第二次世界大戰的戰火燒到美國之前，絕大部分美國人是不贊成參戰的，他們信奉了100多年的孤立主義，暫時還不想放棄。但羅斯福總統高瞻遠矚，他看到世界未來的潮流，也明白美國的發展已不容許美國人只過自己的日子了，茁壯成長的大樹不可能不將枝葉伸到柵欄外邊。二戰的主戰場在歐洲，當英德等國打得不可開交時，他們都知道此次戰爭的勝負將如同一戰那樣，取決於在旁看熱鬧的美國人。

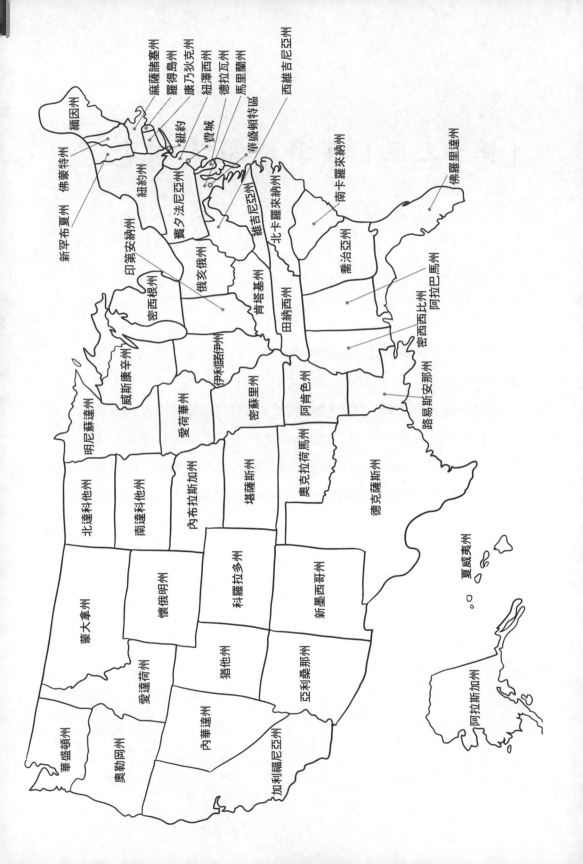

打還是不打，這是一個問題

1939年9月1日，德國閃擊波蘭。兩天後，英國和法國對德國宣戰。第二次世界大戰全面爆發。不過歐洲的硝煙再起沒有給美國人帶來恐慌，大部分的美國公民不認為歐洲的獨裁者會給美國本土造成什麼麻煩。當人們談論到「法西斯的威脅」時，他們當中大多數人想到的是一場美國國內的法西斯運動。他們在不同的時期，將這場運動的發起者想像成為富蘭克林‧羅斯福、休伊‧郎這樣的美國政要，當然也可能是華爾街的某個「金融大鱷」。

美國人持一種普遍的保守態度：美國必須掌管好自己的地盤，並且要採取必要的防禦措施，防止自己捲入不必要的戰爭。早在1935年的時候，這種觀點便在美國人的印象中強烈而又清晰的表現出來，以至於那年秋天的一次調查中，有75％的投票者認為，國會如果想要參戰，之前必須進行一次全民投票，徵得人民的同意。

1935年國會通過《中立法案》。這部法律規定：無論何時何地爆發了戰爭，美國絕不會向參戰的任何一方兜售武器。法律還規定：出現以下兩種情況對裝運軍需品的強制禁止才會解除：第一是已經宣戰；第二是總統「發現」戰爭狀態存在。

但是政府並不喜歡這種法定的中立政策，他們希望美國能夠放開手腳地參與到國際事務當中，發揮應有的影響力。聯邦政府的官員認為一部普遍適用的法律可能會在某個特定的時候讓人為難。美國政府希望在外交事務上面能夠與英國聯合，而《中立法案》的頒佈在一定程度上阻礙了美英合作的發展。

美國在西班牙革命爆發的時候，實行了不干涉計畫，但是最後的結

明朝

哥倫布發現新大陸
— 1500

— 1600
清朝   五月花公約
— 1700

美國獨立
— 1800

門羅主義

美墨戰爭
— 1850
日本黑船世界

中美天津條約

南北戰爭

購買阿拉斯加

美西戰爭
「門戶開放」政策
— 1900

中華民國

經濟大蕭條

日本偷襲珍珠港

— 1950   韓戰

甘迺迪遇刺

911事件

— 2000

果並沒有阻止墨索里尼插手幫助佛朗哥的獨裁政府。美國政府還讓國會通過了一項奇怪的法案：將中立法案的相關原則運用到西班牙的戰爭當中，但是他們完全無視了一個事實，那就是這場叛亂是西班牙國內的革命，而不是國家與國家之間爆發的戰爭，革命妄圖顛覆一個被美國承認的政府。

後來，法西斯的實力一天天壯大，但是這並沒有讓綏靖思想根深蒂固的美國人驚醒。日本侵略中國時期，美國政府在這個問題上依然舉棋不定，它們警告在中國的美國人，要麼自行離開，要麼自己承擔風險。後來又提出對在華的美國人進行保護。1938年德國吞併奧地利、1938年佔領捷克斯洛伐克全境，希特勒在歐洲的肆虐仍然讓羅斯福對德國持觀望妥協態度。

但是在第二次世界大戰全面爆發之後，雖然美國在大發戰爭財，但是戰火讓歐洲的貿易市場完全塌陷，而遙遠的東亞，日本的全面侵華也損害了美國的在華利益。雙方面的因素造成美國出口大幅度下降，剛剛有所緩和的國內經濟再一次面臨嚴峻形勢。再加上日本頻頻對美國表現出敵視態度，這讓美國人感受到了法西斯主義正在向自己靠近。

隨著新的危機出現，美國人對希特勒、墨索里尼和日本軍國主義的憎惡越來越深，而憎惡的同時恐懼也夾雜在人們的表情中，看來對戰爭保持中立的態度並不是一個良久之策。

 【延伸閱讀】駝峰航線

在1942年3月8日的會戰中，中國軍隊被困，日軍切斷了中國接受外界援助的唯一通道。美國得知後，立即開闢出了一條穿越了喜馬拉雅山的援華航線，即「駝峰航線」，並通過此航線將大量的軍用物資源源不斷地輸送至中國。在「駝峰航線」開闢之前，中國運輸貨資主要依靠滇緬公路，但是到了1944年，「駝峰航線」的貨物量已經超過了滇緬公路。

歐洲文藝復興運動

拜占廷帝國滅亡
1500—

1600—

1700—
工業革命

法蘭大革命
1800—

共產黨宣言
1850—

日本明治維新

普法戰爭

1900—

中華民國
第一次世界大戰

第二次世界大戰

1950—

越戰爆發

兩伊戰爭

東西德統一
2000—

不能忽視的奇恥大辱

美國對戰爭的中立態度終於在1941年被打破。自這一年開始，奉行軍國主義的日本在東南亞極力擴張，不停引發戰亂，周邊各國苦不堪言，中國也是飽受其害的國家之一。

當時美國陷入經濟危機，企圖利用規模巨大的中國市場消耗國內的剩餘產品，但日本的侵略致使美國計畫受阻，心存不滿的美國決定對日本實施打壓，斷絕同日本的貿易往來。

如此一來，長期靠美國供給石油的日本飛機再也無法參加作戰，航海艦隊也成為一堆廢品。日本的儲油量已經嚴重不足，長此下去，勢必會影響對華作戰計畫，有功敗垂成之虞。

雖然當時少部分日本代表建議撤出中國，與美國保持同一戰線，但是掌權的好戰派始終不願放棄快要到手的「肥肉」，他們認為與其投靠美國，繼續在美國的控制下生活，不如趁此掠奪美國的戰略資源，擴大日本的侵略範圍。

日本認為欲先保持南下的暢通，必先拿下珍珠港，真正地控制住太平洋的海權。珍珠港是太平洋交通的重要樞紐，不僅連接著東南西北重要路線，還是來往飛機的中續站。

美國在珍珠港的軍事基地首先成為日本摧毀的軍事目標，而此次日本突襲珍珠港也正是衝著消滅美國的海軍主力而來。為了保證突襲的成功，山本五十六在早期進行了一系列策劃和演習，其中也包括奪取有利地形作為根據地，經過考察，山本五十六決定利用中國東北（當時已經被日本霸佔）的戰略優勢突襲珍珠港。

一番討論和爭執後，日本決定對美國宣戰，同時拒絕與美國進行協商。1941年12月7日凌晨，在灰濛濛天色的掩護下，日本飛機開往珍珠

明朝

哥倫布發現新大陸
— 1500

— 1600
清朝　五月花公約

— 1700

美國獨立
— 1800

門羅主義

美墨戰爭
— 1850
日本黑船世界

中美天津條約

南北戰爭

購買阿拉斯加

美西戰爭
「門戶開放」政策
— 1900

中華民國

經濟大蕭條

日本偷襲珍珠港

— 1950　韓戰

甘迺迪遇刺

911事件
— 2000

歐洲文藝復興運動

拜占廷帝國滅亡
1500—

1600—

工業革命　1700—

法蘭大革命
1800—

共產黨宣言　1850—

日本明治維新

普法戰爭

1900—

中華民國
第一次世界大戰

第二次世界大戰

1950—

越戰爆發

兩伊戰爭

東西德統一

2000—

港，待美軍發現之時，日本已經發起了炮火攻擊，炸毀了島上的美軍機場以及停靠在珍珠港內的艦艇。美軍倉促間應戰，但為時已晚，停留在機場的飛機還沒來得及起飛就已被摧毀，只有少數幾架得以倖免。在這場戰鬥中喪生的美國士兵成千上萬，境況慘不忍睹。

在日本發動突襲事件前夕，駐美日本大使還在測試美國對日本入侵東南亞的反應，毫無戒備的美國沒有看到任何徵兆，珍珠港就在一瞬間被摧毀的片瓦不存，這激起了美國人民的強烈怨恨。

事實上，日本也曾在戰前派日本大使對美國提交了宣戰書，但由於日本大使接收到的電報密碼過於複雜，在破譯的過程中耗費了不少時間，直至珍珠港被襲之後，這份遲到的宣戰書才呈交到美國手中。

珍珠港被襲之後，美國人民感覺受到了奇恥大辱，一向堅守中立的羅斯福也沉不住氣了。為了挽回美國的尊嚴，國會立即組織武裝力量，同時宣佈對日開戰。

挑起這場戰爭的始作俑者當屬日本，這一點毋庸置疑。日本早在東南亞地區擴張時，便與美國發生衝突矛盾，因此日本決定先發制人。按照山本五十六的想法，美國在太平洋的軍事基地一旦摧毀，日本南下將暢通無阻。

但這絕非是日本對美國阻礙其在東南亞進軍的報復。當時日本在中國戰場形勢越來越不利，迫切地需要增添資源，促使日本不得不趕快結束對中國的戰爭，而美國對中國的援助超過了日本的想像，因此對日本來說，襲擊珍珠港可以牽制住美國的戰鬥力，讓美國無暇顧及東南亞的局勢。

再者，美國斷絕了對日本石油的供給，為了獲得新的戰略物資，日本不得不尋找新的途徑解決後顧之憂。東印度石油量豐富，很快便成為日本佔領的目標，但想要奪得東印度，必須先繞過美國。這個時候的美國毫無疑問成為了日本最大的絆腳石。

珍珠港偷襲成功在短期內為日本創造了許多有利條件，日本在東南亞的侵略地位得以鞏固。但是珍珠港事件直接導致了美國參戰，為反法西斯決戰的最終勝利奠定了基礎。從長遠角度來說，這對日本算得上一個毀滅般的打擊。美國的生產力水準遠遠超過了日本的想像，後來經過短暫的調整，美國又重新組裝了部分艦船，加入到對抗日本的戰鬥中。

珍珠港偷襲事件是日本帝國主義自取滅亡的行為，它迫使一直中立的美國成為反戰的重要同盟國，在美國發達的經濟和雄厚的軍事力量支援下，軸心國很快處於弱勢，覆滅的進程也進一步加速。

 【延伸閱讀】《聯合國共同宣言》

1941年12月22日，羅斯福同邱吉爾在華盛頓集會。美國總統羅斯福倡議所有對法西斯軸心國作戰的同盟國家制定一項宣言，並提出了宣言草案。經過多方磋商和修改，1942年1月1日，《聯合國共同宣言》正式簽訂，中、蘇、美、英等26個國家在華盛頓共同簽署。這個聯合國共同宣言，成為現在聯合國的基礎。

義大利戰場上的勝利

英美盟軍在北非戰場上痛擊德國，給予法西斯勢力沉重打擊，北非戰役取得勝利。1943年，英美盟軍一鼓作氣，意圖攻下西西里島，逼退義大利。

此時的德國正忙於與蘇軍決戰，大量兵力都集中在了庫斯克會戰之中，由於蘇聯的牽制，德國無法分出多餘的兵力，更無暇顧及地中海戰勢，英美聯軍瞄準時機，趁德軍在西西里島東南部空虛之際，投入大量兵力於此登陸。

明朝

哥倫布發現新大陸
— 1500

— 1600
清朝　五月花公約
— 1700

美國獨立
— 1800
門羅主義
美墨戰爭
— 1850
日本黑船世界
中美天津條約
南北戰爭
購買阿拉斯加

美西戰爭
「門戶開放」政策
— 1900

中華民國

經濟大蕭條

日本偷襲珍珠港
— 1950　韓戰

甘迺迪遇刺

911事件
— 2000

歐洲文藝復興運動

拜占廷帝國滅亡
1500—

1600—

1700—
工業革命
法蘭大革命
1800—

共產黨宣言
1850—

日本明治維新
普法戰爭

1900—

中華民國
第一次世界大戰

第二次世界大戰

1950—
越戰爆發

兩伊戰爭

東西德統一

2000—

這次戰役，盟軍勢在必得，為此投入的戰鬥力空前絕後，其中包括3000艘艦艇、1800門大炮、600輛坦克和1400輛車輛，數量之多，戰鬥力之強讓德軍聞風喪膽。為了不讓戰鬥出現絲毫意外，經過商議，盟軍還特意調遣了裝備精良，戰鬥力十足的後續部隊。

德軍投入的兵力本來就相對薄弱，在強大的盟軍面前自然不堪一擊，僅僅一天的功夫，盟軍便佔據了許多軍事要地，7月12日，英美盟軍投入的部隊已經全部成功登陸，很快便佔領了西西里島南部。

光憑德國的阻擊，已經無法逆轉戰局的形勢，義大利急忙抽出部分兵力，支援西西里島戰役，但是義大利的加入並沒能挽回德軍在戰場上的失利，德國、義大利節節敗退，被迫退回義大利本土，英美盟軍大獲全勝，成功拿下西西里島。

義大利國內動盪不安，在1943年7月25日，人們再也無法忍受墨索里尼的軍事行動，國王維克托·伊曼紐下令解除墨索里尼的全部職務，將他軟禁。義大利法西斯勢力群龍無首，名存實亡，在清理完法西斯勢力之後，國王還派出使者與英美談判，並將墨索里尼軟禁的消息告訴盟軍，以表同盟軍合作之意。

雖然義大利對先前的行為做出了懺悔，並表示願意同盟軍合作，共同打擊法西斯勢力，但就是否接受義大利的投降，及投降後的政體問題，羅斯福和邱吉爾的看法不盡相同。

雙方在此問題上爭論不休，為了得到統一的結果，兩國於1943年8月舉行了第一次魁北克會議，會議上，邱吉爾首先提出聲明，必須在某種程度上，承認包括法西斯分子在內的義大利政府的合法地位，畢竟在義大利人民的心目中，政府的地位不可動搖，而且在打擊德國法西斯勢力的同時，還要依靠義大利政府的號召，此刻如果重新改革政府，勢必帶來不必要的麻煩。

更重要的是，政府一旦垮台，遭到強行改革，極有可能再次將義大

利逼向德軍一方，導致不必要的戰爭，雖然羅斯福仍心存疑慮，但分析利害關係後，羅斯福最後還是同意了邱吉爾的看法。

1943年9月3日，英美盟軍正式接受巴多格里奧政府的投降，並就停戰一事簽訂協定，義大利政府宣佈停戰之後，除了少部分的法西斯部隊仍堅持抵抗之外，其餘部隊原地待命。與此同時，英軍強渡墨西哥海峽，攻下了義大利半島南端，勝利在望。

緊接著，艾森豪將軍發出通告，宣佈盟軍與義大利停戰協定，消息傳遍四周，抵抗的義大利軍隊，先後投降，收編後的義大利軍隊很快便進行了調整，加入到盟軍的作戰計畫當中。10月13日，英、美、蘇等國承認義大利為其盟軍的地位，義大利正式宣佈對德開戰。

墨索里尼的垮台嚴重削弱了法西斯勢力，德、義、日軸心國本呈三角崎勢，如今只剩下德、日苦苦奮戰，勝利對於盟軍來說只是時間問題。

昔日的盟友成為如今的敵人，投降後的義大利幾乎拱手獻出了掌控的德軍情報，在地中海區域，龐大的義大利艦隊成為盟軍的一部分，這意味著整個地中海完全在盟軍的掌控之中，為英美兩軍提供了十分有利的進攻地位。盟軍在地中海區域成立了前哨空軍基地，中歐和巴爾幹在盟軍的猛烈攻擊下，很快變成廢墟。

1943年，反法西斯同盟先後在北非、西西里島、地中海區域取得重大勝利，戰鬥的主動權已經完全落在了盟軍的手中，尤其是在義大利戰場上取得的輝煌戰果，直接為整個戰鬥的勝利奠定了基礎。

 【延伸閱讀】雅爾達會議

1945年2月4日，美、英、蘇三國首腦在蘇聯克里米亞半島雅爾達舉行了一次歷史性會議——雅爾達會議，又稱克里米亞會議。此次會議為期7天，時間從4日到11日。這次會議是繼1943年德黑蘭會議後，第二次

明朝
哥倫布發現新大陸
— 1500
— 1600
清朝　五月花公約
— 1700
美國獨立
— 1800
門羅主義
美墨戰爭
— 1850
日本黑船世界
中美天津條約
南北戰爭
購買阿拉斯加
美西戰爭
「門戶開放」政策
— 1900
中華民國
經濟大蕭條
日本偷襲珍珠港
— 1950　韓戰
甘迺迪遇刺
911事件
— 2000

同盟國首腦會議，結論波茨坦會議上就有爭議。美國很多人認為羅斯福的雅爾達政策是「美國外交上的一大錯誤」。對於雅爾達會議的爭論，即使到了今天也沒有停止。會前其他國家並不知情，故有「雅爾達密約」之稱。

諾曼第戰役

二戰是人類的浩劫，也是英雄的舞台，盟軍的領導人物邱吉爾、羅斯福、史達林因此超越他們各自的國度而成為世界的領導者。當然，三位巨頭並不像傳說中的圓桌騎士那樣毫無私念、齊心合力，他們之間充滿了基於國家利益的勾心鬥角：邱吉爾是一個堅定的反共主義者，他和史達林是一對冤家，每次見面必要爭吵，而羅斯福則在很多時候扮演一個調和者的角色。

1943年，蘇聯飽受德軍摧殘，已經到了山窮水盡的地步，因此史達林希望英美兩國能盡快在西歐登陸開闢第二戰場，以緩解蘇聯的壓力。羅斯福在這件事上是支持史達林的，但邱吉爾卻不買賬，他想利用德國盡可能削弱蘇聯，因為他已經看到了戰後歐洲的格局——只有抑制蘇聯，英國在歐洲的地位才不致下降得太厲害。幾番爭吵，盟軍終於在1944年登陸諾曼第，給德國以致命一擊。

在大規模登陸開始前，盟軍的空降兵便已提前降落在距海岸10至15公里的登陸灘頭，這些空降兵的任務是從德軍陣地後方發起進攻，同時抵禦德軍從東部派來的增援部隊。盟軍空降兵在最短的時間內攻佔了德軍的重要交通線，並毀滅了敵方的部分炮兵陣地，成功地牽制了德軍的軍力，這令德軍在盟軍登陸開始前便處於被動。可以說，空降兵的先行一步為登陸的勝利創造了有利條件。

歐洲文藝復興運動

拜占庭帝國滅亡
1500—

1600—

1700—
工業革命
法蘭大革命
1800—

共產黨宣言
1850—

日本明治維新
普法戰爭

1900—

中華民國
第一次世界大戰

第二次世界大戰

1950—

越戰爆發

兩伊戰爭

東西德統一

2000—

為了順利從英國出發橫渡英吉利海峽，並確保諾曼第登陸的成功，盟軍調遣了規模空前的海上戰隊。一時間，英吉利海佈滿了盟軍的艦船，一場前所未有的跨海登陸行動即將上演。

　　1944年6月5日，也就是著名的「D日」，盟軍開始了登陸行動。盟軍計畫在諾曼第的五處目標灘頭同時進行搶灘登陸，這五個灘頭分別是寶劍海灘、朱諾海灘、黃金海灘、奧馬哈海灘、猶他海灘。在這五地，德軍對盟軍發起了激烈的對抗。

　　寶劍海灘是五個搶灘地中最東邊的一個海灘，靠近法國北部的航運中心康城。英軍從寶劍灘東面登陸成功後，迅速擊潰了德軍的輕裝步兵，並與提前空降的盟軍傘兵會合。隨後，德軍坦克部隊對盟軍的登陸部隊進行了反擊，但在英軍和加拿大部隊的聯合攻勢下，德軍坦克部隊被擊退，盟軍登陸寶劍海灘成功。

　　黃金海灘的登陸並不順利，作為登陸的中心點，盟軍因為海水漲潮而沒有辦法徹底清除海岸前的魚雷和障礙物。同時，德國軍隊在臨近的小城利維拉和艾梅爾駐有重兵，還在海灘陣地上設置了四門大炮，這對登陸部隊構成了極大的火力威脅。最後，英軍用皇家海軍艾傑克斯號強烈的炮火摧毀了大炮，盟軍得以在夜晚降臨之前順利登陸。

　　朱諾海灘的登陸區域寬約6英里，德軍的輕裝步兵隱蔽在了沙灘後的村落裡，盟軍登陸艇一上岸就遭到了德軍炮火的猛烈攻擊，登陸艇有三分之一當即被炸毀。登陸成功的加拿大部隊越過沙灘後，繼續遭受著敵人的火力攻擊，首批登陸的盟軍傷亡過半。直到中午，登陸部隊才與來自黃金海灘的英軍會師。

　　奧馬哈海灘的戰鬥又被稱為「血腥奧馬哈」，是登陸海灘中最為激烈的一場戰鬥。海灘全長6.4公里，海岸線上多為懸崖峭壁，易守難攻，加之作戰當天的天氣狀況並不理想，盟軍在奧馬哈灘頭遭受了巨大的損失，光是海浪就摧毀了盟軍的10艘登陸艇，而陰冷的天氣和暈船則讓許

明朝

哥倫布發現新大陸
— 1500

— 1600
清朝　五月花公約
— 1700

美國獨立
— 1800

門羅主義

美墨戰爭
— 1850
日本黑船世界

中美天津條約

南北戰爭

購買阿拉斯加

美西戰爭
「門戶開放」政策
— 1900

中華民國

經濟大蕭條

日本偷襲珍珠港
— 1950　韓戰

甘迺迪遇刺

911事件
— 2000

歐洲文藝復興運動

拜占廷帝國滅亡
1500—

1600—

工業革命 1700—

法蘭大革命 1800—

共產黨宣言 1850—

日本明治維新

普法戰爭

1900—

中華民國
第一次世界大戰

第二次世界大戰

1950—

越戰爆發

兩伊戰爭

東西德統一

2000—

多官兵體力不支。

　　大批的美國士兵登上了奧馬哈後，尚未辨明前進的方向，便成為了德軍火炮的活靶子。盟軍士兵大批傷亡，登陸行動幾近失敗。海軍指揮官意識到了海灘的危機形勢後，便率領艦隊不顧觸雷、擱淺以及被德軍海岸炮攻擊的危險，為陸上的美軍及時提供了炮火支援。不久，海軍發現德軍的海岸炮是由電線杆偽裝而成的，便更加無所顧忌地對德軍據點發起了猛烈的進攻。同時，藉助空軍的指引和掩護，美國海軍的戰鬥艦和巡洋艦也開始向海岸射擊，擱置在海岸上的美軍在中午成功登陸，德軍開始敗退。到天黑時分，美軍完全登陸。

　　猶他海灘是位於卡倫坦灣西側的一處寬約3英里、覆蓋著低矮沙丘的沙灘。猶他海灘的登陸作戰尤其順利，是所有登陸作戰海灘中傷亡最少的一個。盟軍在三個小時內便越過灘頭，中午時分與空降部隊會合，並向內陸推進了四英里。

　　盟軍成功登陸後，便按計劃向內陸進攻。在以諾曼第為中心的歐洲海岸線上形成了一個正面寬150公里、縱深達到15到35公里的登陸場，並建立了「橋頭堡」。盟軍的這一系列行動為大規模的地面總攻做好了準備。此後，盟軍用兩個月的時間與德軍激戰，終於在8月25日攻佔了巴黎，諾曼第戰役以盟軍的全面勝利告終。

　　諾曼第登陸的勝利，標誌著在歐洲第二戰場的正式開闢，這緩解了蘇聯方面的壓力，盟軍與蘇軍一道對德軍形成了夾擊之勢，腹背受敵的德軍開始連連敗退。諾曼第登陸戰役是第二次世界大戰的根本轉捩點，它扭轉了整個戰爭的局面，加快了第二次世界大戰的結束。

　　可以說，諾曼第登陸不但是20世紀最大的登陸戰役，而且在戰爭史和人類歷史的發展過程中都具有極其重要的地位。

【延伸閱讀】波茨坦會議

　　從1945年7月17日到8月2日，美、英、蘇三國首腦在柏林近郊的波茨坦召開會議，對戰後如何處置德國等問題展開了討論。這次會議是二次世界大戰期間三國首腦召開的最後一次會議，史稱「波茨坦會議」。與會期間，中、英、美三國聯合發表了《波茨坦公告》以敦促日軍投降，同時在聲明中也提及戰後反法西斯同盟國對日本的處理方案。

明朝

哥倫布發現新大陸
— 1500

— 1600
清朝　五月花公約

— 1700

美國獨立
— 1800

門羅主義

美墨戰爭
— 1850
日本黑船世界

中美天津條約

南北戰爭

購買阿拉斯加

美西戰爭
「門戶開放」政策
— 1900

中華民國

經濟大蕭條

日本偷襲珍珠港

— 1950　韓戰

甘迺迪遇刺

911事件
— 2000

歐洲文藝復興運動

拜占廷帝國滅亡
1500—

1600—

工業革命 1700—

法蘭大革命 1800—

共產黨宣言 1850—

日本明治維新

普法戰爭

1900—

中華民國
第一次世界大戰

第二次世界大戰

1950—

越戰爆發

兩伊戰爭

東西德統一

2000—

【專題】「小男孩」和「胖子」

　　1942年6月，為了先於德國掌握原子彈這一大規模殺傷性武器，美國實施了名為「曼哈頓」的原子彈研發計畫。這一計畫集中了世界各國的核科學領域的精英，歷時3年，耗資近20億美元，終於成功地製造了兩枚原子彈。「小男孩」和「胖子」正是這兩枚原子彈的名字。

　　從歐洲戰場撤出之後，美國將大部分的軍事力量逐漸轉移到了太平洋戰場，矛頭直指日本。美軍在戰鬥連戰連捷，日本法西斯不甘心就此投降，僅在1945年2月到5月期間就組織了3次大規模動員，拼湊了近240萬的海陸兵力，企圖在日本本土與反法西斯同盟一決勝負。

　　美國對此制訂了嚴密的軍事計畫：在1945年11月和1946年春天兩次派兵前往日本，迫使日軍在1946年深秋全面投降。據估量，這一計畫一旦實施，美軍將遭受至少100萬士兵傷亡的損失。1945年4月25日，接替羅斯福的杜魯門總統聽取了關於「曼哈頓計畫」進展進度的彙報。為了在最短時間內結束戰爭，減少美國傷亡，杜魯門政府決定對日本投放原子彈。

　　原子彈是一種大規模殺傷武器，爆炸時的威力會造成大量的人員傷亡，而爆炸後產生的放射性污染造成的影響將在被襲擊的地點持續多年。鑑於原子彈的毀滅性力量，羅斯福總統在位期間，參與「曼哈頓計畫」的科學家曾上書請求禁止在戰爭中使用原子彈，所以杜魯門總統的提議在美國國內引發了熱議。

　　以萊利斯·格洛夫斯少將為代表的高級軍官和一部分科學家極力贊成杜魯門的決定，他們認為這樣做不僅能夠更快地結束戰爭，減輕美國的損傷，也將使曼哈頓計畫的前期人力資金投入變得有意義；另一方面

以亞伯特·愛因斯坦和利奧·西拉德等為代表的科學家們本著人道主義原則和對未來世界發展的種種考量，反對對日使用原子彈，也有一小部分人提出了兩者兼得的意見，向日本無人區投放原子彈，威懾對方，迫使對方投降。1945年6月，近百名物理學家聯名上書，指責杜魯門，並認為他的決定只會讓美國失去世界公眾的支持，引發新一輪軍備競賽。面對質疑，杜魯門堅持了自己的決定。

1945年7月16日，在波茨坦出席會議的杜魯門獲悉原子彈試驗成功，大為欣喜，他認為這一武器能夠加速戰爭的結束，還能夠提高美國的國際地位。接下來幾天，在聽完史汀生的仔細彙報後，杜魯門與美國的高級軍官們確認了對日投放原子彈的細節。

1945年7月24日，杜魯門命令空軍司令卡爾·斯波茨於8月3日（天氣狀況允許的情況下）派遣第20航空隊的第5和第9混合大隊向日本長崎、廣島、小倉、新潟4處中的任一地點投放原子彈。與此同時，杜魯門開始對日本政府施加政治壓力。

1945年7月26日、中、英、美三國聯合發出《波茨坦公告》，促令日本無條件投降。接下來的一週，美國空軍向日本的4個目標城市投放了大量印有《波茨坦公告》和空襲警告的傳單。對於三國的聯合宣言和武力威脅，日本政府無動於衷，並發表聲明，誓言要將戰爭進行到底。

世界反法西斯聯盟對日本法西斯勢力的囂張態度迅速地做出了回應。7月29日，蘇聯發出倡議，希望以英、美為首的其他盟國發表允許蘇聯參加對日戰爭的聲明，握有原子彈的杜魯門以外交辭令婉拒了這一提議。

1945年8月6日，在杜魯門的暗許下，美軍向日本廣島投放了名為「小男孩」的原子彈，這也是核武器第一次出現在戰場之上。在騰空而起的蘑菇雲下，廣島生靈塗炭，幾秒鐘後，城市淪為廢墟。據統計，當日日本的傷亡人數就已超過12萬人，這對於僅有34.3萬人口的廣島來

明朝

哥倫布發現新大陸
— 1500

— 1600
清朝　　五月花公約
— 1700

美國獨立
— 1800

門羅主義

美墨戰爭
— 1850
日本黑船世界

中美天津條約

南北戰爭

購買阿拉斯加

美西戰爭
「門戶開放」政策
— 1900

中華民國

經濟大蕭條

日本偷襲珍珠港
— 1950　韓戰

甘迺迪遇刺

911事件
— 2000

歐洲文藝復興運動

拜占廷帝國滅亡
1500—

1600—

1700—
工業革命

法蘭大革命
1800—

共產黨宣言
1850—

日本明治維新

普法戰爭

1900—

中華民國
第一次世界大戰

第二次世界大戰

1950—

越戰爆發

兩伊戰爭

東西德統一

2000—

說，近乎滅頂之災。投放原子彈的當天，杜魯門警告日本接受《波茨坦公告》的內容，無條件投降，否則日本將再一次迎來毀滅的打擊。面對原子彈的威脅，日軍仍不肯投降。

接下來的幾日，蘇聯對日宣戰，在中國活動的日軍遭到了來自蘇聯軍隊的攻擊。1945年8月9日，美國空軍在日本長崎上空投下了第二枚原子彈「胖子」。來自蘇軍的壓力和美英等國的聯合夾擊，迫使日本統治集團妥協。1945年8月15日，日軍宣佈投降，第二次世界大戰結束。

直至今日，對日投放原子彈的決議仍被認為是世界上最具爭議的軍事命令。但不可否認的是，這一行為凸顯了美國的軍事實力，奠定了美國在世界的霸主地位，也加速了第二次世界大戰的結束。

| 第十三章 | 冷戰時期

　　第二次世界大戰將世界攪得一團糟，戰後資本主義陣營和社會主義陣營的對立讓美國又找到了一個新的對手——蘇聯。美蘇的爭霸既是國家利益的鬥爭，也是意識形態的鬥爭，世界從此開始了長達幾十年的冷戰狀態。期間兩個陣營之間也爆發大大小小的戰爭，諸如韓戰、越戰等等。美蘇兩國正如舉重運動員手中的槓鈴，保持均勢才能使身體平穩，誰也不願意先使槓鈴發生傾斜，從而導致世界局勢的崩潰。

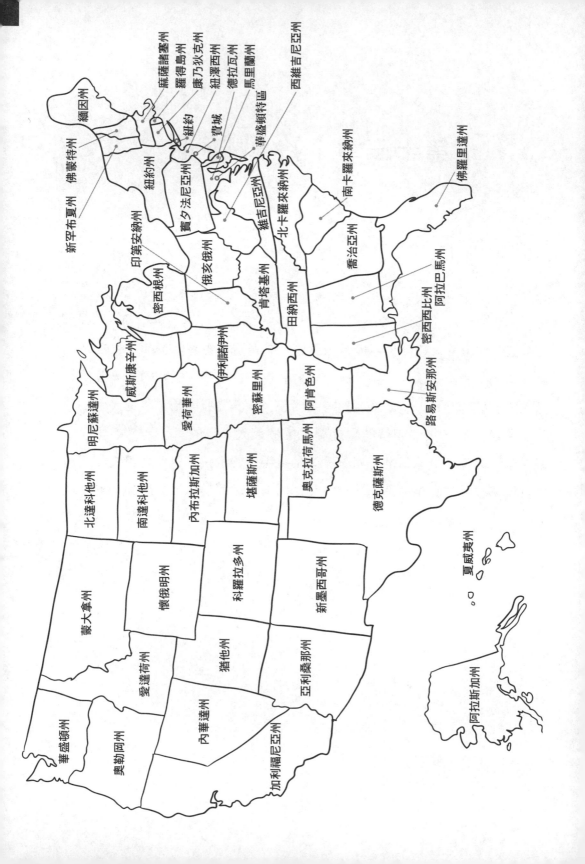

友善的面紗變成敵對的戎裝

二戰把全世界攪得一團糟。原本的資本主義世界領袖如英法等國在戰爭中被大幅削弱，而德國、日本、義大利等法西斯國家在遭受到徹底的失敗，美國和蘇聯成為了世界上實力最強的大國。

蘇聯本土慘遭蹂躪，美國卻基本完好，但蘇聯本身是歐洲國家，所以在爭奪歐洲地盤上較美國更具優勢，能夠將東歐都置於自己的「保護」之下。

美國只能通過資金支持間接控制西歐各國，當然，美國在太平洋的優勢是蘇聯難以望其項背的。

在戰後的競爭中，曾經在對德作戰時同舟共濟的美蘇兩國終於一點點撕去友善的面紗，換上了敵對的戎裝。

「二戰」後，美國與蘇聯的矛盾已經到了難以彌合的程度，雙方你來我往地展開了鬥爭，鬥爭的焦點集中在如何對待戰敗國以及那些被解放了的小國，如何盡可能地擴大本國在歐洲地區以及遠東地區的實勢力範圍，而爭奪歐洲是兩國鬥爭的重中之重。

美國想在蘇聯的邊界上重建一條「防疫地帶」，力圖把被解放的東南歐國家置於自己的經濟控制和政治統治之下。為此，美國計畫通過各種手段協助東南歐國家建立親西方的政府，使這些國家成為對抗蘇聯的「歐洲鬥士」和反對蘇聯的前沿陣地。

蘇聯的計畫則是在東南歐建立一條包括芬蘭、波蘭、捷克斯洛伐克等國家的「安全帶」，這些國家在名義上是獨立的，但他們的外交政策與軍事計畫都必須經過蘇聯的認可。

杜魯門總統決定採取強硬路線，他隨即指責蘇聯在波蘭問題上破壞

明朝

哥倫布發現新大陸
— 1500

— 1600
清朝   五月花公約

— 1700

美國獨立
— 1800

門羅主義

美墨戰爭
— 1850
日本黑船世界

中美天津條約

南北戰爭

購買阿拉斯加

美西戰爭
「門戶開放」政策
— 1900

中華民國

經濟大蕭條

日本偷襲珍珠港

— 1950   韓戰

甘迺迪遇刺

911事件

— 2000

歐洲文藝復興運動

拜占廷帝國滅亡
1500—

1600—

1700—
工業革命
法蘭大革命
1800—

共產黨宣言
1850—

日本明治維新

普法戰爭

1900—

中華民國
第一次世界大戰

第二次世界大戰

1950—

越戰爆發

兩伊戰爭

東西德統一

2000—

了雅爾達協定，要求蘇聯答應成立新的波蘭政府。

　　1945年8月，美國向日本的長崎投下了第二顆原子彈。之後，杜魯門發表廣播演說，聲稱保加利亞、羅馬尼亞和匈牙利等國不應該從屬於任何一個有勢力的大國，並公開譴責蘇聯對保加利亞選舉的操控。杜魯門威脅道，如果蘇聯政府繼續干涉保加利亞的選舉，美國將不會承認保加利亞政府的合法性，更不會與之締結任何性質的和約。

　　在隨後的倫敦五國外交部長會議上，美國拒絕妥協的立場導致這次會議沒有達成任何協定。

　　美國的這些舉動無一不在向蘇聯傳遞著不願繼續合作的信號。倫敦會議失敗後，杜魯門宣佈將不再舉行美、蘇、英三國首腦會議，這也就意味著戰時的同盟關係不復存在了，美國與蘇聯之間的盟友關係不可避免地轉變成了敵對關係。

　　第二次世界大戰期間，為防止德國利用伊朗進行侵略活動，美、蘇、英三國先後進入了擁有豐富石油資源的伊朗。戰爭結束之後，大部分的美軍和英軍陸續從伊朗撤走，但是蘇聯的軍隊卻絲毫沒有打算離去。

　　針對蘇聯在伊朗北部的擴張活動，杜魯門政府迅速採取了措施。美國先是在國際上大量製造「蘇聯擴張」、「嚴重違背國際協定」的輿論，繼而支持和慫恿伊朗政府向聯合國安理會控告蘇聯干涉伊朗內政、違反聯合國憲章。

　　1946年3月，美國正式向蘇聯發出最後通牒，要求蘇軍全面撤出伊朗領土。

　　在美國的壓力之下，蘇軍最後不得不撤出伊朗。與此同時，美國立即通過經濟支援和軍事援助的方式大舉滲入了伊朗，使伊朗成為美國的附庸國。

對於美國這種積極遏制蘇聯的行為，史達林在一次演說中申明道，只要資本主義制度存在，戰爭就不可避免，蘇聯人民要做好隨時開戰的準備。

史達林充滿敵意的演說在美國引起了強烈反響，喬治·凱南發表了題為《蘇聯行為的根源》的文章，提出了一套遏制蘇聯的理論和政策。喬治·凱南的遏制理論，為美國對蘇聯採取強硬政策提供了很好的邏輯和依據，為「杜魯門主義」提供了一個更堅定、更嚴密的理論基礎。「杜魯門主義」的公開出籠，也在邱吉爾的「鐵幕」演說之後得到了輿論上的支持和準備。

1946年3月，英國首相邱吉爾，在美國密蘇里州富爾頓城發表了題為「和平砥柱」的演說，宣稱在橫跨歐洲的鐵幕後面，根本沒有真正的民主，蘇聯崇尚的是軍事的統治和擴張；英國和美國應該結成聯盟，聯合起來對付蘇聯。

對此，史達林警告說英國人的舉動是在策劃同蘇聯的作戰。這一演說為「杜魯門主義」的公開做了輿論上的準備，並揭開了冷戰的序幕。

 【延伸閱讀】杜魯門主義

1947年3月12日杜魯門發表國情諮文時，發表了一席敵視社會主義國家的講話。杜魯門在這份國情諮文中提出的指導思想，被稱為「杜魯門主義」，成為第二次世界大戰後美國的對外政策核心。一般認為，這是杜魯門主義正式形成的起點是為援助土耳其和希臘政府，撥款8億美元。

明朝

哥倫布發現新大陸
— 1500

— 1600
清朝　　五月花公約
— 1700

美國獨立
— 1800

門羅主義

美墨戰爭
— 1850
日本黑船世界

中美天津條約

南北戰爭

購買阿拉斯加

美西戰爭
「門戶開放」政策
— 1900

中華民國

經濟大蕭條

日本偷襲珍珠港
— 1950　韓戰

甘迺迪遇刺

911事件
— 2000

麥卡錫主義

歐洲文藝復興運動

拜占廷帝國滅亡
1500—

1600—

工業革命 1700—

法蘭大革命 1800—

共產黨宣言 1850—

日本明治維新

普法戰爭

1900—

中華民國
第一次世界大戰

第二次世界大戰

1950—

越戰爆發

兩伊戰爭

東西德統一

2000—

20世紀50年代初，一些別有用心的人指責杜魯門所制定的很多政策有向社會主義國家示好的傾向。美國參議員約瑟夫·麥卡錫便是其中之一，他在當時是權傾一時的重要政治人物，也是讓美國人心驚膽寒的政客，他極端反對共產主義意識形態，曾讓無數有良知的文人、藝人和政治家遭殃。

「麥卡錫主義」成為了政治迫害的代名詞。

麥卡錫正是利用當時的輿論環境，一次又一次以危言聳聽的論調鼓吹：美國雖然是「二戰」後的超級大國，但卻有從強大走向弱勢的苗頭，這是因為「紅色勢力」已經滲入了美國的政府內部，這些人影響了美國的決策層，嚴重阻滯了美國的發展步調。

為了擴大自己言論的市場，麥卡錫不餘遺力地調動著美國國內的情緒。漸漸地，人們對於麥卡錫的觀點從最初的質疑轉向了認同，美國國內掀起了一輪反共的熱潮，落實在具體的手段上，就是所謂的「忠誠調查」。

「忠誠調查」起先僅局限於政治層面，主要針對政府職員，後來則延伸到了教育、藝術等領域，包括卓別林在內的一大批傑出藝術家和知識份子都遭到了調查乃至迫害。「忠誠調查」越演越烈，不僅深入了聯邦政府內部、武裝部和國防部，還波及到了最普通的美國民眾，甚至老人和幾歲的孩童也被列為了調查的對象。一時間，美國民眾人人自危，「麥卡錫」在人們心中就是高壓手段的同義詞。

氣焰囂張的麥卡錫決定將矛頭對準國務院，在共和黨人的幫助下，麥卡錫在一次演說中指責國務院接納了共產黨人，並指出了具體的人

數，雖然他沒有點出確切的人名，但其矛頭直指總統杜魯門和艾奇遜國務卿。

麥卡錫的演講轟動了全國，為其高壓政策的推廣打開了新的局面。可以看出，麥卡錫是好鬥的，為了達到目的、實現利益，麥卡錫不惜採取一些卑劣手段，如篡改國務院危險分子的人數來威嚇證人等等。麥卡錫有自己的擁護者，仰慕他的人認為杜魯門政府已經誤入歧途，而麥卡錫正是挺身而出改變弊政的民族英雄。

社會上的個人崇拜讓「麥卡錫主義」走向了最高峰。但是一些有識之士也發出了不同的聲音。他們從麥卡錫身上看到了法西斯主義的影子，擔心麥卡錫讓美國成為法西斯國家。

另有一些人從個人經歷、心理狀態等方面來分析麥卡錫的行為，認為麥卡錫之前曾長期受到了貴族特權的壓迫，內心不平，他的所作所為都屬於報復性的反擊。

事實上，人們對麥卡錫的不同態度，有著黨派立場、宗教文化和職業類型等深層原因。麥卡錫和共和黨人之間存在著一種相互利用的利益關係，這導致麥卡錫受到的推崇與日俱增，到最後，不可一世的麥卡錫竟然敢於指控民主黨叛國，並且能夠成功地讓人們信服並認真對待他的指控。

麥卡錫主義在美國的橫行之勢引起了歐洲國家的憂慮和不安，一些國家甚至將麥卡錫直接比作希特勒。在艾森豪成為美國總統之後，他強化了麥卡錫一手設計的「忠誠調查」，制定了更加嚴格的量化標準，還任命麥卡錫的狂熱追隨者去完成這項更加嚴格、更加有標準性的清查行為。可以說，一個「新忠誠計畫」在艾森豪上台之後出現了，這讓麥卡錫非常滿意。

實際上，這只是艾森豪政府為了平復國內右翼勢力所採取的措施。所謂的「新忠誠計畫」幾乎是在為曾經受過麥卡錫迫害的人平反。在執

明朝

哥倫布發現新大陸
— 1500

— 1600
清朝　五月花公約
— 1700

美國獨立
— 1800

門羅主義

美墨戰爭
— 1850
日本黑船世界

中美天津條約

南北戰爭

購買阿拉斯加

美西戰爭
「門戶開放」政策
— 1900

中華民國

經濟大蕭條

日本偷襲珍珠港
— 1950　韓戰

甘迺迪遇刺

911事件
— 2000

歐洲文藝復興運動

拜占廷帝國滅亡
1500—

1600—

1700—
工業革命

法蘭大革命
1800—

共產黨宣言
1850—

日本明治維新

普法戰爭

1900—

中華民國
第一次世界大戰

第二次世界大戰

1950—

越戰爆發

兩伊戰爭

東西德統一

2000—

行過程中，以往調查活動中所出現的不可信的證據、行為和活動都被一一清除了。

「麥卡錫主義」的盛行反映了美國人的反共情緒，但其所掀起的瘋狂和極端也逐漸讓美國人和美國政府感到了不安，「麥卡錫主義」在極盛之時開始走向衰落。

麥卡錫本人可能根本沒有料到，他的挑釁行為成為了自己政治生涯的轉捩點，他生命中的滑鐵盧已經不遠了。在陸軍與麥卡錫的聽證會上，陸軍方面提供了大量證據，讓麥卡錫的種種越權行徑和違法行為得以公諸於眾，輿論對他的責難迫使共和黨人遠離了他。

最終，麥卡錫的威信大降，名氣也衰退下去。三年後，在聲討聲和責難聲中，曾經顯赫一時的麥卡錫因病去世。

 【延伸閱讀】東南亞條約組織

1954年9月8日，《東南亞集體防務條約》在馬尼拉簽訂，根據該條約，東南亞條約組織也同時成立，簡稱東約組織。它於1955年2月19日在泰國曼谷正式成立的集體防衛組織，總部設於曼谷。它的成員國既有西方國家，如美國、澳大利亞、紐西蘭、法國、英國等經濟和軍事力量都比較強大的國家；也有一些親近西方的東南亞國家，如泰國、菲律賓等等。後來，東南亞條約組織最終隨著多個成員國無意繼續參與會務、陸續退出而於1977年6月30日解散。

來自古巴的恐慌

在一般美國人的心中，甘迺迪恐怕是最受歡迎的美國總統。他出身自顯赫的甘迺迪家族，本人又是戰鬥英雄；文筆不俗，曾得普立茲獎；

他作風強硬，觀點明確；笑容親切，總給人以信心的鼓舞；他的妻子賈桂琳是歷代第一夫人中最具氣質的和最優雅的……但是，這樣一位躊躇滿志的總統卻僅僅執政三年就遭到暗殺，撒手塵寰。

甘迺迪在處理冷戰關係的問題上，和前總統艾森豪有很大差別。他開始更為主動地向共產黨挑戰，而不再單純地依靠恫嚇。因此，甘迺迪支持了反卡斯楚的古巴流亡者的作戰計畫。

1961年4月，1400多名美國傭兵從古巴拉斯維利亞省的豬灣登陸，他們原本以為，古巴人民一定會跟隨上岸的流亡者一道起義，推翻卡斯楚政府。

然而，在34歲的卡斯楚的親自指揮下，古巴人民奮勇抵抗，打敗了傭兵，取得了完全的勝利。這一事件史稱「豬灣事件」。

甘迺迪政府對古巴內政的公然干涉引來了國內外輿論的各種批評。「豬灣事件」是美國政治和軍事上的失誤。這之後，古巴人信心大增，開始更加堅定地支持卡斯楚政府對美國的反抗。在古巴民眾的心中，保護革命成果的信念催生了實際的行動。

在維也納的一次會議上，赫魯雪夫以「豬灣事件」為契機，修建了柏林圍牆，並重新開始了核子試驗。甘迺迪宣佈製造若干導彈，同時要大力拓展美國的太空計畫。甘迺迪並沒有輕易放棄控制古巴的野心。

在1962年7月，時任古巴國防部長的勞爾·卡斯楚（卡斯楚的弟弟）訪問蘇聯，兩國就軍事方面的合作進行了交流。蘇聯決定對古巴進行武器援助。

當時，蘇聯的周邊已經佈滿了美國的軍事基地，而美國周邊卻始終未能有蘇聯的勢力存在。如果能在古巴成立一個衛星基地，至少能在戰略上扭轉蘇聯和美國的實力對比，對提高蘇聯的國際地位和影響力也將產生很大的影響。

隨著國際形勢的發展，美國加緊了對古巴的封鎖和限制，赫魯雪夫

明朝

哥倫布發現新大陸
— 1500

— 1600
清朝
五月花公約
— 1700
美國獨立
— 1800
門羅主義
美墨戰爭
— 1850
日本黑船世界
中美天津條約
南北戰爭
購買阿拉斯加

美西戰爭
「門戶開放」政策
— 1900

中華民國

經濟大蕭條

日本偷襲珍珠港
— 1950 韓戰

甘迺迪遇刺

911事件
— 2000

歐洲文藝復興運動

拜占廷帝國滅亡
1500—

1600—

1700—
工業革命
法蘭大革命
1800—

共產黨宣言
1850—

日本明治維新

普法戰爭

1900—
中華民國
第一次世界大戰

第二次世界大戰

1950—

越戰爆發

兩伊戰爭

東西德統一

2000—

意識到戰爭即將來臨，所以開始向古巴運輸坦克、炸彈及技術人員。蘇聯政府還在古巴秘密地建造了發射台運輸導彈。1962年8月，美國偵察到了一些發射台，並向蘇聯方面發出質疑，蘇聯對此持否定態度，赫魯雪夫甚至向甘迺迪保證在其選舉期間不會做任何不利於兩國關係的事情。美國暫時放鬆了警惕。

當年10月，美國媒體不斷報導蘇聯在古巴建立導彈基地的消息，甘迺迪召開國家安全會議，確定進行對古巴進行軍事封鎖，命令美國海軍對蘇聯船隻進行檢查。自「豬灣事件」之後，甘迺迪的立場更加堅定，而蘇聯援助古巴的行為讓美國感到恐慌萬分。甘迺迪提出，蘇聯必須從古巴撤走導彈，否則，美國將會全面打擊蘇聯。

一開始，蘇聯的態度十分強硬，載有導彈的船隻照常進入古巴，赫魯雪夫警告美國不要有過火的舉動，否則後果將十分嚴重。不僅如此，蘇聯還加快了在古巴的導彈基地建設。緊接著，美國派遣空軍和海軍進入封鎖帶，應對突變。美國的強力攻勢產生了對蘇聯造成了巨大的壓力，赫魯雪夫召回了運送導彈的船隻。作為對蘇聯此舉的回應，甘迺迪政府答應不進攻古巴並解除封鎖，並因考慮到蘇聯外交的想法而決定從土耳其收兵。至此，這一次被稱為「古巴導彈危機」的政治事件得到了解決，美國人及時熄滅了後院尚未燃起的戰火。

虛張聲勢的赫魯雪夫在政治上難以立足，而甘迺迪總統則憑藉非凡的政治才能和贏得了國內民眾的支持。古巴危機使得世界上兩大對立雙方認識到了這樣一個事實：要謹慎對待核問題。

此後，雙方再也沒有以核武器作為籌碼輕率地脅迫對方。「古巴導彈危機」以美國的勝利而告終，一場可能造成巨大損失的戰爭被平息了。

【延伸閱讀】甘迺迪遇刺身亡

　　1963年，在德克薩斯州的達拉斯市，美國總統約翰・甘迺迪遇刺身亡。在他遇刺之後的一個小時，美國國內發生了極大的混亂，人們密切關注著媒體發佈的最新消息。學校為避開交通問題而提前放學，各大電視台、電台實行了不間斷的長時間報導。當總統去世的消息正式宣佈，紀念活動在全世界範圍內展開了。美國政府決定，在11月25日為他舉行國葬，並將這天定成國家哀悼日。

明朝

哥倫布發現新大陸
— 1500

— 1600
清朝
五月花公約

— 1700

美國獨立
— 1800

門羅主義

美墨戰爭
— 1850
日本黑船世界

中美天津條約

南北戰爭

購買阿拉斯加

美西戰爭
「門戶開放」政策
— 1900

中華民國

經濟大蕭條

日本偷襲珍珠港

— 1950　韓戰

甘迺迪遇刺

911事件

— 2000

歐洲文藝復興運動

拜占廷帝國滅亡
1500—

1600—

1700—
工業革命

法蘭大革命
1800—

共產黨宣言
1850—

日本明治維新

普法戰爭

1900—

中華民國
第一次世界大戰

第二次世界大戰

1950—

越戰爆發

兩伊戰爭

東西德統一

2000—

【專題】個人一小步，人類一大步

　　20世紀60年代，國家與國家之間的競爭已不再局限於軍事、經濟領域，科學技術領域也成為大國競賽的戰場。隨著科學技術的不斷飛躍，國家間的角逐場也從地球擴展到了人類從未涉足的太空。

　　甘迺迪上任後，詹森被任命為副總統，主管美國航空航太事業的發展。事實上，早在大選期間，作為候選人的甘迺迪就曾承諾過，要使美國在太空探索和導彈防禦領域上超越蘇聯。

　　1961年4月12日，蘇聯太空人加加林上校被送上了太空，這表示蘇聯先於美國實現了載人航太飛行。4月17日，標誌著美國反古巴行動第一個高峰的豬灣事件發生，甘迺迪政府因此受到了來自國內的批評，形象大損。20日，為了趕超蘇聯，挽回政府形象，甘迺迪命詹森立即制訂太空計畫，並下令恢復水星計畫，要求推進載人航太技術試驗。這標誌著美國的航空航太事業進入了一個高速發展的時期。

　　1961年5月5日，艾倫·雪帕德中校乘坐水星3號衛星順利完成了太空飛行，成為美國第一個太空人。這一消息振奮了美國上下，使決策者們堅定了發展太空計畫的決心，同時也幫助甘迺迪政府擺脫了豬灣事件所帶來的輿論壓力。在艾倫·雪帕德完成太空之旅的20天後，甘迺迪正式宣佈了阿波羅登月計畫。為了推動計畫的順利實施，美國國家航空暨太空總署同國防部聯合設立了月球研究聯合執行委員會以及月球研究聯合辦公室，國會也給予了大力的支持。

　　美國土星1號火箭於1961年10月27日試射成功。這次試射成功是美國登月計畫成功的基石，同時也標誌美國的火箭技術已經超越蘇聯，成為世界航太技術的領跑者。1963年5月15日，美國太空人戈登·庫珀實現

了環繞地球飛行22周的航太之旅，給水星計畫畫上了圓滿的句號。

　　1965年4月，土星5號火箭研製成功，解決了阿波羅飛船運載工具問題，對美國的登月計畫成功具有決定意義。土星5號火箭先後將阿波羅4號、8號、9號和10號飛船順利載入太空。1965年至1966年，美國開始實施雙子星計畫，在一年內實現了20餘次的載人航太飛行。隨著一次次太空載人飛行的成功，美國逐步掃清了登月計畫中的障礙，解決了兩個太空船如何在空間內進行會合與對接、太空人如何長期在太空中生存等難題。

　　美國的太空探索之路並非一帆風順。1967年，阿波羅1號中的3名太空人就因地面事故，喪生於發射現場。但這並沒有使美國人喪失登月的雄心壯志，反而激發了他們克服難題的信念。隨著時間的推移，美國終於實現了人類歷史上第一次踏上月球的太空之旅。

　　1969年7月16日清晨，伴隨著巨大轟鳴聲，白色的土星5號火箭在美國東海岸卡納維拉爾角的甘迺迪航天中心發射場升空。為了讓世人見證人類首次登月的歷史時刻，美國電視台對這次飛行進行了全球同步直播。從火箭騰空起飛，到飛船從火箭分離，再到飛船在月球降落，世界各地的觀眾通過電視機見證了這一系列過程。太空人尼爾·阿姆斯壯走出登陸艙踏上月球，在人類探索太空的歷程留下了不可磨滅的印記。

　　阿波羅11號登月成功是人類征服太空歷程上的重要里程碑。接下來的幾年裡，以阿波羅命名的太空飛船多次成功登月，從月球上帶回了寶貴的研究資源。1972年，隨著阿波羅17號飛船的順利返程，歷時11年、耗資255億美元的阿波羅計畫畫上了完美的句點。

　　美國航太事業的發展，不僅使美國在該領域處於國際領先地位，還帶動了美國國內科技經濟的蓬勃發展。航空基地相對集中的美國南部和西南部地區，漸漸形成了聞名一時的陽光帶，地區經濟隨之發展。據統計，美聯邦政府自20世紀60年代開展航太事業以來，先後共有近萬家企

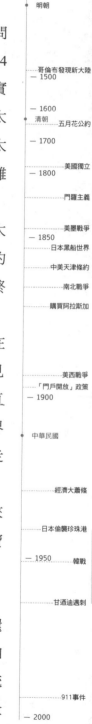

明朝

哥倫布發現新大陸
— 1500

— 1600
清朝　五月花公約

— 1700

美國獨立
— 1800

門羅主義

美墨戰爭
— 1850
日本黑船世界

中美天津條約

南北戰爭

購買阿拉斯加

美西戰爭
「門戶開放」政策
— 1900

中華民國

經濟大蕭條

日本偷襲珍珠港

— 1950　韓戰

甘迺迪遇刺

911事件

— 2000

業，120餘所大學，40多萬人員參與到空間計畫之中，政府總支出高達400億美元。這項資料反映了航太事業對美國社會的普遍影響，從側面印證了航太事業對美國經濟的促進作用。

此外，航太事業的發展也刺激了其他科學領域的研究。1962年，衛星通訊法的制定開啟了衛星通訊的新時代。與此同時，第三代電子電腦的出現和普及引領了新的科技革命。空間技術和遙測技術也在科技的不斷發展中被廣泛地應用到農業、漁業、航海、氣象預報、環境監測、資源探索等領域，對美國科技產生了巨大的推動作用。

歐洲文藝復興運動

拜占廷帝國滅亡
1500—

1600—

1700—
工業革命
法蘭大革命
1800—

共產黨宣言
1850—

日本明治維新

普法戰爭

1900—

中華民國
第一次世界大戰

第二次世界大戰

1950—

越戰爆發

兩伊戰爭

東西德統一

2000—

| 第十四章 | 美國世紀的無奈

　　美蘇爭霸既是國家利益的爭鬥，也是意識形態的爭鬥。雙方都準備充足，一有機會就揪住對方政治體制和內外政策的錯誤進行猛烈抨擊。美國沒法直接對蘇聯開刀，於是對蘇聯支持下的朝鮮和越南發動戰爭。奇怪的是，無往而不勝的美軍竟然接連栽了兩個大跟頭，看來高科技的武器裝備並不是制勝的充分條件。美國人陷入越戰的泥潭無法自拔，拉鋸多年後，戰爭終於在尼克森任總統時結束。

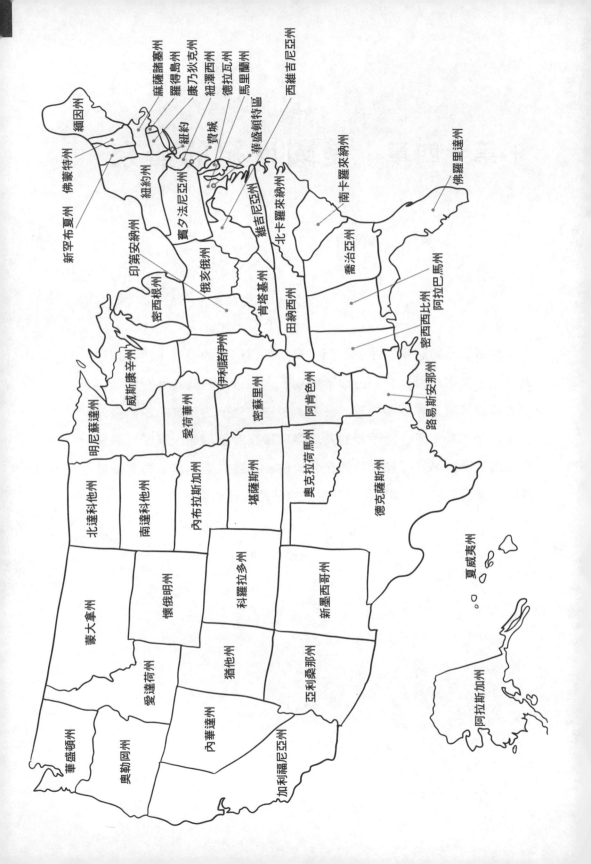

誰耗得起時間？

經過第二次世界大戰，美國一躍而成為世界上最強大的國家。美國與蘇聯搞冷戰，但卻在其他地區發動熱戰，比如韓戰、越戰等。

美國人對自己的軍事實力非常自信，從未想過會在這兩個地方吃敗仗，不過現實給了他們很深的教訓。美國人陷入越戰的泥潭無法自拔，拉鋸多年後，戰爭終於在尼克森任總統時結束。越戰，變成了一個誰耗得起時間的遊戲。

詹森擔任美國總統後，在內政外交方面做了很多改變，其中最具影響的是發動了越戰。美國企圖藉越戰擴大自己的霸權主義，把美國打造成一個超級大國。但是由於錯誤的估計了自身實力，美國在越戰中沒有得到絲毫利益，反到陷入了尷尬的境地。

1963年，為了對抗美國在越南建立的傀儡政權，大批越南愛國人士發起了抗議活動，並取得了顯著效果。尤其在吳廷琰下台後，越南軍人政府幾乎土崩瓦解，愛國志士趁勢奪下了南方百分之七十的國土，粉碎了美國狂妄的進攻計畫。

這引起了詹森政府的恐慌。為了扭轉形勢，美國特意增加了作戰力量，同時撥發了大量資金予以資助。隨著戰鬥的升級及戰場形勢的變化，美國將原先制定的打擊計畫也進行了升級。

儘管對越戰爭美國軍隊一直都處於費力不討好的情形，但美國政府卻不想放棄越南。詹森也表示，美軍絕對不可能撤出越南戰場。美國在越南的強硬政策，一方面是擔心中國。另一方面，美國也想通過越戰實行它在世界各地的戰略計畫。這場戰爭的成敗將直接影響美國後面的計畫，因此對於美國而言，此戰非同一般。此外，如果美國在越南獲得勝

明朝

哥倫布發現新大陸
— 1500

— 1600
清朝　　　五月花公約

— 1700

美國獨立
— 1800

門羅主義

美墨戰爭
— 1850
日本黑船世界

中美天津條約

南北戰爭

購買阿拉斯加

美西戰爭
「門戶開放」政策
— 1900

中華民國

經濟大蕭條

日本偷襲珍珠港

— 1950　　韓戰

甘迺迪遇刺

911事件
— 2000

歐洲文藝復興運動

拜占廷帝國滅亡
1500—

1600—

1700—
工業革命
法蘭大革命
1800—

共產黨宣言
1850—

日本明治維新

普法戰爭

1900—

中華民國
第一次世界大戰

第二次世界大戰

1950—

越戰爆發

兩伊戰爭

東西德統一

2000—

利，對蘇聯來說也是一種震懾。

此時的美國儘管知道可能通過越戰得不到絲毫好處，但是由於諸多顧慮，美軍又不能輕易撤出越南。如果輕易地從越南撤退，一定會讓自詡為超級大國的美國顏面掃地。為了大局，詹森只好使勁啃下這塊硬骨頭，一味地加強對越南的攻擊。

陷入越戰泥潭的同時，美國的國內形勢也不容樂觀。20世紀60年代後期，美國的勞動生產率增長緩慢，生產過剩導致美國的經濟出現了「滯」與「漲」的現象。「滯漲現象」的結合加速了美國經濟發展的崩潰。

1968年美國總統大選，作為共和黨候選人的理查‧尼克森成功當選，尼克森的上台是美國人的必然選擇，也是西南部經濟發展的必然結果，同時也反映了保守黨勢力的成長，為日後以雷根為首的勢力崛起鋪平了道路。

美國深陷越戰無法自拔，尼克森為此頭痛不已。美國政府的越戰有兩個戰場：一個是越南所在的中南半島，一個是美國人和北越代表圍坐著的在巴黎談判桌。此外，尼克森政府還得面對國內反戰者的詰難、抗議和鬥爭。

中南半島的戰爭泥潭暫且不說，巴黎談判桌也稱為一片摻雜了枯葉腐肉的、冒著氣泡的「熱帶沼澤」，讓想要弄清楚究竟的人看得眉頭大皺。很長時間裡，美國人甚至沒能與北越政權進入正式結束戰爭的議題——他們糾結於誰有資格列席談判桌。

巴黎的談判桌上的咖啡冒著白氣，談判各方或是瞪眼，或是打著哈欠。而此時千里之外的中南半島，幾塊區域一會兒被甲方攻佔，一會兒又被乙方奪回，對自己的歸屬感到困惑茫然，更為留在自己身軀上的越來越多的屍體驚愕歎息。

深陷戰爭的人資訊有限，不知道談判進行得怎樣了，但很難說此時的他們的內心到底更傾向於哪一方，戰爭進行得太久了，當初參戰的因由已經想不起來，只剩下麻木和深深的疲倦。

尼克森不得不做出點什麼了，他開始強硬起來，他下令B-52轟炸機對北越進行地毯式轟炸，宣稱轟炸不會停止，直到那些瑣碎的談判問題得到解決。北越終於屈服。不久，巴黎談判重新開始，季辛吉與北越代表黎德壽會晤了整整35個小時。協議大致敲定後，尼克森下令停止轟炸。

1971年1月23日，協議正式生效；1月27日，雙方代表赴巴黎在協議上簽字，就在這一天，越南停火。

戰火終熄。可是超過一千億美元耗費殆盡，五萬多美國人因此喪生，三十多萬人受傷流血。回到美國的駐越美軍得到解脫，但並沒有受到美國人民的熱烈歡迎。他們一方面為他們的前途和未來感到擔憂，一方面為駐越美軍的所作所為而羞愧：一百六十多萬越南人在越戰中喪失生命，照片裡被燒焦的孩子，悲痛的母親，如山的屍體，呻吟的斷壁，皺紋滿面的越南老農……一切的一切，讓善良的人揮之不去。

 【延伸閱讀】德浪河谷戰役

1965年11月14日早上10點48分，美國第一騎兵師第七騎兵團第一營營長穆哈爾‧摩爾中校率領450人，在炮火掩護下降落到素有「死亡之谷」之稱的德浪河谷。不巧的是，北越第66團當時也在德浪河谷，於是爆發美軍及北越間的第一場大規模戰鬥。激戰3天後，北越陣亡1037人，美軍陣亡234人，以平手收場。

明朝

哥倫布發現新大陸
— 1500

— 1600
清朝　五月花公約

— 1700

美國獨立
— 1800

門羅主義

美墨戰爭
— 1850
日本黑船世界

中美天津條約

南北戰爭

購買阿拉斯加

美西戰爭
「門戶開放」政策
— 1900

中華民國

經濟大蕭條

日本偷襲珍珠港

— 1950　韓戰

甘迺迪遇刺

911事件

— 2000

麥戈文的硬傷

美國政局風雲變幻，由於越戰的問題，1972年的總統選舉也將這場戰爭變成了兩黨爭辯的焦點。此時尼克森對自己連任的信心愈發強烈，不過民主黨人依然沒有灰心喪氣，按照自己的計畫有條不紊地進行選舉。

為了規範選舉流程，民主黨新訂出一些規定，比如取消內幕操作，公開投票、公開競爭席位和競選程式，雖然整個過程仍有一些瑕疵，但是民主黨的舉動仍對選舉制度的進步產生推動作用。

這一次的總統競選出人預料的情況頻出。最先佔據選舉上風的馬斯基在最後時刻表現得畏首畏尾，錯誤不斷。在一次講演中，馬斯基由於太過激動，導致演講的言辭被人們詬病，這讓他一下失去了很多支持者。本來支持率比較低的喬治・麥戈文一下子躍居前列，在州競爭中勝出。

隨後，麥戈文一下超越了其他的民主黨競爭對手，迅速崛起，在許多州的競選活動中取得了明顯優勢。他的支持率一路飆升，當時甚至有人斷言，只要投一次票，總統就可以鎖定是麥戈文了。

其實麥戈文的崛起並不是偶然。這一時期民主黨保守派和傳統民主黨人的優勢漸漸消失殆盡，麥戈文正是藉著這一時機把握住了機會，沉重地打擊了保守派。

麥戈文的取勝使人們大為吃驚，許多分析家和評論家無法從他身上找到任何領袖的閃光點和政治家風采，他的政治哲學也並無標新立異之處。當時麥戈文公開站在左翼一邊，不斷呼籲擴大少數民族權利而且補充福利立法，並且建議從越南立即撤軍。

麥戈文的勝利可以說是僥倖，但其中也有技術性的因素。由於他的

歐洲文藝復興運動

拜占廷帝國滅亡
1500—

1600—

1700—
工業革命
法蘭大革命
1800—

共產黨宣言 1850—

日本明治維新
普法戰爭

1900—

中華民國
第一次世界大戰

第二次世界大戰

1950—

越戰爆發

兩伊戰爭

東西德統一

2000—

競選班底是甘迺迪家族推薦，全都是極富經驗的專業人員和富有激情和奉獻精神的年輕人，這讓麥戈文的競選充滿活力卻又不失沉穩。團隊能量和協作精神使得麥戈文獲得了極大的支持和幫助。

雖然民主黨人不斷進行改革，但是實力始終無法與共和黨人抗衡，尼克森的勢力已經堅不可摧。共和黨對於尼克森當選信心十足，雖然這次的共和黨全國代表大會顯得十分平靜，但仍有一些實質性的效果。會議頒佈了更加溫和的政治綱領，很好地運用了否定式的選舉方式，他們提出民主黨人已經受到了極端情緒的影響，這種思想不僅會否定美國的過去，更會毀掉美好的明天。

共和黨的選舉綱領同樣支持限制軍備，並對工人和教育提出改革措施。尼克森老成持重的傳統態度更加符合當時美國民眾的心態。在越南問題上，共和黨呼籲停止戰爭，但是不主張在北越沒有釋放美國戰俘的情況下就撤回軍隊。這種保護美國利益的措施也得到了選民的普遍支持。

正式的大選拉開帷幕，雖然麥戈文的民主黨左翼派一直大做文章，但是事實上競選局勢依舊倒向尼克森這邊，民眾對此沒有任何的驚訝。民主黨依然在逆境中不斷地努力著，但黨內卻一盤散沙：內部沒有達成統一，黨內派別之間的矛盾無法化解。同時，底層的勞動人民也認為麥戈文過於激進，不能夠給民眾以安全感。

激進主義成為了麥戈文的硬傷，也成為尼克森攻擊麥戈文的有力武器。而事實上麥戈文是一個溫和的進步主義者，只不過他的言辭顯得有些過激。再加之麥戈文無視民意，贊成了一些民眾反對的事情，這也加速了他的失敗。

之後的競選變得一邊倒，1972年11月7日，尼克森贏得了四十九個州的選民支持，四千七百萬以上的選票，占總選票數的百分之六十一。而麥戈文只獲得了兩千九百多萬張選票，與尼克森的得票數相差巨大。

明朝

哥倫布發現新大陸
— 1500

— 1600
清朝　五月花公約
— 1700

美國獨立
— 1800

門羅主義

美墨戰爭
— 1850
日本黑船世界

中美天津條約

南北戰爭

購買阿拉斯加

美西戰爭
「門戶開放」政策
— 1900

中華民國

經濟大蕭條

日本偷襲珍珠港

— 1950　韓戰

甘迺迪遇刺

911事件

— 2000

歐洲文藝復興運動

拜占廷帝國滅亡
1500—

1600—

1700—
工業革命

法蘭大革命
1800—

共產黨宣言
1850—

日本明治維新

普法戰爭

1900—

中華民國
第一次世界大戰

第二次世界大戰

1950—

越戰爆發

兩伊戰爭

東西德統一

2000—

獲勝後，連任美國總統的尼克森沒有表露出過分的喜悅，或許他並沒有覺得自己的第二任期有多麼輕鬆。

 【延伸閱讀】破冰之旅

1971年，周恩來總理在接見來訪的美國乒乓球隊員時表示，中美關係即將開啟一個新局面。之後，美國國務卿季辛吉秘密訪華，開啟了「破冰之旅」。1972年美國總統尼克森應邀訪華，受到了毛澤東主席和周恩來總理的親切接見。兩國領導人就兩國關係邦交問題進行會談，並在上海聯合公告當中提出了和平共處五項原則。

真相背後的真相

1972年6月18日凌晨2點半，在位於華盛頓特區的美國民主黨總部——水門大廈的民主黨全國委員會辦公室中，逮捕了五名正在安裝竊聽器並偷拍文件的人。經調查，他們是以共和黨尼克森競選班子的首席安全問題顧問詹姆斯·麥科德為首，為尼克森贏得大選而潛入水門大廈的。

事發之後，白宮秘書宣稱此事只是一個三流的偷竊案件，不涉及任何嚴重的問題，尼克森也立即公開聲明自己與此事無關。

在案件的審理過程中，跟隨尼克森的共和黨官員卻在私下不斷恐嚇證人，甚至向被告提供金錢以買通證人，並許諾給被告提供政治赦免。這種種行動都將此事的幕後主使指向了尼克森。

起初，沒有多少人知道事情的真相，這件事並沒有對尼克森的大選產生影響。1973年，「水門事件」的真相逐漸浮出水面，尼克森倍感壓力。但他態度十分強硬，堅決否認與此事有關。與此同時，他還安排手

下極力掩蓋事件真相，甚至準備將事情的責任推卸到古巴人身上。

尼克森暫時騙過了公眾，並連任總統一職。但隨著調查的深入，水門事件的被告之一承認因受到政治壓力而表示沉默，並提供偽證，而真相是整個白宮和總統委員會都牽涉其中。這一資訊被披露後，引起了軒然大波，致使尼克森被迫同意重新調查「水門事件」。在這種情況下，尼克森的助手和涉及其此案的相關人員提出辭職，並宣稱對「水門事件」負責。但這一招棄車保帥並沒有使尼克森擺脫困境。

「水門事件」調查委員會披露了尼克森的種種非法行為，包括在白宮安裝竊聽系統、對總統的對手進行脅迫利誘等。尼克森被要求提供竊聽錄音帶和資料，走投無路的尼克森只能讓司法部長廢除特別檢察官的職務，但司法部長憤然拒絕，離職而去。這件事使尼克森在公眾中的威信一落千丈，政治地位日益不穩。

美國國會在輿論壓力下，不得不提出彈劾總統的議案。尼克森只能提供白己竊聽錄音的原件。但是他提供的這批錄音都經過了精心的挑選，目的自然是想要為自己開脫罪名。結果卻是，因為尼克森對刪除和空白的部分無法解釋，再次加深了公眾對他的懷疑和不信任。

尼克森再也無法掩飾自己捲入水門事件的真相。美國參議院對錄音帶審核後，證明尼克森確與水門事件有關。在美國民眾呼聲及社會輿論的壓力下，參議院正式對總統進行彈劾。

「水門事件」真相大白後，整個白宮都十分震驚：曾為越戰結束和中美外交上做出突出貢獻的尼克森竟然一直在欺騙公眾和同僚。因此，許多共和黨的議員和官員都表示尼克森應該辭去總統職務。尼克森再也無力翻身，為了避免被彈劾後的身敗名裂，他決定辭去總統一職。

1974年8月8日尼克森宣佈將於次日辭職，從而成為美國歷史上首位辭職的總統。

美國兩黨制形成以來，像「水門事件」這種類似的非法行為時有發

明朝

哥倫布發現新大陸
— 1500

— 1600
清朝　五月花公約
— 1700

美國獨立
— 1800

門羅主義

美墨戰爭
— 1850
日本黑船世界

中美天津條約

南北戰爭

購買阿拉斯加

美西戰爭
「門戶開放」政策
— 1900

中華民國

經濟大蕭條

日本偷襲珍珠港

— 1950　韓戰

甘迺迪遇刺

911事件

— 2000

生。從三十年代美國總統競選中就開始出現類似的行為。在麥卡錫主義橫行之時，這種利用政治權力來竊取隱私的犯罪行為就已十分猖獗。原本此類事件並不會引起多大反響，但戰後總統權力的惡性膨脹使國會憂心忡忡，為了遏制總統權力的繼續擴張，調和行政和立法部門的緊張關係，尼克森便成為了這次三權分立體制內部調整的犧牲品。

「水門事件」再次給美國的政治體制敲響警鐘，深深地影響了此後歷任總統的行為。此外，「水門事件」還暗藏了經濟集團的利益之爭。當時尼克森的政策有利於美國西南部經濟的崛起，並觸犯了東部集團的利益。東部集團多是老牌的工商業企業，在美國經濟中仍佔有優勢地位，因而其政治影響力也非同一般。

在「水門事件」發生後，東部集團為維護自己的利益，勢必要藉機將尼克森趕下台。在某種程度上來說，「水門事件」實質上也反映了美國經濟集團的內部鬥爭。

 【延伸閱讀】「廚房辯論」

1959年7月24日，在莫斯科舉行的美國國家博覽會開幕式上，時任美國副總統理查・尼克森與前蘇聯部長會議主席尼基塔・赫魯雪夫在廚房用具展示台前，展開了一場關於東西方意識形態和核戰爭的論戰。大多數美國人認為尼克森贏得了這場辯論，因為尼克森巧妙地把辯論的焦點轉移到了洗衣機之類的家用電器上，從而避免了在辯論中承認美國在軍事方面的劣勢。

我有一個夢想

「100年前，一位偉大的美國人簽署了解放黑奴宣言，今天我們就

歐洲文藝復興運動

拜占廷帝國滅亡
1500—

1600—

1700—
工業革命
法蘭大革命
1800—

共產黨宣言
1850—

日本明治維新
普法戰爭

1900—

中華民國
第一次世界大戰

第二次世界大戰

1950—

越戰爆發

兩伊戰爭

東西德統一

2000—

是在他的雕像前集會。這一莊嚴宣言猶如燈塔的光芒，給千百萬在那摧殘生命的不義之火中受煎熬的黑奴帶來了希望。它之到來猶如歡樂的黎明，結束了束縛黑人的漫漫長夜。

然而100年後的今天，我們必須正視黑人還沒有得到自由這一悲慘的事實。100年後的今天，在種族隔離的鐐銬和種族歧視的枷鎖下，黑人的生活備受奴役。100年後的今天，黑人仍生活在物質充裕的海洋中一個窮困的孤島上。100年後的今天，黑人仍然萎縮在美國社會的角落裡，並且意識到自己是故土家園中的流亡者。今天我們在這裡集會，就是要把這種駭人聽聞的情況公諸於世。」

這是馬丁·路德·金，一個黑人，在林肯紀念堂前發表發表的演講。關於黑人的問題一直困擾著美國歷屆政府，二十世紀五十年代以來，黑人的維權運動也是此起彼伏。這時，馬丁·路德·金成為了維權運動的領袖。

1929年1月15日，馬丁·路德·金出生於喬治亞洲亞特蘭大市一個浸信會傳教士家庭，他在亞特蘭大學的社會學系接受了高等教育，後來，他又研修了神學，並取得了博士學位。在學習過程中，他對神學的認識不斷加深，同時他也在探究將非暴力維權應用於社會改革的途徑。

1955年，蒙哥馬利市的黑人婦女羅莎·帕克斯被當地警察局逮捕，罪名是在公共汽車上拒絕給白人讓座，違反了公共汽車上的種族隔離條例。馬丁·路德·金由此發起了公共汽車抵制運動，運動持續了一年，五萬名黑人參與其中。第二年的12月份，最高法院通過決議，宣佈種族隔離政策違憲。馬丁·路德·金成為了蒙哥馬利權利促進協會的領袖，並在20世紀50年代扛過了捍衛黑人民權的大旗，開始全心全力為黑人維權運動而奔走。

為進一步推動相關民權法案的通過，1957年，馬丁·路德·金聯合了一些黑人團體領袖成立了南方基督教領袖會議。1960年，學生非暴

明朝

哥倫布發現新大陸
— 1500

— 1600
清朝　五月化公約
— 1700

美國獨立
— 1800
門羅主義

美墨戰爭
— 1850
日本黑船世界
中美天津條約
南北戰爭
購買阿拉斯加

美西戰爭
「門戶開放」政策
— 1900

中華民國

經濟大蕭條

日本偷襲珍珠港
— 1950　韓戰

甘迺迪遇刺

911事件
— 2000

歐洲文藝復興運動

拜占廷帝國滅亡
1500—

1600—

1700—
工業革命

法蘭大革命
1800—

共產黨宣言
1850—

日本明治維新

普法戰爭

1900—

中華民國
第一次世界大戰

第二次世界大戰

1950—

越戰爆發

兩伊戰爭

東西德統一

2000—

力協調委員會建立，該組織的主體成員是黑人大學生，學生中的激進分子對馬丁‧路德‧金十分仰慕。1963年4月12日，在阿拉巴馬州的伯明罕，馬丁‧路德‧金領導了大規模群眾示威遊行。員警逮捕了馬丁‧路德‧金，他在獄中闡述了美國民權運動的初衷，那就是要實現沒有歧視、人人平等的理想。

1963年8月，馬丁‧路德‧金率領25萬黑人在華盛頓特區開展了「自由進軍」運動。在林肯紀念館的台階上，馬丁‧路德‧金發表了聞名世界的演講——「我有一個夢想」。這是他的第一次民權演說，站在教堂前，他聲情並茂地向黑人強調了團結的必要性，以及爭取民權、保持黑人尊嚴的急迫性。演講停頓處，聽眾隨著他的節奏，用眼神、手勢和他交流，場面十分熱烈。

在講演的最後，馬丁‧路德‧金莊嚴地宣告：「當我們讓自由之聲轟響，當我們讓自由之聲響徹每一個大村小莊，每一個州府城鎮，我們就能加速這一天的到來。那時，上帝的所有孩子，黑人和白人，猶太教徒和非猶太教徒，耶穌教徒和天主教徒將能攜手同唱那首古老的黑人靈歌：『終於自由了！終於自由了！感謝全能的上帝，我們終於自由了！』」

黑人同胞們在廣場上和他們的精神領袖一起歡呼、鼓掌，雷霆般的聲響久久沒有平息。面對現場的群情激盪，馬丁‧路德‧金呼籲他的同胞們要克制情緒，主張用非暴力的手段追求正義，號召大家文明行事。1964年，美國國會通過《民權法案》，種族隔離和種族歧視被認定為是非法的政策。

馬丁‧路德‧金所謂的「非暴力反抗」是強者的手段，而非消極的妥協，他的目標是要贏得對手的理解和友誼，他所主張抵抗的對手是邪惡本身，而非那些行惡的人。馬丁‧路德‧金聲稱，非暴力的反抗者願意遭受痛苦，不以報復為目的，反抗者尋求的是一種冷靜、理解、善

意，並創造人與人之間共通的愛。馬丁‧路德‧金深信，世界站在正義一邊，並且相信在未來，經過人類的努力，終究會實現正義。1964年，馬丁‧路德‧金的理想和努力受到肯定，他獲得了當年的諾貝爾和平獎。

然而，黑人團體領導層內部的分歧讓這位偉大的民權運動領袖的努力效果大打折扣，同時，政府也對黑人運動百般阻撓。隨著種族暴力的不斷加深，以及馬丁‧路德‧金對越戰所持的批評態度，時任總統林登‧詹森與他的關係變得異常緊張。

1967年底，一名叫詹姆斯‧厄爾‧雷的刺客射殺了馬丁‧路德‧金，遇害當天，他正在幫助孟菲斯的黑人清潔工組織遊行罷工運動，他的遇刺成了日後黑人運動的導火線，多個城市所爆發的黑人騷亂一時席捲了全國。

這一時期是美國歷史裡的多事之秋。馬丁‧路德‧金博士領導的黑人運動席捲了整個美國，「我有一個夢想」是他們的口號。所謂的夢想不光是黑人的夢想，還成為所有美國人的夢想。

 【延伸閱讀】《我有一個夢想》演講50周年

2013年8月24日，美國首都華盛頓舉行活動，紀念美國黑人民權運動領袖馬丁‧路德‧金發表《我有一個夢想》演講50周年。從24日起，華盛頓連續多日舉行了一系列紀念活動。當天上午，眾多民眾在國家廣場附近參加遊行，從馬丁‧路德‧金的紀念雕塑陸續走到林肯紀念堂前，聆聽馬丁‧路德‧金後人和50年前親歷者等人的演講。

明朝

哥倫布發現新大陸
— 1500

— 1600
清朝　　五月花公約
— 1700

美國獨立
— 1800

門羅主義

美墨戰爭
— 1850
日本黑船世界

中美天津條約

南北戰爭

購買阿拉斯加

美西戰爭
「門戶開放」政策
— 1900

中華民國

經濟大蕭條

日本偷襲珍珠港
— 1950　韓戰

甘迺迪遇刺

911事件
— 2000

歐洲文藝復興運動

拜占廷帝國滅亡
1500—

1600—

1700—
工業革命

法蘭大革命 1800—

共產黨宣言 1850—

日本明治維新

普法戰爭

1900—

中華民國
第一次世界大戰

第二次世界大戰

1950—

越戰爆發

兩伊戰爭

東西德統一

2000—

【專題】製夢工廠裡的奇蹟

　　好萊塢位於加利福尼亞州洛杉磯的郊外，那裡會聚了600多家影視公司，是全世界最大的電影生產基地。

　　一個多世紀以來，好萊塢拍攝了大量的電影，讓全世界不同地區的人們都能通過電影領略一種別樣的或者是久存於他們心中的人生境況，讓他們在黑漆漆的播放廳裡盯著閃耀的銀幕做一個短暫的、與世隔絕的清醒夢。

　　人是需要夢的，沒有夢的人不能算是人。然而夢境一般是無意識的、淩亂的，與電影這種有意而為、條理性的夢境畢竟不可同日而語，雖然二者都給「入夢者」以一定程度的慰藉和滿足。

　　製造夢的工廠不是只有好萊塢一家，為什麼只有它在全世界範圍內取得了成功？最直接的答案是它的電影製作水準的品質保證（姑且稱之為形式），還有好萊塢電影一般電影的主題和內容更多的迎合了一般人的需要。

　　好萊塢大片裡的香豔醉人的軟色情，漫天飛舞叫人眼花繚亂的機械或怪獸，激烈緊張的情節……征服了全世界的觀眾，但它最重要的法寶，仍是彌漫在整部影片裡的英雄主義，理想主義和熱血精神。

　　許多人把好萊塢電影裡的理想主義和普世價值觀看做是文化侵略武器，美國藉之以催眠和同化別國的民眾，比如德國導演曼德爾森就說：「美國人已經殖民了我們的下意識。」但其實，與其說這是美國人的文化侵略，不如把它看成是好萊塢電影對於深藏於一般人心目中的普世價值的喚醒。

　　所謂普世價值非常簡單，就是人渴望自由，渴望上進，憎惡暴政，

希望生活在一個安樂的世界並且為此願意付出哪怕生命以對抗他們正面對的敵人。普世價值近乎公式一般簡單，當然不足以表達人類社會複雜的各個方面，但它起碼是現代社會的一個目標導向。

當然，單憑講道理是不能吸引觀眾的，而且講道理也不需要花那麼多錢去拍電影。電影的最基本功能仍是娛樂，所以好萊塢大片普世價值的內核仍需要好看的畫面、明星，緊張刺激的故事情節作為包裝。很明顯，這需要物質力量的支援，比如說片商的投資，再比如說，美國政府政策的扶持。

早在1918年，好萊塢電影就得到了美國的官方認可，美國政府就宣佈電影為「一門基本工業」。所以好萊塢可以在資材短缺的情況下繼續運作。

1945年第二次世界大戰結束之後，美國政府對好萊塢電影的支持力度加大，幾乎每年都有好萊塢電影獲得政府的資金支援，而其海外出口和宣傳也得到美國政府的照顧和幫助。好萊塢大片以場面宏大震人心魄著名，許多戰爭片裡都有飛機、坦克轟炸，硝煙四起的畫面，而那些飛機和坦克，乃至軍艦航母很多都是真的，它們有的正在美軍中服役。

如今，好萊塢電影橫掃世界，許多別的民族的人們看到好萊塢電影，就在心中重新燃起美國夢，即是無法真的成為美國公民，也要將部分生活方式「美化」，比如海地人曾經在看過一部好萊塢電影後迷戀上影片裡的漢堡，這造成海地人對當地傳統食物熱情的冷卻；又比如，阿根廷人在一部電影中發現主角不愛穿內衣，又使得當地的內衣滯銷……國內的美式生活要靠來自美國的跨國公司提供的產品來支撐，好萊塢電影無疑為這些產品做了最有說服力的廣告。

七八十年前已經有美國人作出統計，每出口1英吋膠片，就可以促銷1美元的美國商品。好萊塢為美國立功大矣，美國政府投資好萊塢回報重矣。

明朝

哥倫布發現新大陸
— 1500

— 1600
清朝　　五月花公約

— 1700

美國獨立
— 1800

門羅主義

美墨戰爭
— 1850
日本黑船世界

中美天津條約

南北戰爭

購買阿拉斯加

美西戰爭
「門戶開放」政策
— 1900

中華民國

經濟大蕭條

日本偷襲珍珠港

— 1950　　韓戰

甘迺迪遇刺

911事件

— 2000

還有一個有趣的現象，那就是每當美國遭受經濟危機，華爾街面臨技能困局的時候，好萊塢電影總是能獲得更多人的喜愛，賺取更多的票房，這可能是因為人們在現實中不如意，就轉而走向電影院，希望能在夢幻中獲得撫慰和滿足吧。

歐洲文藝復興運動

拜占廷帝國滅亡
1500—

1600—

1700—
工業革命
法蘭大革命
1800—

共產黨宣言
1850—

日本明治維新
普法戰爭

1900—

中華民國
第一次世界大戰

第二次世界大戰

1950—

越戰爆發

兩伊戰爭

東西德統一

2000—

| 第十五章 | 美國總統

　　對於美國人來說，「愛國」與「愛政府」是兩種意義的事情。民眾普遍有這樣一種觀念：「鐵打的國家，流水的總統」，任何政黨和政府都是風水輪流轉，只有納稅人才是國家真正永恆的主人。總統可以隨時更換，但是美利堅合眾國會長久存在。所以，在美國完善的法律體系中，並沒有顛覆政府罪，而叛國罪所受到的懲罰要比謀殺罪嚴重得多。

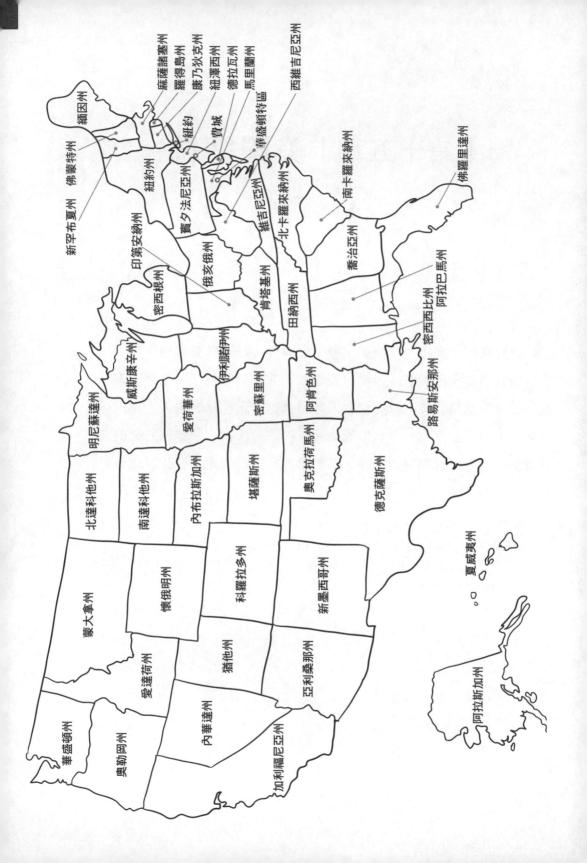

親民謙和的吉米・卡特

1976年是美國成立整兩百周年，因而這一年的大選倍受矚目。在民主黨方面，吉米・卡特參與了總統候選人的選舉。卡特出生在一個南部農場主家庭，沒有雄厚的政治背景，僅做過南部某州州長。從卡特的這些資歷來看，他似乎很難贏得候選人的選舉。但卡特將這些劣勢掩蓋在自己的謙和之下，使自己沒有成為被攻擊的焦點。

民主黨內部的改革讓卡特獲得了機會。麥戈文規則為初選投票人打開了黨的窗口，這極有可能導致喬治・C・華萊士在初選區獲得領先的地位。可是黨內的領導並不支援華萊士，記者們對華萊士也持反對態度。華萊士曾是一個種族主義者，雖然他在選舉中否認了自己的過去，但是依然無法取得人們的信任。許多自由派人士為了阻擋華萊士，便想尋求一位在種族問題上表現良好的南部人作為支援對象。吉米・卡特因此獲得機會，成為了自由派眼中的最佳人選。

卡特緊抓這一機遇，開啟了選舉中的良好勢頭，其親民形象也取得了人們的認同。與選民交流中，他坦言並強調自己南方人的形象，不斷向大家宣揚其福音基督教的信仰，使他得到眾多南部民眾和虔誠基督教徒的支持與共鳴。在取得這一優勢後，卡特又覓得另一個展示自我形象的機會。在一個曾批評過自己的自由派新聞精英人物家庭出現變故後，卡特對其進行了貼心的問候，使自己在新聞媒介領域贏得了非常好的口碑。最終，卡特得到黨內的廣泛支持，橫掃所有競選者，成為建國二百周年大選的民主黨候選人。

在共和黨方面，總統候選人的競爭也十分激烈。福特總統想取得連任，但媒體的批評使他倍感煎熬。媒體對他的能力和強壯的體態進行不

明朝

哥倫布發現新大陸
— 1500

— 1600
清朝　五月花公約

— 1700

美國獨立
— 1800

門羅主義

美墨戰爭
— 1850
日本黑船世界

中美天津條約

南北戰爭

購買阿拉斯加

美西戰爭
「門戶開放」政策
— 1900

中華民國

經濟大蕭條

日本偷襲珍珠港
— 1950　韓戰

甘迺迪遇刺

911事件

— 2000

歐洲文藝復興運動

拜占廷帝國滅亡
1500—

1600—

1700—
工業革命

法蘭大革命
1800—

共產黨宣言
1850—

日本明治維新

普法戰爭

1900—

中華民國
第一次世界大戰

第二次世界大戰

1950—

越戰爆發

兩伊戰爭

東西德統一

2000—

斷地譏諷，甚至將他刻畫成一個愚蠢的呆子。有喜劇演員更是以模仿福特在空軍一號舷梯上摔倒的一幕來取悅大眾。後來，福特總統任何細小的失誤都會被媒體加以嘲諷。在這種長年累月對福特的負面報導，使福特在民眾中留下了一個軟弱無能的形象。

來自加州的雷根是福特在候選人選舉中的主要對手。雷根曾在一次州選舉中以壓倒性優勢戰勝了福特。雷根欣賞華萊士和卡特的政治風格，但對華萊士過去支持種族隔離的歷史非常反感。雷根在學生時代對黑人朋友就十分友好，出任加州州長後，他還任命過許多的黑人官員。他宣導種族平等，因而獲得黑人選民的大力支持。可是雷根在大好的形勢下卻遇到了選舉中的瓶頸——缺少競選經費，於是許多人都規勸他退出競選。

一些保守力量不斷給雷根的競選班子施壓，認為這個競選班子毫無特色可言。雷根在重壓之下沒有慌亂，反而表現出一個優秀政治領袖的風采。他激情昂揚，充滿鬥志，其背水一戰的投入狀態，更為選民留下了深刻的印象。雷根決定以自己的方式進行競選，並藉巴拿馬運河問題向對手發難，獲得了南部和西部初選的勝利。

福特利用建國二百周年的慶祝活動使自己從政治災難中擺脫出來。在1976年7月4日這個舉國歡慶的日子中，福特在慶祝盛會上表現得尊貴而又幽默，使人們沉浸在建國大慶的幸福和喜悅中而忘記了福特曾經的種種醜聞。

此後不久，雷根就開始指責福特的外交政策，認為福特在對蘇關係上表現的過於軟弱，不利於美國的發展。雷根也不斷尋求新的支持者，對涉及人們切身利益的一些社會問題都表現出了親民的立場。

福特總統的競選班底則以權力之便對雷根的提議和政策進行反擊，在整個爭取連任的道路上表現出堅決的態度。福特最終在1972年共和黨總統候選人選舉中以微弱的優勢戰勝了雷根。獲勝後的福特依然需要雷

根的支援，因為在面對民主黨候選人卡特時，福特在民意調查中完全出於弱勢。

　　為了改變對卡特的劣勢，福特在戰勝雷根之後立即開始了全國巡遊，將精力全部投入到了競選中。可是福特的演講沒有什麼吸引力，不能激發選民的興趣，以致在民意測驗中他始終與卡特保持著較大差距。為了徹底改變這中落後局面，福特向卡特發出了電視辯論挑戰。本想靠這次辯論翻身的福特卻出現了嚴重的失誤，暴露了自己的缺點。福特的失誤進一步擴大了卡特的領先優勢。

　　在建國兩百周年的大選中，卡特最終獲得了總統一職，成為美國第三十九任總統。

 【延伸閱讀】大衛營協定

　　在1978年9月，應美國總統吉米・卡特的邀請，埃及總統沙達特，和以色列總理貝京來到了美國。三方在美國總統休養地大衛營舉行了持續十二天的最高會議。通過美國的協調，埃及、以色列雙方達成共識，並於1978年9月17日簽訂了對中東和平進程有著重要歷史意義的兩份檔，即《關於實現中東和平的綱要》和《關於簽訂一項埃及同以色列之間的和平條約的綱要》，也就是歷史上著名的「大衛營協議」。

70歲才當選的演員總統

　　雷根是個二流演員，但他曾經做過演員工會的主席，頗具組織才能，所以發揮和包裝一下，就成了一流的政治家。1980年，雷根在美國總統大選中戰勝了爭取連任的吉米・卡特，成為美國第40任總統。

　　雷根當選總統時已經70歲了，「大器晚成」是人們評論他時頻率最

明朝

哥倫布發現新大陸
— 1500

— 1600
清朝　　　五月花公約
— 1700

美國獨立
— 1800

門羅主義

美墨戰爭
— 1850
日本黑船世界

中美天津條約

南北戰爭

購買阿拉斯加

美西戰爭
「門戶開放」政策
— 1900

中華民國

經濟大蕭條

日本偷襲珍珠港

— 1950　韓戰

甘迺迪遇刺

911事件

— 2000

歐洲文藝復興運動

拜占廷帝國滅亡
1500—

1600—

1700—
工業革命

法蘭大革命
1800—

共產黨宣言
1850—

日本明治維新

普法戰爭

1900—

中華民國
第一次世界大戰

第二次世界大戰

1950—

越戰爆發

兩伊戰爭

東西德統一

2000—

高的辭彙。高齡的雷根身上並沒有一般老人身上常見的暮氣，相反，他幹勁十足，勇於接受挑戰，也敢於主動出擊。

1981年，雷根發表就職演說，正式擔任美國總統一職。雷根上任時，美國正面臨眾多的困境，如國際地位日益下降，國內的經濟問題嚴重，政治上保守力量日益壯大等。就任後的雷根為了獲得美國民眾的信任，從經濟著手，宣佈實行經濟復興計畫，以解決美國當前存在的嚴重經濟問題。

雷根政府根據市場規律作出經濟決策，以擺脫美國當前的經濟滯漲危機，掃清美國前進道路上的攔路虎。雷根的經濟復興計畫內容包括大規模削減個人及公司所得稅；大規模削減非國防開支，大規模增加國防開支；放慢貨幣增長速度，抑制通貨膨脹；切實放鬆政府管制；在幾年之內平衡國家預算。雷根希望通過這些計畫來穩定物價，抑制通貨膨脹；增加軍費，更加積極有力地捍衛美國的利益，縮小與蘇聯的實力差距等。

面對美國經濟現狀，供應學派和貨幣主義學派都提出了自己的解決方法。制定新的經濟政策時，雷根及其智囊團參照了兩個學派的觀點。後人把雷根參照兩種觀點不同的經濟學學派觀點制定出的經濟政策命名為雷根經濟學。

雷根經濟學中的政策與政策之間關係複雜，有些政策相互促進，但也有一些內容是相互矛盾的。例如政策中提到的放慢貨幣增長速度，雖然在一定程度上可以抑制通貨膨脹，但也有可能造成經濟萎縮，導致美國失業率上升。雷根政府並沒有理會預計出現的種種問題，一意孤行在美國推行這些經濟計畫，企圖靠此來實現政府預算平衡。

這些本身就有相互矛盾的經濟政策在雷根政府的大力推行下，沒有實現預期的目標，反而導致了美國自戰後以來的第八次經濟危機。1981到1982年末的經濟危機是史上美國最持久最嚴重的一次經濟危機。工商

業倒閉，建築業死氣沉沉，各證券交易所一片混亂，政府債券也陷入猛跌的境況。

失業率驟升，大量美國人遊走街頭，與此同時美國私人儲蓄額下降了很多，很多大公司的利潤也大幅減少。美國政府的財政赤字也達到最高點高達一千一百億美元。雷根的經濟復興計畫僅僅推行兩年，就造成了有史以來最大的預算赤字和四十年來最高失業率等慘狀。

在雷根上任前，美國由於推行凱因斯經濟理論，長期實行國家壟斷資本主義出現了經濟滯漲問題。雷根任期內，混亂的雷根經濟學代替了凱因斯經濟理論，帶給美國更多經濟問題。

國民的不滿和政府內部的壓力迫使雷根不得不做出改變。他放棄對供應學派觀點的堅持，在1982年通過了增稅法案，希望藉助增稅減少龐大的政府財政赤字。從1982年起，美國對汽油等增加稅收，改變貨幣緊縮政策，貨幣供應量大大超過原定的目標。這意味著雷根經濟學的策略發生改變，新的雷根經濟政策又滲進了凱因斯主義，回到刺激需求的老方法上去了。

雷根經濟學政策改變後，對緩解美國膨脹危機起到了緩解作用。美國的通貨膨脹率和利率都得到了下降，國民上產總值在不斷增長，失業率得到了控制，各企業的開工率得到提高，在一定程度上緩減了之前的滯漲危機，使美國的經濟開始得到回升。

雷根的新經濟政策一定程度上緩解了美國通貨膨脹的狀況，但究其根本，弊遠大於利。政策的施行留下了嚴重的後果，其中最突出的就是政府財政赤字。美國的貿易赤字在同一時期也變得嚴重。低儲蓄率使得國內資源無法完全彌補巨大的預算赤字。

最終為了達到平衡，政府不得不藉助外國投資者在國內的資金。為了吸引外國債權人，雷根政府維持著相對高水準的利率，吸引了大批境外資金的湧入，增長了國際對美元的需求。美元升值導致美國商品服務

明朝

哥倫布發現新大陸
— 1500

— 1600
清朝　五月花公約
— 1700

美國獨立
— 1800

門羅主義

美墨戰爭
— 1850
日本黑船世界

中美天津條約

南北戰爭

購買阿拉斯加

美西戰爭
「門戶開放」政策
— 1900

中華民國

經濟大蕭條

日本偷襲珍珠港

— 1950　韓戰

甘迺迪遇刺

911事件

— 2000

價格上漲，降低了產品在國內外市場上的競爭力。

總的來說雷根總統在經濟上的改革舉措並沒有達成預定目標，反而將美國推向更動盪不定的境況中，為接任總統設下了不小的難題。美國的經濟因雷根政策的推行換取了持續6年的低通貨膨脹率下的增長，同時也埋下了很深的隱患。

 【延伸閱讀】雷根的演員生涯

1937年，雷根進行了一次試鏡，獲得了華納兄弟公司7年的契約。雷根清晰的嗓門、逍遙自在的風格、和運動家的龐大體型使他相當受觀眾歡迎；他擔任的角色大多是B級片裡的男主角。他演出的第一部電影是在1937年的《愛在空氣中》。到了1939年結束時，他已經在19部電影裡演出過。

軟弱共和黨喬治・布希

1988年總統大選來臨，雷根的時代面臨終結。儘管選舉過程中暴露出種種政治醜聞，但人們的目光仍然集中在選舉本身製造出的盛況當中。美國人民期待有人能將他們從政治經濟危機重重、毒品氾濫、愛滋病肆意傳播的時代中拯救出來。

民主黨人推薦邁可・杜卡斯基為民主黨的總統候選人，與之競爭的是另一位民主黨人耶西・傑克遜。雷根任期內擔任副總統的喬治・布希並不為人看好。他被選民貼上了「軟弱共和黨」的標籤，雷根時代的陰影籠罩在他身上。激烈刺激的選舉就這樣在三人之中上演，成為美國媒體關注的焦點。

三位候選人各有優勢，邁可・杜卡斯基選擇曾在德克薩斯州選舉中

歐洲文藝復興運動

拜占廷帝國滅亡
1500—

1600—

1700—
工業革命
法蘭大革命
1800—

共產黨宣言
1850—

日本明治維新
普法戰爭

1900—

中華民國
第一次世界大戰

第二次世界大戰

1950—
越戰爆發

兩伊戰爭

東西德統一

2000—

擊敗喬治‧布希的勞合‧班森為選舉夥伴，希望藉此吸引南方選民以及認為杜卡斯基自由主義傾向過重的民主黨人。民主黨的另一位候選人耶西‧傑克遜深受黑人選民的喜愛，他還贏得了一些保守的民主黨人的支持。

相對處於劣勢的喬治‧布希也有自己的突出之處，早在雷根擔任總統期間，他就展現出自己的政治風範。在擔任副總統期間，他兢兢業業，為美國經濟發展之初的發展做出巨大貢獻。而且經歷雷根政府的他，比任何人都瞭解雷根留下的難題。

為了阻擋共和黨人增強實力，民主黨人率先發起攻擊，他們指出布希所接受的上層教育根本無法勝任總統一職，更有人指出他當選副總統純屬僥倖。選票的差距更凸顯出民主黨的優勢。

面對民主黨的抹黑，喬治‧布希證明了他的實力。在演講中，他表明自己要建立一個「更加寬厚和溫和的國家」，他強調美國正處於一個低通貨膨脹、政治和諧和國際關係穩定的時期，並提出要大力發展教育事業。精彩出色的演講為他增色不少，但他的競選夥伴佩吉‧努南卻讓人大跌眼鏡，憑藉外表吸引婦女選票的他並無準備，被記者問得啞口無言。喬治‧布希不得不採取補救措施，命令顧問將佩吉‧努南團團圍住，讓記者無縫插針。

選舉中喬治‧布希為求獲勝，採用了否定式競選的方法，並將其發揮得淋漓盡致。他攻擊對手杜卡斯基，稱其對國防等問題上的軟弱態度於美國發展不利，並舉出了無數事例證明自己的觀點。喬治‧布希為了增加曝光率和宣傳成效，多次發表電視演說。這種否定攻擊在美國民眾看來是整個總統競選過程中的新亮點，政客幾乎都是說謊者，廣告效應讓他們更加認清了這一點。

對於喬治‧布希的指責，杜卡斯基表示蔑視，他認為總統選舉憑藉的是實力而非思想意識的爭鬥。杜卡斯基沒有展現出應有的政治家風

明朝

哥倫布發現新大陸
— 1500

— 1600
清朝　五月花公約
— 1700

美國獨立
— 1800

門羅主義

美墨戰爭
— 1850
日本黑船世界

中美天津條約

南北戰爭

購買阿拉斯加

美西戰爭
「門戶開放」政策
— 1900

中華民國

經濟大蕭條

日本偷襲珍珠港
— 1950　韓戰

甘迺迪遇刺

911事件
— 2000

歐洲文藝復興運動

拜占廷帝國滅亡
1500—

1600—

1700—
工業革命

法蘭大革命
1800—

共產黨宣言 1850—

日本明治維新

普法戰爭

1900—

中華民國
第一次世界大戰

第二次世界大戰

1950—

越戰爆發

兩伊戰爭

東西德統一

2000—

範，而是愚笨保守的不予回擊。直到當他意識到民眾心願和選民思想的重要性時，已經為時已晚。原本處於優勢的民主黨因其軟弱失去了大量選票，那些華而不實不能感動人心的口號不能吸引住民眾，一直提不出切實有效主題的民主黨再次被共和黨壓制。

實力懸殊的競選中，喬治・布希在關鍵時刻憑藉南部地區選民以及中西部地區取得的大規模勝利，以百分之五十四的支持率戰勝了民主黨。喬治・布希憑藉對否定式選舉方式的把握和對新型選舉模式中廣告宣傳影響的掌控贏得選舉。廣告宣傳和否定式選舉自此成為了總統選舉的新風向。

在選舉中失利的民主黨，在國會和議會中仍佔據優勢。民主黨增加了眾議院參議院的席位，可謂雖敗猶榮。儘管民主黨失去了原有勢力範圍，但近百分之九十黑人的支持填補了缺失。傳統的民主黨政治聯盟不再存在，雷根時代失去的藍領工人支持並未在選舉中回歸。來自喬治・布希的否定性言論一直衝擊著民主黨。

1988年的總統競選時具有劃時代意義的選舉，充斥選舉過程中電視上的嚴厲辛辣的廣告宣傳成為日後總統選舉的主流。否定式選舉方式成為了選舉的趨勢。對於爭議問題的討論越來越沒有意義，民眾更看中的是廣告宣傳。

 【延伸閱讀】波灣戰爭

1990年8月6日，伊拉克佔領科威特四天後，美國五角大樓制定出名為「沙漠盾牌」的軍事行動計畫，美國企圖通過駐兵沙烏地阿拉伯，遏制伊拉克繼續進行軍事行動。8月7日，「沙漠盾牌」計畫開始執行。這一計畫很快得到了英、法、日等國支持。1991年1月16日，拒不撤兵的伊拉克領土變成了硝煙彌漫的戰場。2月26日，毫無反抗之力的伊拉克同意無條件從科威特撤走全部軍力。3月3日，多國部隊的代表與伊拉克的軍

方代表在塞夫萬舉行會談，就釋放戰俘等問題達成協議。聯合國安理會在4月4日宣佈停火，波灣戰爭正式結束。

話題總統比爾‧柯林頓

柯林頓任職總統期間，在經濟上取得了卓越的成績，但是私生活的不檢卻讓他晚節不保。但是，評價政治人物時窮究其私生活是沒有意義的，主要還是應該看他任期內的政治功績。

公平來看，柯林頓實在是歷代美國總統裡最有才華的一個。他在任期內，力求減少國家對經濟的干涉，進一步發揮市場在整個國民經濟中的作用。更重要的是，柯林頓趕上了一段二戰以來的最好時光——上世紀90年代開始，網路、電腦開始興起。網路這種新興產業拉動了經濟的增長，為早已疲軟的美國經濟注入了新的活力。

1992年，新一輪的美國總統大選即將拉開序幕。喬治‧布希在任期間，取得波灣戰爭的勝利，受到很多美國民眾的支持，很多人覺得他很有可能繼續連任。可是在布希任期的後半段，各種問題漸漸顯現，這對未來選舉的形勢產生了不小的影響。

美國八十年代存在的一些社會問題，如愛滋病傳播、毒品氾濫、種族主義等依舊在延續。布希政府對這些問題似乎並不是很熱心，也沒拿出什麼切實可行的辦法，美國民眾依舊深受困擾。

布希執政的四年間，美國經濟增長乏力，增長率平均每年只有0.7％，這是三十年代大蕭條以來的最低記錄。中產家庭和工廠工人的家庭收入都沒有增長，失業人數和貧困人口不斷增加，部分市政府和州政府的財政狀況也是捉襟見肘，甚至無法及時支付公務員的工資。

美國國會提出了一些解決法案。但國會是由民主黨人控制，因此絕

明朝

哥倫布發現新大陸
— 1500

— 1600
清朝　　五月花公約
— 1700

美國獨立
— 1800

門羅主義

美墨戰爭
— 1850
日本黑船世界

中美天津條約

南北戰爭

購買阿拉斯加

美西戰爭
「門戶開放」政策
— 1900

中華民國

經濟大蕭條

日本偷襲珍珠港

— 1950　韓戰

甘迺迪遇刺

911事件

— 2000

歐洲文藝復興運動

拜占廷帝國滅亡
1500—

1600—

工業革命　1700—

法蘭大革命
1800—

共產黨宣言　1850—

日本明治維新

普法戰爭

1900—

中華民國
第一次世界大戰

第二次世界大戰

1950—

越戰爆發

兩伊戰爭

東西德統一

2000—

大多數法案都被布希否決。聯邦政府中的這種黨派鬥爭，政府對社會問題的束手無策，更招致人們的不滿。到1991年3月，原本支持布希的大量選民，有一半表示不再信任布希。

在政治方面，布希沒有給身陷絕境的海珊致命一擊，也招致保守派的怨言。直到選舉前夕，人們對於布希的支持率已下降到五十年來的最低點——29％，大部分民眾認為美國正處在衰落的狀態，急需變革。

儘管民眾支持率下降，但布希依舊爭取到共和黨總統候選人的提名。在接受提名演講中，布希只是一味地攻擊對手的個人品質，對於解決美國當前的經濟、社會等問題和困難，並沒有提出令人信服的綱領計畫。

民主黨那邊分為三派：以前加利福尼亞州州長傑瑞·布朗為代表的左派，以前聯邦參議員保羅·藏加斯為代表的右派，威廉·J·柯林頓及其他民主黨領袖為代表的中間派。左派主力爭下層人民的支持，右派基本上站在郊區居民的立場，中間派的柯林頓擊敗其他兩排，成為民主黨的總統候選人，與布希展開總統競選。

布希政府最大的軟肋是經濟不振，柯林頓就從這方面出手。柯林頓認為必須結束對美國經濟進行「新政」式干預，但也不能再像保守主義那樣對市場機制過分崇拜。他認為國家應該在進行宏觀調控的情況下，再充分發揮市場機制的作用，要長期進行投資來提高美國經濟的勞動生產力和國際競爭力，而不能僅僅依靠大規模的重新分配收入來刺激消費擴大需求。柯林頓也重視政府、企業與勞工之間的利益協調關係，為了爭取到郊區居民的支持，柯林頓許諾將給中產階級減稅。對於外交問題，柯林頓很聰明地儘量避免提及。

布希也做了不小的努力，但還是漸漸落在柯林頓的後面。他試圖捍衛家庭價值來維持自己在共和黨右派中的地位，可他對墮胎的看法，卻遭到很多共和黨溫和派上中層女性的反對——這部分人轉而去支援柯林

頓。

　　1992年的美國總統大選，超過一億人參與投票，是1968年來美國選民投票比例最高的一年。柯林頓得到了部分青年和較老選民的支持，也爭取到了大多數女選民和第一次參加選舉的選民的支持，得到43％的選民票和370張選舉人票。布希獲得37.5％的選民票，和168張選舉人票。柯林頓大獲全勝。

　　柯林頓的票數沒到選民總票數的一半，但他的當選結束了共和黨十多年來的保守改革高潮，開出了一個新局面，一個屬於柯林頓的新自由主義或中間道路。

　　在柯林頓任期內，美國的各項事業都取得長足的進步，社會公共保障事業也較能讓美國人民滿意，而美國的財政赤字也大幅降低。柯林頓的工作贏得了美國人的稱讚和尊敬。不過，在民主選舉的時代，總統必須保持良好的個人形象，而柯林頓的風流成性卻屢屢置他於輿論的風口浪尖，終於在與陸文斯基的性醜聞一事上，柯林頓跌了永不能翻身的一個大跤。

 【延伸閱讀】陸文斯基性醜聞

　　1995年柯林頓和陸文斯基相識。後來，陸文斯基進入白宮實習，並成為柯林頓的情人。年輕單純的陸文斯基輕信他人，竟將自己與總統的風流韻事告知好友琳達・崔普。誰知崔普將二人對話進行錄音。東窗事發後，陸文斯基第一反應就是狡辯，聲稱自己沒有跟總統有不正當的關係。與此同時，柯林頓也表示自己未曾有過婚外情。但最後在證據的面前，柯林頓不得不承認自己做過的醜事。

明朝

哥倫布發現新大陸
— 1500

— 1600
清朝　　　　五月花公約

— 1700

美國獨立
— 1800

門羅主義

美墨戰爭
— 1850
日本黑船世界

中美天津條約

南北戰爭

購買阿拉斯加

美西戰爭
「門戶開放」政策
— 1900

中華民國

經濟大蕭條

日本偷襲珍珠港

— 1950　　　韓戰

甘迺迪遇刺

911事件

— 2000

一票勝出的小布希

歐洲文藝復興運動

拜占廷帝國滅亡
1500—

1600—

1700—
工業革命
法蘭大革命
1800—

共產黨宣言 1850—

日本明治維新

普法戰爭

1900—

中華民國
第一次世界大戰

第二次世界大戰

1950—

越戰爆發

兩伊戰爭

東西德統一

2000—

　　2000年是柯林頓任期的最後一年，而這一年的總統大選也異常激烈。民主黨和共和黨的候選人分別是亞伯特・高爾和喬治・W・布希。高爾是柯林頓時期的副總統，而小布希則是前總統喬治・布希的兒子。

　　1994年，小布希宣佈參與德克薩斯州州長的競選。此前他擁有德克薩斯州遊騎兵隊的股票，為了避免給自己的選舉造成影響，他放棄了遊騎兵隊的股權和管理者的身份。小布希在德克薩斯聲望頗高，順利得到了共和黨人的提名選舉。

　　他邀請前記者卡倫・休斯和好朋友卡爾・洛夫等人幫助他競選州長。他們在執法效率、政治職務等方面攻擊對手安・理查，並為自己塑造了「道德領導者」和「個人責任感」的鮮明形象。在選舉辯論會上，小布希更是有出色的表現，因此在最終的選舉結果中，他贏得了大部分選票，成功當選為德州州長。

　　在擔任州長的時期內，小布希對政府制度和社會生活各方面都有改革的設想和行動。他加強了教育輔導，針對酒精、毒品的氾濫採取了防治措施，還加強了政府對於宗教組織的補助力度；他堅決反對家庭暴力，認為這是社會不良因數，鼓勵居民發動愛心幫助那些需要幫助的人；這讓他得到了大多數德州居民的認可。

　　在競選美國總統的過程中，小布希一直將自己定義為一個「有同情心的保守主義者」：他主張大幅減稅，以解決財政預算的結餘過多。

　　值得一提的是在總統初選的時候，所有候選人在德梅因市進行總統選舉的辯論，當有人問：「你最認同的政治學家或經濟學家是誰？為什麼？」小布希的回答別具一格，他說：「是耶穌基督，因為他改變了我的心靈。」而其他候選人的回答大多都是一些政治人物。這使得小布希

得到了大多數宗教教徒的支持，尤其是那些每週固定上教堂的教徒。他支持宗教團體參與聯邦政府籌備的慈善計畫，承諾將推行教育的學券制和教育體制的改革。訴諸於宗教力量，這也成為了小布希贏得選舉的重要原因之一。

初選時，通過成功推行各項選舉策略，小布希得到了大多數州共和黨州議員的青睞，並得到唐納‧倫司斐和科林‧鮑威爾等共和黨領袖的支持。到總統大選之時，小布希已經贏得了好幾個關鍵的中西部州的支持，這其中包括民主黨票選主要來源的新維吉尼亞州。小布希的強勁對手是當時的美國副總統亞伯特‧高爾。高爾是民主黨總統候選人，儘管被小布希贏走了他的老家田納西州和新罕布夏州等地的選票，但他所得的總票數依舊高於小布希。

他和對手高爾的關鍵戰最終在佛羅里達州展開，其中充滿起伏變數。當時，美國主要媒體都預測民主黨總統候選人亞伯特‧高爾將最終勝出，大多數人也因此以為小布希在佛羅里達州的選舉之戰敗局已定。

但沒過多久，兩人之間的票數差距拉得越來越近，小布希得到的票數漸漸地趕上了高爾，甚至在一小段時間裡，有報導稱小布希的得票數已經反超過了高爾，稱他已經在佛羅里達州勝出了。有趣的是高爾在看到這些報導之後，隨即打電話給小布希，承認自己已落敗並恭賀他贏得了總統選舉，但卻在一個小時後又收回了他認輸的話語。

由於小布希和高爾在佛羅里達州的競爭結果太過接近，因此無法宣判誰輸誰贏。在部分媒體報導出小布希獲得勝利的消息後，兩人的競爭結果隨後又起波瀾。由於被指控在投票過程和選票處理上存在瑕疵，小布希獲得的勝利被宣佈無效，依據佛羅里達州的地方法律規定，全州的票選都將由機器重新進行計票。重新計票使得兩人的得票數又進一步拉近了，幸運的是喬治‧布希的票數以微弱的優勢略高於高爾。

最後，佛羅里達州最高法院宣佈所有出現大量廢票的城市和鄉鎮都

必須進行人工重新計票，而美國聯邦最高法院則以5：4票判決停止全州性的人工計票。小布希最終得到了五十個州裡面三十個州的支持。高爾得到266張選舉人票，低於小布希獲得的271張選舉人票，小布希在一片爭議之中當選了美國總統。

 【延伸閱讀】虐囚醜聞

2003年4月28日，哥倫比亞廣播公司刊登美軍虐待伊拉克囚犯的一組照片。駐伊美軍虐待俘虜事件的曝光，在全球引起包括各國政府、人權組織和新聞媒體的廣泛關注。事件暴露後，駐伊美軍高官表示，美軍已於3月宣佈駐巴格達的6名美軍因虐待大約20名戰俘將面臨軍事法庭的審判，協助管理戰俘的7名軍官也會受到紀律處分，包括第800旅最高長官等人。

第一個黑人總統歐巴馬

歐巴馬是美國第四十四任總統，也是美國歷史上首位黑人總統。歐巴馬不僅是黑人，上任時也很年輕，此前的從政時間也很短，因此他的當選是美國歷史上的一個神話。

1961年歐巴馬生於美國夏威夷州的檀香山。他的父親是肯雅的黑人，母親是美國白人；父母離婚後，歐巴馬和他的母親和外祖母一起在檀香山度過了童年。

長期以來，美國社會歧視黑人和其他有色人種。青年時期的歐巴馬，由於自己的種族背景、家境等原因而遭到別人的嘲笑，他看不到前途的希望，因此他和社會上那些感到絕望的黑人青年一樣，翹課、吸食大麻，度過了一段很荒唐的歲月。

歐洲文藝復興運動

拜占廷帝國滅亡
1500—

1600—

1700—
工業革命

法蘭大革命
1800—

共產黨宣言
1850—

日本明治維新

普法戰爭

1900—

中華民國
第一次世界大戰

第二次世界大戰

1950—

越戰爆發

兩伊戰爭

東西德統一

2000—

後來，歐巴馬考上了哥倫比亞大學。畢業兩年後他到了芝加哥工作，主持了一個非盈利計畫，協助教堂對當地窮困居民進行職業訓練。後來歐巴馬進入哈佛大學法學院就讀，獲得了法學博士學位。在此期間，他成為了第一個非洲裔的哈佛法學院評論主編，獲得了全國的認可。之後他一直在芝加哥大學法學院任職，擔任憲法講師。

35歲那年，歐巴馬當選為伊利諾州的州參議員，並在之後的三年中獲得連任。歐巴馬競選過美國眾議院議員席位，但遭到失敗，於是他將大部分的時間精力都投入到了伊利諾州的參議工作中。歐巴馬對工作認真負責，常常闡述自己的政治觀點和態度，他是個優秀的辯論高手，具有出色的演說能力。進入政壇之前，他就已經發表過多部著作和演講作品。

2007年，歐巴馬在伊利諾州的春田市正式宣佈參加美國在2008年的總統選舉；並被定為民主黨總統候選人，成為美國歷史上第一位非洲裔總統大選候選人。為了競選總統，歐巴馬還開通了自己的社群網站，利用網路途徑宣傳，體現出歐巴馬對網路力量的重視。

在競選過程中，歐巴馬提出了以「完結伊拉克戰爭，以及實施全民醫療保險制度」為重點的競選綱領。歐巴馬一直反對布希政府發動的伊拉克戰爭。他承諾，若是自己當選了美國總統，將會在上任後十六個月內，撤出美國駐伊拉克作戰部隊。

這些競選理念在歐巴馬一次又一次充滿激情、振奮人心的競選演講中表達了出來。演講才華、個人魅力、健康而充滿活力的形象使他贏得大部分選民的支持。在美國總統大選中，歐巴馬最終擊敗了共和黨總統候選人、亞利桑那州國會參議員麥肯，成功當選為第四十四屆美國總統。

歐巴馬提出：想要做一個「領導世界的人，必須以世界上大多數人認同的價值觀與態度為依據來行事。」2009年，歐巴馬被授予該年度的

明朝

哥倫布發現新大陸
— 1500

— 1600
清朝　　　五月花公約
— 1700

美國獨立
— 1800
門羅主義

美墨戰爭
— 1850
日本黑船世界

中美天津條約

南北戰爭

購買阿拉斯加

美西戰爭
「門戶開放」政策
— 1900

中華民國

經濟大蕭條

日本偷襲珍珠港

— 1950　　韓戰

甘迺迪遇刺

911事件

— 2000

歐洲文藝復興運動

拜占廷帝國滅亡
1500—

1600—

工業革命 1700—
法蘭大革命
1800—

共產黨宣言 1850—

日本明治維新

普法戰爭

1900—

中華民國
第一次世界大戰

第二次世界大戰

1950—

越戰爆發

兩伊戰爭

東西德統一

2000—

諾貝爾和平獎，諾貝爾評審會的頒獎理由是歐巴馬「為增強國際外交及各國人民間的合作作出非同尋常的努力」。歐巴馬上任之後進行的最重大的政策之一便是醫療改革，他認為醫改關乎人民的生命和生活，更關乎美國的未來。

歐巴馬希望通過對保險公司的嚴格立法，穩定那些已經擁有醫療保險的人的安全感。對於那些沒有醫療保險的人，政府將創建一個新的保險市場，保證個人和小企業不會因為事業或者調換工作而失去醫療保險。如果個人和小企業不能夠負擔現有醫療保險的最低價格，那麼政府將按照所需數額提供稅收抵免。

新的醫療保險改革計畫要求每個人都有保險，這既是權利也是責任。醫療改革的實行可能會給政府的財政赤字帶來一定的壓力，因此減低和控制美國家庭、企業和政府醫療成本上漲的速度，也成為了歐巴馬醫保改革的目標之一。最終歐巴馬的這項醫改方案在美國國會眾議院以微弱的優勢得到了通過。

歐巴馬改革方案的通過實現了一個歷史性的變革。但在後來的實行過程中，由於歐巴馬的醫療體制改革以及其他一些經濟手段改革的效果並不是很理想，在處理高失業率和經濟衰退問題上也收效甚微，民眾對歐巴馬的支持率有所下降。不過歐巴馬在國際舞台上卻有完全不同的表現，特別是隨著「基地」組織領導人賓拉登和利比亞前領導人格達費的伏法，歐巴馬的影響力迅速上升。

小布希面臨的是全球範圍的反恐戰爭，而歐巴馬面臨的則是2008年洶湧而來的金融海嘯。美國人在這場風暴中一時茫然，不知如何是好，歐巴馬告訴他們「change！」（改變），他上任後開始了一系列的改革，這些改革手段在慢慢發生效力。在新世紀的頭十年已經走過之後，美國，這個世界上唯一的超級大國，將面臨新的抉擇！

【延伸閱讀】美國雷曼兄弟公司

1850年，雷曼兄弟成立乾貨商店。後遭逢美國內戰，公司和一個名為約翰・杜爾的棉商合併，組建了雷曼杜爾公司。1906年，公司從一個貿易商真正轉變成為證券發行公司。2008年，雷曼兄弟公司受次級房貸風暴波及，受到重大打擊而虧損，裁員六千人以上。9月15日，在美國財政部、美國銀行及英國巴克萊銀行相繼放棄收購談判後，雷曼兄弟公司宣佈申請破產保護，負債達6130億美元。

明朝

哥倫布發現新大陸
— 1500

— 1600
清朝　　　五月花公約
— 1700

美國獨立
— 1800

門羅主義

美墨戰爭
— 1850
日本黑船世界

中美天津條約

南北戰爭

購買阿拉斯加

美西戰爭
「門戶開放」政策
— 1900

中華民國

經濟大蕭條

日本偷襲珍珠港

— 1950　韓戰

甘迺迪遇刺

911事件

— 2000

【專題】樂園無界，快樂無限

歐洲文藝復興運動

拜占廷帝國滅亡
1500—

1600—

工業革命
1700—
法蘭大革命
1800—

共產黨宣言
1850—

日本明治維新

普法戰爭

1900—

中華民國
第一次世界大戰

第二次世界大戰

1950—

越戰爆發

兩伊戰爭

東西德統一

2000—

　　華特‧迪士尼1901年出生於芝加哥。傳說他是西班牙裔，但沒人能夠確認。迪士尼自己在長大之後曾經花了很多工夫考證自己的家世出身，但最終沒能得出一個答案。

　　迪士尼由養父撫養成人。他有3個哥哥，但他是4個孩子中最漂亮、性子最和善的一個，也是最受寵愛的一個。老迪士尼脾氣暴躁，孩子們經常受到體罰，但迪士尼還是過了一個快樂的童年。

　　在堪薩斯東北的草原，迪士尼一家建起一座農場，農場裡的牛、馬、雞、鴨都是充滿好奇心的少年迪士尼的好朋友。其中與迪士尼最親近的一頭豬，他給它取名為「波克」。後來迪士尼拍攝動畫片《三隻小豬》就是為了紀念這位童年夥伴。「我是一邊流淚一邊完成《三隻小豬》的。」迪士尼回憶道。

　　迪士尼酷愛畫畫。年少的他經常將自己的作品賣給別人以換取零花錢。15歲那年，迪士尼拜美術教師卡爾沃茨為師，技藝進步一日千里。

　　雖然滿身藝術細胞，但迪士尼並不是手無縛雞之力的文弱書生。1917年第一次世界大戰爆發，被英雄夢鼓動起來的迪士尼也想奔赴戰場。但這時他只有16歲，還不到參軍的年齡，於是他靠著自己的美術功底模仿父母的簽名，瞞過徵兵處，加入了國際紅十字會志願軍。一年後，戰爭結束，回到故鄉的迪士尼發現與她一直保持通信的女友竟然已經嫁人。傷心絕望之下，他下決心做一個光棍。他的哥哥洛伊也決心陪他做一個光棍。

　　1925年，洛伊和華特兄弟倆創辦了赫伯龍製片廠，他們出品了動畫片廣受好評，公司也得到了「溫克勒電影公司」的贊助支持。不久，

哥哥洛伊結婚，華特也耐不住了，終於對公司裡的一個女員工莉蓮展開追求。有一晚莉蓮獨自一人在公司加班，華特走進工作室，第一次吻了她，這年7月，兩人在莉蓮母親的見證下舉行婚禮。

就在這時，溫克勒公司的主管明茨趁著華特不在挖走他手下的畫家，將他辛苦創辦的公司吞併，連迪士尼心愛的卡通人物幸運兔子奧斯華也被它搶走。回到公司的迪士尼忽然發現自己已經一無所有。明茨想要保留迪士尼，讓他為自己工作，但迪士尼無法接受這種強盜的施捨，憤然離開了他自己一手創辦的公司。這一經歷與賈伯斯「被離開」蘋果何其相似，難怪賈伯斯會買下迪士尼旗下的皮克斯工作室：這兩個夢想家真可謂是隔代知己。

迪士尼沒有放棄他的卡通夢。回加州的旅途中，傷心失望的他突然福至心靈，在腦海中勾勒出一個可愛的老鼠卡通形象——這就是後來地球人都知道的米老鼠的前身。回到家中，迪士尼廢寢忘食地投身創作之中。他的臥室裡常有一隻小老鼠出沒，迪士尼慢慢接近它，與它成為好朋友，還經常用乳酪來招待它。小老鼠俏皮可愛，有時會與他捉迷藏，有時會蜷縮在他的手心，慵懶地搖盪尾巴。

這隻小老鼠給迪士尼以許多靈感和啟示，他終於完成了米老鼠的創作。然而，前兩集的米老鼠並不被人們喜歡，看來迪士尼再次面臨選擇了：要放棄嗎？這時的迪士尼在資金上已經出了問題，但他孤注一擲，將剩下所有的資金全部投入米老鼠第三部《蒸汽船威利》上。這一次，米老鼠成了一名愛吹口哨的水手，他愛上了一個姑娘，並因此跟船長爭風吃醋。

《蒸汽船威利》在影院上映後，觀眾們沸騰了，他們深深著迷於這隻活潑、勇敢的米老鼠，在家裡、辦公室、街頭巷尾不停地談論起米奇（米老鼠的名字是Micky）。有影評說，《蒸汽船威利》是「天衣無縫的同步之作」。這裡的「同步」是指聲、畫的同步，因為《蒸汽船威

明朝

哥倫布發現新大陸
— 1500

— 1600
清朝 　五月花公約

— 1700

美國獨立
— 1800

門羅主義

美墨戰爭
— 1850
日本黑船世界

中美天津條約

南北戰爭

購買阿拉斯加

美西戰爭
「門戶開放」政策
— 1900

中華民國

經濟大蕭條

日本偷襲珍珠港

— 1950　韓戰

甘迺迪遇刺

911事件
— 2000

歐洲文藝復興運動

拜占廷帝國滅亡
1500—

1600—

1700—
工業革命

法蘭大革命
1800—

共產黨宣言
1850—

日本明治維新

普法戰爭

1900—

中華民國
第一次世界大戰

第二次世界大戰

1950—

越戰爆發

兩伊戰爭

東西德統一

2000—

利》是第一部有聲動畫片。此後，米老鼠的故事不斷演繹，為華特·迪士尼帶來了滾滾財源，一個動畫片王國已經出現在迪士尼遠眺的目光中。

此後，迪士尼公司又發佈了諸如《白雪公主》、《木偶奇遇記》、《愛麗絲漫遊奇境》等諸多經典之作，全世界兒童因之有了一個全然別於其祖先的充滿幻想的不一樣的童年。然而1966年，迪士尼突然發病，與世長辭。

迪士尼是一個由夢想組成的人，他不滿足於空洞乏味的美國成年人生活，決心要在創造一個充滿童趣和歡樂的世界——他除了為人們奉獻了一部部經典動畫外，還創建了迪士尼主題公園，孩子們可以在那裡與自己喜歡的卡通形象玩上一整天！

迪士尼去世後，詹森總統對莉蓮說：「在您丈夫的才華照耀下，千千萬萬的人們享受到了一種更光明、更快樂的生活。他所創造的真、美和歡樂是永世不朽的。」

| 第十六章 | 超級大國的抉擇

　　小布希一生順風順水，沒想到上任未滿一年就遭遇了「911」事件。這無疑是對他的一個重大考驗，他被迫發起了一系列的反恐戰爭。小布希面臨的是全球範圍的反恐戰爭，而歐巴馬面臨的則是2008年洶湧而來的金融海嘯。美國人在這場風暴中一度茫然，不知如何是好，歐巴馬告訴他們「改變」！在新世紀的頭十年已經走過之後，美國，這個世界上唯一的超級大國，將面臨新的抉擇！

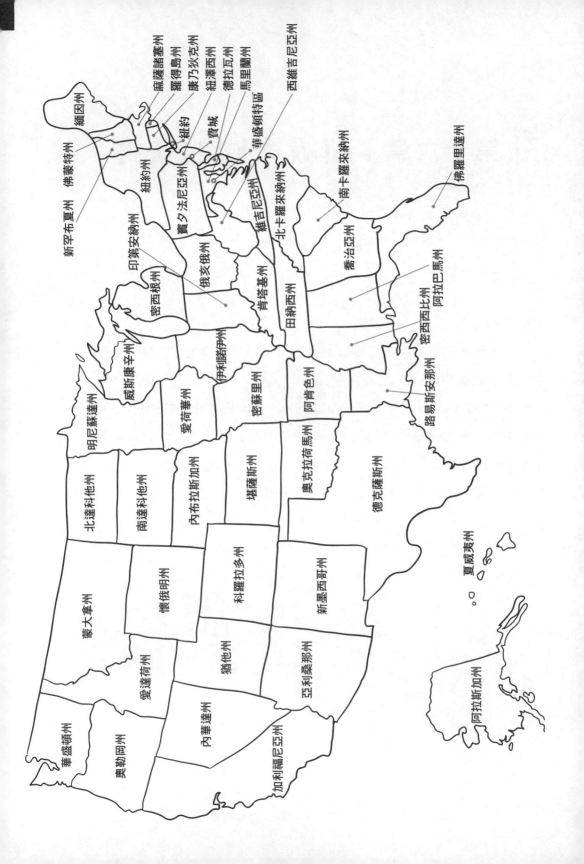

改變美國的102分鐘

　　小布希當選總統沒多久，恐怖主義就給了他迎頭一擊。2001年9月11日，美國陷入了一片災難之中——恐怖組織對美國紐約世界貿易中心、華盛頓五角大樓進行了襲擊。

　　這是美國建國200多年來本土遭受的唯一一次來自外界的襲擊，美方措手不及，位於紐約曼哈頓中心的世貿雙子大樓瞬間成為一片廢墟，美國國防部所在的五角大樓也遭遇前所未有的重創，幾千名無辜市民慘死於其中，這給美國社會帶來了前所未有的傷痛。策劃911襲擊的基地組織從此成為美國的主要目標敵人。

　　「911」是美國最沉重最黑暗的一刻。美國時間早上8點45分，一架波音767客機被來自阿拉伯的反美恐怖分子挾持，以每小時490英里的速度撞向了紐約世貿中心的北塔樓，火勢瞬間蔓延了整棟大樓；強烈的撞擊，使大樓的結構遭受到了毀滅性的破壞。不過十分鐘的時間，另外一架被挾持的波音757客機以同樣迅猛的速度朝世貿中心的南塔樓飛去，最後將大樓撞出了一個大窟窿，飛機的殘骸四處散落，竄出大樓掉到了其他的街區。

　　第三架被劫持的波音757於9點43分撞擊了美國國防部所在的五角大樓，由於衝擊力度大，大樓開始坍塌，國防部大樓裡上百名國防工作人員殉職。10點左右，世貿大樓在熊熊烈火中終於承受不住機身的撞擊和重物的壓迫，南北樓繼而開始呈現倒塌狀，人們四處逃竄卻終究無法躲過這場災難，連同前來救援的幾百名員警與消防人員，全部喪生於火海之中。

　　10點左右，第四架被挾持的美國聯合航空的波音757在賓夕法尼亞

明朝

哥倫布發現新大陸
— 1500

— 1600
清朝　五月花公約
— 1700

美國獨立
— 1800

門羅主義

美墨戰爭
— 1850
日本黑船世界

中美天津條約

南北戰爭

購買阿拉斯加

美西戰爭
「門戶開放」政策
— 1900

中華民國

經濟大蕭條

日本偷襲珍珠港

— 1950　韓戰

甘迺迪遇刺

911事件

— 2000

還。根據後來的調查顯示，機上的旅客曾與恐怖分子爭奪過飛機的控制
權，但是由於矛盾激化，這架飛機在還沒有達到目的地前便墜毀了。

從第一架飛機撞向北塔樓，到第四架飛機墜毀，一共102分鐘，它
改變了美國的歷史。

美國聯邦航空管理局立刻下令禁止任何航班起飛，並關閉了領空，
正在飛行的飛機都必須選擇最近的機場降落，飛往美國的航班也統統被
改飛加拿大。這場重大的災難幾乎讓整個美國都陷入了巨大的恐慌裡，
雖然及時調動了所有力量，但也沒能使所有人從這場災難中生存下來。
根據美國官方資料調查顯示，「911」事件中，包括劫持飛機的19名恐怖
分子在內，一共有3113人死亡或失蹤。

當天晚上8點30分，美國總統喬治・W・布希在白宮發表聲明：
「美國現在正處於戰爭狀態，儘管恐怖組織襲擊了我們的重要陣地，但
是這並不代表他們能動搖整個美國的核心力量，美國方面將仍然堅定地
站在自己的立場，不畏恐怖組織的威脅。」小布希表明美方的決心，他
不遺餘力地追查出恐怖組織的所在地以及相關人員。不久之後，美國人
發現，「911」事件幕後的主使人就是沙烏地阿拉伯富商賓拉登。

受到此次重創後，美國在經濟上呈現出了空前絕後的疲軟狀態。世
貿中心大樓是20世紀70年代初的摩天建築，其造價高達11億美元，許多
大型的商業集團和公司都匯聚於此，全球有多達一千兩百家的企業在這
裡辦公往來，每天觀光的遊客就有15萬人次。可以說，這一事件給美國
造成的損失無法估量。

這件事情的緣由是阿拉伯世界的反美浪潮。

在911之前，美國的國際地位不可動搖。當時蘇聯解體，兩極格局
不復存在，美國在政治、經濟、軍事上都獨佔鰲頭，開始構建自己的
「核心地位」。但由於各地區的情況不同，美國距離實現構建新的國際

歐洲文藝復興運動

拜占廷帝國滅亡
1500—

1600—

1700—
工業革命

法蘭大革命
1800—

共產黨宣言
1850—

日本明治維新

普法戰爭

1900—

中華民國
第一次世界大戰

第二次世界大戰

1950—

越戰爆發

兩伊戰爭

東西德統一

2000—

秩序的目標還存在一定的差距。

　　中東地區在地理環境上比較封閉，許多國家仍採取政教合一的制度，伊朗、沙烏地阿拉伯等國家都是如此，因而其國家理念與價值體系與美國為首的西方國家格格不入；中東國家人民對美國在以阿衝突中傾向以色列一方也感到不滿。多重原因的結合，導致了阿拉伯世界的反美浪潮聲勢高漲，企圖用恐怖襲擊的方式反擊美國。

　　「911」事件改變了美國，也是對國際安全的一種挑戰，為了維護各方的利益，每個國家都做出最大的努力，以改變自身的境況。

 【延伸閱讀】機密的二十八頁

　　從2002年12月到現在，911事件調查報告書中有二十八頁一直被美國政府保密。目前美國國會議員可以在經過批准和嚴格監視下閱讀這二十八頁的內容。普遍認為，這二十八頁的報告是有關某國政府直接涉及911事件的資料。根據聯邦調查局和中情局透露出來的資料顯示，這個國家很可能是沙烏地阿拉伯。歐巴馬總統曾於2009年承諾公開這二十八頁報告，不過至今還沒有實現諾言。

一場來自美國的報復之戰

　　2001年的阿富汗戰爭是以美國為首的聯軍針對911的一場報復戰爭，是世界反恐戰爭的開端。聯軍在2001年10月7日對阿富汗基地組織和塔利班發起攻擊。聯軍指出，這場戰爭的目的其實是為了讓塔利班政府交出蓋達高層，並交出被監禁的所有外國人。塔利班方面則認為，與美國領袖對話是一種可恥的行為。

　　雙方都開始採取軍事行動，塔利班勢力顯然弱於北方聯盟。北方聯

明朝

哥倫布發現新大陸
－ 1500

－ 1600
清朝　　五月花公約
－ 1700

美國獨立
－ 1800

門羅主義

美墨戰爭
－ 1850
日本黑船世界
中美天津條約
南北戰爭
購買阿拉斯加

美西戰爭
「門戶開放」政策
－ 1900

中華民國

經濟大蕭條

日本偷襲珍珠港
－ 1950　　韓戰

甘迺迪遇刺

911事件
－ 2000

歐洲文藝復興運動

拜占廷帝國滅亡
　　1500—

　　1600—

　　1700—
工業革命

法蘭大革命
　　1800—

共產黨宣言
　　1850—

日本明治維新

普法戰爭

　　1900—

中華民國
第一次世界大戰

第二次世界大戰

　　1950—

越戰爆發

兩伊戰爭

東西德統一

　　2000—

盟由美國、英國、德國、加拿大、荷蘭、義大利、法國組成，集合了多方力量，兵力上塔利班並不佔優勢，北方聯盟勝利在望。

　　塔利班勢力的瓦解，開始於2001年11月9日的馬紮里沙里夫戰役。馬紮里沙里夫是阿富汗北方的一個大型城市，塔利班在這裡有較強的群眾基礎和相對的地理優勢。四小時的戰鬥之後，大批塔利班支持者被處決，殘留下的塔利班部隊也朝南部和東部撤退，北方聯盟控制了城市的主要軍事基地。

　　三日後，北方聯盟部隊抵達喀布爾市，此時塔利班部隊已經悄悄撤離，喀布爾市隨即被北方聯盟部隊佔領。北方聯盟部隊攻下了阿富汗沿伊朗邊境的各省市，其中包括重要的城市赫拉特。直到最後關頭，還有近1000名的巴基斯坦志願者堅守在北方戰線，同年11月16日，塔利班主力在萬不得已之下，撤回到阿富汗南部坎達哈附近，塔利班最後的一道防線也被北方聯盟攻下，塔利班的勢力在阿富汗已經瓦解。

　　美國總統喬治·W·布希宣戰時，一些有遠見的戰略家就預測說，美國無疑會是這場戰爭中的最大贏家。但戰爭過程中也不乏「驚喜」，許多戰略分析家紛紛表示，戰勢過於多變，預測都跟不上形勢的發展。

　　戰爭中，許多戰術與高科技都被廣泛應用，其中有代表性的是森蚺行動：160th SOAR空降特種團將敵方團團包圍，圍剿加德茲山西面高2740米的山脈中可能隱藏的蓋達組織士兵；美軍佔據山谷有利地位後，遏制住了敵方的行動，最後由陸軍空軍聯合出擊山谷北部，將敵軍一掃而空。

　　引起爭議的還有發生在美軍身上的所謂「焚屍門事件」。塔利班部隊認為美軍把焚屍當成心理戰術，但是美方否認了這一點，儘管美方召開記者會表示，這不過是屬於正常的衛生處理，不是心理戰術，不是對塔利班或者阿富汗平民施加心理壓力。

　　美國的戰爭目標在911事件後就確定下來，第一，消滅奧薩瑪·賓

拉登以及其恐怖組織，第二，嚴厲打擊維護它的塔利班武裝分子。

阿富汗戰爭雙方兵力明顯懸殊，也未曾有過驚心動魄生死對抗。美軍最先以空中作戰削弱塔利班的空中力量，繼而集中火力進行戰術轟炸，摧毀戰略價值較高的軍事和經濟目標。而塔利班明顯戰鬥力不足，他們簡單的防禦工事無法抵擋美軍強大的攻擊，只能勉為其難自保。

塔利班在戰場上也並未把握好關節點，屢次錯失機會。在馬紮里沙里夫、昆都和坎達哈這幾個戰役上，是堅守還是放棄，都未能及時作出判斷，這直接影響到了戰爭的進程。塔利班領導人意見不統一，無法及時作出決議，也影響了作戰佈署。

這場戰爭是軍事實力強大的美國與孤軍作戰的塔利班政權的對決，勝敗毫無懸念。但是，塔利班並沒有因此而被嚇退，他們轉進山區和鄉村，等待機遇。戰爭是萬千變化，直到2011年5月1日，賓拉登在巴基斯坦被美方所擊斃，這場戰爭似乎才平息下來。不過，由於阿富汗引起的問題仍然存在：恐怖勢力的擴張幾乎呈現出一種增長的趨勢，其破壞行動仍令人防不勝防。

 【延伸閱讀】焚屍門事件

2005年10月份駐阿富汗美軍發生了所謂的「焚屍門事件」，塔利班武裝分子聲稱美軍利用焚屍當作心理戰術，美軍並不承認。21日，美國記者會表示戰場上的有所謂「焚屍」事件是屬於衛生處理，但是因為火化屍體不符合一些伊斯蘭傳統，這才會引起爭議。此舉並不是為了對塔利班或者阿富汗平民施加心理壓力。美國在阿富汗實際上是有一個心理戰單位「美國陸軍第913心理戰小組」。

明朝

哥倫布發現新大陸
— 1500

— 1600
清朝　五月花公約
— 1700

美國獨立
— 1800

門羅主義

美墨戰爭
— 1850
日本黑船世界

中美天津條約

南北戰爭

購買阿拉斯加

美西戰爭
「門戶開放」政策
— 1900

中華民國

經濟大蕭條

日本偷襲珍珠港
— 1950　韓戰

甘迺迪遇刺

911事件
— 2000

伊拉克背的黑鍋

「911」之後，美國人聞「恐」色變，伊拉克等多個國家被美國人視為恐怖中心。美國人以伊拉克擁有大規模殺傷性武器為由，明目張膽地向伊拉克海珊政府發動戰爭。最後，美國人處死海珊，推倒了海珊的高壓政權——這就是第二次伊拉克戰爭。

波灣戰爭後，海珊以強大的武器軍隊為支撐推行鐵腕政策，以維持鞏固自己的獨裁統治，伊拉克內部別的黨派如什葉派和庫德人的反政府武裝遭受嚴酷打壓。

反恐計畫伊始，美國就對伊拉克政府有所行動。美國聯合其他西方國家，對伊拉克採取包括石油禁運在內的經濟制裁，「大規模殺傷性武器」成為美國針對伊拉克政府的口實。

早在1991年，美國就推動聯合國安理會做出決議，決議聲明伊拉克必須銷毀所有大規模殺傷性武器；聯合國還成立了專門監督伊拉克銷毀武器的特別委員會：只有特委會認定伊拉克政府擁有所謂的大規模殺傷性武器，聯合國才能考慮對於伊拉克的經濟制裁。

據伊拉克官方報導，特委會派200多個武器核查小組在伊拉克境內搜查了2500多個地點，銷毀了伊拉克境內找到的有可能被稱為大規模殺傷性武器的武器。這樣大規模、明目張膽的搜查引起伊拉克人民的極度反感。伊拉克人與武器核查小組的糾紛逐漸激化，他們懷疑核查小組中有間諜存在。

1998年末，聯合國組織的武器核查人員全部撤離了伊拉克，但美國沒有善罷甘休，獨自開始了武力行動。在聯合國人員撤離的第二天淩晨，美國政府對伊拉克實施了繼波灣戰爭後最大規模的空中轟炸，這次導彈襲擊的代號為「沙漠之狐」，連環轟炸行動持續了四天左右。此

拜占廷帝國滅亡
1500—

1600—

1700—
工業革命
法蘭大革命
1800—

共產黨宣言 1850—

日本明治維新
普法戰爭

1900—

中華民國
第一次世界大戰

第二次世界大戰

1950—

越戰爆發

兩伊戰爭

東西德統一

2000—

後，伊拉克拒絕聯合國組織的成員進入其境內，調查就此中止。

在輿論的壓力下，伊拉克不得不接受聯合國的第1441號決議，重新同意武器核查人員再次進入伊拉克，時隔四年的武器核查工作重新開始。但是，美國與伊拉克的矛盾還是沒有的緩和的跡象。美國總統小布希在國情諮文中表示，以伊拉克為代表的恐怖組織已經成為威脅世界和平和各個國家安全的「邪惡軸心」。全世界的目光都聚焦到了伊拉克。

戰爭一觸即發。小布希給海珊下達了最後通牒，限他在48小時內放棄統治，並且離開伊拉克，如果不照這樣做的話，將會面臨著以美國為首的軍事打擊。在此同時，美國政府還要求伊拉克境內的聯合國成員迅速撤離。

到了通牒的最後期限，海珊仍然沒有任何回應。於是，美國軍隊聯合少部分的澳洲和波蘭的軍隊，向伊拉克發動了聯合戰爭。美國採取了速戰速決的斬首行動，將矛頭直指海珊。美國軍隊的武器和航空導彈如槍林彈雨一般轟炸著伊拉克的軍事基地和指揮部。但情報部門沒能獲得海珊的準確位置，轟炸全面開花，斬首行動最終失敗。

緊接著，美國開始了陸地行動，以坦克等重型武器向伊拉克本土推進，伊拉克軍隊迅速瓦解。美國人放過了很多不重要的城市，盡量不與沿途的伊拉克軍隊糾纏，直搗伊拉克首都巴格達。2003年4月9日，美軍佔領了巴格達市中心廣場，伊拉克軍隊繳械投降，戰鬥在基本結束。據美國官方公佈，在伊拉克戰爭中死亡的美軍人數為128人，其中110人陣亡，18人死於事故。英軍士兵死亡31人。戰爭消耗了美國大約200億美元。

雖然伊拉克的戰爭名義上已經硝煙散去，海珊也被處以絞刑，但是美國似乎又被拖入了和越戰一樣的泥潭當中。小布希宣佈伊拉克大規模軍事行動結束後，伊拉克的槍炮聲並沒有停息，社會變得更加混亂不堪，國內派系之間的爭鬥不止。

明朝

哥倫布發現新大陸
— 1500

— 1600
清朝　　五月花公約
— 1700
　　　　美國獨立
— 1800
　　　　門羅主義
　　　　美墨戰爭
— 1850
　　　　日本黑船世界
　　　　中美天津條約
　　　　南北戰爭
　　　　購買阿拉斯加

　　　　美西戰爭
　　　　「門戶開放」政策
— 1900

中華民國

　　　　經濟大蕭條

　　　　日本偷襲珍珠港
— 1950　　韓戰

　　　　甘迺迪遇刺

　　　　911事件
— 2000

越來越難以控制的局面造成了美軍士兵大量死亡，從2003年3月美國發動伊拉克戰爭迄今，共有4400多名美軍在伊拉克死亡。美國政府已經感到了力不從心，這一切也給世界經濟也蒙上了一層不確定的陰影。

 【延伸閱讀】邪惡軸心國

美國總統喬治・沃克・布希於2002年1月在他的國情諮文中所發表看法，提出「邪惡軸心」這一名詞，意指「贊助恐怖主義的政權」；其中明確指出的國家包括伊朗、伊拉克和北韓支援恐怖主義的政府。後根據布希的幕僚約翰・博爾頓的解釋，古巴、利比亞和敘利亞是「邊緣邪惡軸心」，等同於「流氓國家」。

金融市場的風暴

2008年，一場嚴峻的金融危機在美國爆發，並很快蔓延到世界各個國家和地區。這給剛剛當選美國總統的歐巴馬帶來了不小的壓力。

這次金融危機被稱為是自上世紀三十年代的大蕭條以來最嚴重的一次經濟危機，主要是由於金融領域各種投資工具與衍生產品過份膨脹，大大脫離實體經濟，最終因次級貸款壞賬導致的經濟災難。

二十一世紀以來，美國的房地產市場在受到低利率的貨幣政策的影響下高度繁榮，美國人民的購房熱情隨之急劇攀升，次級貸款市場也在次級貸款要求門檻的一再降低之下，得到了迅猛發展。

自2004年6月起，美國的通貨膨脹情況越來越嚴重。為了抑制通貨膨脹，美聯儲不得不調高利率以作應對；截至2006年6月，美聯儲17次調高利率，將聯邦基金利率從1％提高到了5％以上。利率在短時間內的大幅攀升，讓大部分的購房者還貸的負擔進一步增加，很多購房者已經

歐洲文藝復興運動

拜占廷帝國滅亡
1500—

1600—

1700—
工業革命
法蘭大革命
1800—

共產黨宣言
1850—

日本明治維新

普法戰爭

1900—
中華民國
第一次世界大戰

第二次世界大戰
1950—

越戰爆發

兩伊戰爭

東西德統一

2000—

很難將房屋出售或抵押等手段獲得再融資。美國的住房市場開始大幅降溫，房價也持續下跌，房地產市場走向蕭條。

房價的下跌以及利率的提高，使得借款人無法順利將自己的貸款還上，這也就意味著次級貸款的利益鏈條從最初的源頭上出了問題，一層又一層的利益鏈條隨著源頭的斷裂而面臨著嚴峻的形勢，最終導致了次級貸款的大量壞賬，投資者和公司出現巨額欠債甚至破產。雷曼兄弟公司的破產就是一個例子。雷曼兄弟公司是美國第四大投資銀行，有一百五十八年的歷史，但由於次貸危機導致公司出現很嚴重的資不抵債，最終在2008年的9月宣佈破產。

隨後，紐約市華爾街主要投資銀行也發生了變化，這些銀行要麼被收購，要麼不得不轉型為銀行控股集團。這意味著傳統意義上以投資業務為主要代表的「華爾街」已不復存在。美國股市因此發生了劇烈的震盪，道瓊工業平均指數不斷下跌，創下十多年來的新低，一場由次貸危機引發的金融危機，正從從華爾街迅速蔓延。

金融市場的劇烈震盪，立即影響到了實體經濟，並很快波及到其他國家，全球經濟增長下降，各個國家的失業率上升。這場規模空前的經濟大蕭條，使全球陷入一片艱難的困境中。

2009年1月，歐巴馬正式上任，採取了一系列措施以解決這場金融危機。2月，歐巴馬簽署了一項經濟刺激計畫，總額達七千億以上，這是第二次世界大戰以來美國政府最龐大的開支計畫。這項經濟刺激計畫總額中的百分之六十五將用於投資，百分之三十五將用於減稅，幾乎覆蓋了美國所有的經濟領域。

為恢復美國民眾以及世界各國對美國金融的信心，防止嚴重的經濟危機再次發生，美國政府對金融體系進行了上一次「大蕭條」以來力度最大的一次改革。2009年6月，美國政府正式公佈全面金融監管改革方案。

明朝

哥倫布發現新大陸
— 1500

— 1600
清朝　五月花公約

— 1700

美國獨立
— 1800

門羅主義

美墨戰爭
— 1850
日本黑船世界

中美天津條約

南北戰爭

購買阿拉斯加

美西戰爭
「門戶開放」政策
— 1900

中華民國

經濟大蕭條

日本偷襲珍珠港
— 1950　韓戰

甘迺迪遇刺

911事件
— 2000

歐洲文藝復興運動

拜占廷帝國滅亡
1500—

1600—

1700—
工業革命

法蘭大革命
1800—

共產黨宣言 1850—

日本明治維新

普法戰爭

1900—

中華民國
第一次世界大戰

第二次世界大戰

1950—

越戰爆發

兩伊戰爭

東西德統一

2000—

根據這項方案，美國將創立一個新的消費者保護機構，防止各種損害信用卡和抵押貸款等侵犯消費者權益的行為。美國中央銀行的美國聯邦儲備委員會將會獲得新的授權，將對那些一旦倒閉、便可能會造成系統性風險，從而給整個經濟造成更大傷害的大型金融機構及其附屬機構進行全面嚴格的監管。衍生品監管、高管薪酬以及抵押支持證券監管等方面，方案中都有所涉及。該方案還要求提高金融監管標準和改善國際合作，提高透明度和加強市場紀律。美國政府也力求對證券化債券和場外交易衍生品加以限制，並加強對貨幣市場共同基金、信貸評級機構和避險基金的監管。

為應對全球金融危機，各國政府紛紛採取各種經濟措施加以應對，但其帶來的影響在較長一段時間還將存在。

隨著經濟危機的颶風愈演愈烈，在世界範圍內響起了一陣「美國衰落」的聲音。作為世界上的經濟超級大國，這真的是其衰落的開始嗎？

經濟危機依然嚴重的今天，美國民眾更關心的是一個能夠將國家經濟力挽狂瀾的「能者」，而歐巴馬能否在第二任期「破繭而出」，羅姆尼能否取代歐巴馬帶領美國民眾進行新一輪的變革，這是擺在美國民眾面前的一個歷史性的抉擇時刻！

 【延伸閱讀】《阿凡達》

2009年，一部美國科幻史詩式電影《阿凡達》上映。《阿凡達》由詹姆斯・卡梅隆撰寫劇本並執導，年末引爆全球的票房。有人感慨，「年初搖搖欲墜的大國形象，年末靠一部電影就能重拾全世界的頂禮膜拜。」美國的強大與衰弱固然不是卡梅隆說了算，但「天神下凡」般的《阿凡達》向所有對美國人創造力持懷疑論者發出了有力的噓聲。

新的大選，新的抉擇

2012年1月3日的共和黨愛荷華州黨團會議，正式拉開新一屆美國總統大選帷幕。民主黨這邊，現任總統歐巴馬作為總統候選人已沒有懸念。共和黨那邊，經過五輪的總統候選人預選，來自麻塞諸塞的米特·羅姆尼擊敗其他幾位對手勝出。他在選舉結束後的當天晚上發表講話，正式宣告自己將和現任總統歐巴馬展開大選的第二階段對決。

羅姆尼1947年出生在一個摩門教家庭。他的父親曾經是一位商人，後來從政，在尼克森時期擔任內閣官員，母親曾經競選過密西根州的聯邦參議員，不過最後以失敗告終。高中畢業後，羅姆尼本來打算進入到維吉尼亞的威廉瑪麗學院就讀，但是沒有被錄取，後來他進入鹽湖城由摩門教創辦的楊百翰大學，又從哈佛大學商學院獲得了MBA和法學博士學位。

完成學業後，羅姆尼創辦了貝恩商業諮詢公司，公司運行了六年後，羅姆尼又創辦了「貝恩資本」投資公司。很快，羅姆尼憑藉出色的財政管理能力，累積了數億美元的資本，成為一位知名企業家和跨國商人。後來，棄商從政的羅姆尼當選為麻塞諸塞州州長。2011年宣佈競選美國總統。

共和黨初選當天，康乃狄克州、賓夕法尼亞州、羅德島州、紐約州和德拉瓦州展開了共和黨預選，根據先期的計票結果顯示，羅姆尼在這五個州的選舉中取得了明顯的優勢，得票率都在半數以上。而早先的電視新聞網和全國廣播公司都對此進行了預測，預計羅姆尼會輕鬆贏得這五個州的勝利。

在獲勝講話中，羅姆尼的發言還涉及到了現任總統歐巴馬，他抨擊歐巴馬的經濟政策並沒有給美國帶來真正的繁榮，他表示，如果自己當

明朝

哥倫布發現新大陸
— 1500

— 1600
清朝　　五月花公約

— 1700

美國獨立
— 1800

門羅主義

美墨戰爭
— 1850
日本黑船世界

中美天津條約

南北戰爭

購買阿拉斯加

美西戰爭
「門戶開放」政策
— 1900

中華民國

經濟大蕭條

日本偷襲珍珠港

— 1950　　韓戰

甘迺迪遇刺

911事件

— 2000

歐洲文藝復興運動

拜占廷帝國滅亡
1500—

1600—

1700—
工業革命
法蘭大革命
1800—

共產黨宣言
1850—

日本明治維新

普法戰爭

1900—

中華民國
第一次世界大戰

第二次世界大戰

1950—

越戰爆發

兩伊戰爭

東西德統一

2000—

選，將會帶來一個「更好的美國」，他向民眾做出承諾，如果自己能夠入住白宮，將給美國帶來新的變革。

2012年4月24日，最新一期的民調結果顯示，現任總統歐巴馬的支持率上升到了49％，領先共和黨候選人米特・羅姆尼7個百分點。而在此之前歐巴馬的總體支持率在45％左右，獨立選民開始支持歐巴馬是促成這一結果的原因。

不過歐巴馬想要成功連任還要應對幾大問題，首當其衝的便是經濟問題，歐巴馬上台後推出了一系列刺激經濟復甦的重大舉措，雖然在某個階段、某個領域發揮了一定的作用，但是整體來看效果不佳，尤其是在就業方面，歐巴馬一籌莫展。所以影響2012大選結果的核心議題就是經濟與就業問題。

第二是社會問題。從2010年中期選舉以來，美國政壇出現了「府會分立」的局面，民主黨和共和黨的纏鬥非常激烈。而民眾對國會議員的支持率已經下降到了百分十以下，當時對歐巴馬的支持率也出現了新低，民眾的不滿情緒達到了一個臨界點。席捲全國的「佔領華爾街」運動便是這一不滿情緒最突出的表現形式。

第三是國際問題的挑戰。伴隨著這次大選，國際問題主要有兩個，一是敘利亞局勢動盪不安，另一個問題則是是伊朗核問題的升級。這些也都是考察競選雙方外交才能的很好的例題。

作為現任總統，歐巴馬有經驗上的優勢，而共和黨這一時期出現了內部整合的問題，這就大大降低了共和黨陣營中具有實力的政客或者政治新星參加選舉的欲望，增加了歐巴馬連任的可能性。從歐巴馬個人角度講，在過去三年多的時間裡，歐巴馬還算是盡職盡責，不管是執政、政府運作、制定公共政策，還是藉助新傳媒參與到選民的互動當中，都讓他在民眾中獲得了一定的支持。

不過，在經濟危機依然嚴重的今天，美國民眾更關心的是一個能

夠將國家經濟力挽狂瀾的「能者」，而歐巴馬能否在第二任期「破繭而出」，羅姆尼能否取代歐巴馬帶領美國民眾進行新一輪的變革，這是擺在美國民眾面前的一個歷史性的抉擇時刻！

 【延伸閱讀】盛況空前就職典禮

根據美國憲法修正案規定，總統宣誓就職日期和時間規定為華盛頓當地時間的1月20日中午，但2013年的1月20日恰逢週末，國會處於休會期間，因此美國當選總統、民主黨人歐巴馬當天在白宮舉行不公開的宣誓儀式，並於21日在國會山舉行公眾宣誓儀式。宣誓就職後，他發表就職演說，繼而出席就職午餐會、慶祝遊行和慶祝舞會等一系列活動。

明朝

⋯⋯⋯哥倫布發現新大陸
— 1500

— 1600
清朝　　　五月花公約
— 1700

⋯⋯⋯美國獨立
— 1800

⋯⋯⋯門羅主義

⋯⋯⋯美墨戰爭
— 1850
日本黑船世界

⋯⋯⋯中美天津條約

⋯⋯⋯南北戰爭

⋯⋯⋯購買阿拉斯加

⋯⋯⋯美西戰爭
⋯⋯⋯「門戶開放」政策
— 1900

中華民國

⋯⋯⋯經濟大蕭條

⋯⋯⋯日本偷襲珍珠港

— 1950　　　韓戰

⋯⋯⋯甘迺迪遇刺

⋯⋯⋯911事件
— 2000

歐洲文藝復興運動

拜占廷帝國滅亡
1500—

1600—

1700—
工業革命

法蘭大革命
1800—

共產黨宣言
1850—

日本明治維新

普法戰爭

1900—

中華民國
第一次世界大戰

第二次世界大戰

1950—

越戰爆發

兩伊戰爭

東西德統一

2000—

【專題】你的可樂，我的歌

當1989年柏林圍牆轟然而塌的時候，許多人都認為這是兩種社會制度的屏障的崩潰。不過也有人發出了不一樣的聲音，說柏林圍牆兩端的政治博弈其實是意識形態敗給了牛仔褲、搖擺舞和物美價廉的電器。事實強有力地證明了娛樂性與經濟性並存的大眾文化不可能簡單地被一堵冷冰冰的牆所阻隔。

當全球化浪潮席捲而來時，那些技術高超、經驗豐富的衝浪手同樣也會被海水淋濕。現如今，不管是香榭麗舍大街，還是倫敦的牛津大街，又或是北京的皇城根兒，除了那些人頭攢動的購物人群，就是琳琅滿目，數不勝數的招牌，如可口可樂。

和其他飲料相比，可口可樂的銷量在世界上首屈一指，世界上95%的人都認識著名的可口可樂商標。「可口可樂」是世界上第二個最為人所知的短語，僅次於「OK」。如果將所有已經售出的可口可樂罐連接起來，可以繞地球7圈；如果把這些罐子摞起來，高度是珠穆朗瑪峰的60倍。人們消費這種由99.61%碳酸、糖漿和水構成的棕色液體時同時，也在消費其品牌中所蘊涵的美國文化。

在可口可樂早期的一些廣告當中，有一條在曼哈頓拍攝的廣告，內容是一群黑人和白人青少年在打籃球。可口可樂的這則廣告打破了種族的界限。隨後鏡頭開始橫越美國，電視畫面裡出現了泥土路、小木屋、農場上的風車、漂亮的少婦、美國國旗、加州的沙灘……等等。

這則廣告在宣傳了可口可樂產品本身的同時，也向觀眾展示出了代表美國的資訊：融洽、和諧、自然——這才是真正的美國。同時，不分膚色、種族，甚至不分國界，任何人都可以將自己的美國夢裝入瓶中，

即任何人都可以擁有活力、激情、創造力，任何人都可以享受生活。

這則廣告很輕鬆地就獲得了大眾認同，將國家的內在文化展現了出來，為其帶來了巨大的無形資產。這也是一個知名品牌能夠長久保持生命力的基礎。像可口可樂這樣的品牌已經形成了一種美國的消費文化，甚至可以作為美國本土的象徵。

美國成為今天的超級大國，從某種意義上說得益於這種大眾文化的佔領。美國巧妙地利用了自身的文化和經濟理念在全球進行推廣，並且對本土文化進行融合，然後再對當地文化進行整合，繼而佔領了世界市場。而這些「被佔領」的國家往往是自願接受這些品牌的「統治」，不會表現出抗拒。

這是一場悄無聲息、沒有硝煙的「戰爭」。在這片戰場之中，你看不到軍隊的影子，也看不到先進的武器裝備，這裡只有薯條、馬鈴薯泥、漢堡和可口可樂，這些誘人的食物強烈地刺激著不同國家不同種族人之間的味蕾，讓他們心甘情願地掏出錢包，促進這種美食餐飲文化的雪球越滾越大，同時也在壓榨那些規模甚小的同類型品牌公司。

荷蘭阿姆斯特丹大學美國研究中心教授羅伯特・克洛斯教授會開玩笑但憂心忡忡地說：「在法國人眼裡，可口可樂這種軟飲料被稱為『美國文化帝國主義戰略的偶像』，法國人甚至給這種戰略起了個名字——可口可樂殖民主義。」

大眾文化的可口可樂化反映出了美國消費文化在全世界的蔓延擴張，雖然美國還沒有用武力去征服所要征服的地方，但是這些「先遣部隊」已經開始滲透到世界的每一個角落，讓其他國心甘情願地將這些「部隊」吸收進來。

明朝

哥倫布發現新大陸
— 1500

— 1600
清朝　　五月花公約

— 1700

美國獨立
— 1800

門羅主義

美墨戰爭
— 1850
日本黑船世界

中美天津條約

南北戰爭

購買阿拉斯加

美西戰爭
「門戶開放」政策
— 1900

中華民國

經濟大蕭條

日本偷襲珍珠港

— 1950　　韓戰

甘迺迪遇刺

911事件
— 2000

汲古閣 05

你一定想看的美國史

作者　　　　劉觀其
美術構成　　驛賴耙工作室
封面設計　　斐類設計工作室
發行人　　　羅清維
企劃執行　　林義傑、張緯倫
圖表繪製　　羅意平
責任行政　　陳淑貞

企劃出版　　海鷹文化
出版登記　　行政院新聞局局版北市業字第780號
發行部　　　台北市信義區林口街54-4號1樓
電話　　　　02-2727-3008
傳真　　　　02-2727-0603
E-mail　　　seadove.book@msa.hinet.net

總經銷　　　知遠文化事業有限公司
地址　　　　新北市深坑區北深路三段155巷25號5樓
電話　　　　02-2664-8800
傳真　　　　02-2664-8801
網址　　　　www.booknews.com.tw

香港總經銷　和平圖書有限公司
地址　　　　香港柴灣嘉業街12號百樂門大廈17樓
電話　　　　（852）2804-6687
傳真　　　　（852）2804-6409

出版日期　　2020年12月01日　二版一刷
定價　　　　350元
郵政劃撥　　18989626　戶名：海鴿文化出版圖書有限公司

國家圖書館出版品預行編目（CIP）資料

你一定想看的美國史 ／ 劉觀其作.
-- 二版. -- 臺北市 ： 海鴿文化，2020.12
面 ；　公分. --（汲古閣；5）
ISBN 978-986-392-339-8（平裝）

1. 美國史

752.1　　　　　　　　　　　　　　　　109018370

SeaEagle

SeaEagle